بسم الله الرحمن الرحيم

Au Nom
d'ALLAH
le Miséricordieux, le
Compatissant

La Petite Résurrection

- Titre: ***La Petite Résurrection***
- Auteur: Dr Omar S. AL-ACHQAR
- Traducteur: Ahmad Ayad
- Edition Française 1ère édition - 2007
- Mise en page: Hicham Challah
- Cover Design: Samo Press Group
- Filming: Samo Press Group

LA FOI ISLAMIQUE - **5**/8

à la lumière du Coran et de la Sunna

La Petite Résurrection

القيامة الصغرى

Dr Omar Souleiman AL-ACHQAR

Traduit par:

Ahmad Ayad

INTERNATIONAL ISLAMIC PUBLISHING HOUSE

King Fahd National Library Cataloging-in-Publication Data

Al-Ashqar, Umar S.

La Petite Résurrection ./ Umar S. Al-Ashqar; translated by Ahmad Ayad ., - Riyadh, 2007

...p ; 22 cm, - (Serie: la Foi islamique / 5)

ISBN Hard cover: 978-9960-9983-0-5

1- Islamic creed 2- Death 3- Graves
I-Ahmad Ayad (translator) II-Title III-Series

243 dc 1428/5246

Legal Deposit no. **1428/5246**
ISBN Hard Cover: **978-9960-9983-0-5**

AL-ACHQAR, Omar S.

La Petite Résurrection ./ Omar S. AL-ACHQAR; Traduit par Ahmed AYAD ., - Riyadh, 2007

(Série: la Foi islamique / 5)

1- Islam 2- Foi islamique 3- La Petite Résurrection
I-Ahmed AYAD (traducteur) II- Titre III- Série

International Islamic Publishing House (IIPH)
P.O.Box 55195 Riyadh 11534, Saudi Arabia
Tel: 966 1 4650818 – 4647213 – Fax: 4633489
E-Mail: iiph@iiph.com.sa – iiphsa@gmail. com
www.iiph.com.sa

INTRODUCTION

Louange à Allah (ﷻ) qui donne et reprend la vie, Lui qui anime les corps par les âmes qu'Il enlève, Lui qui nous a créés de terre vers laquelle nous retournerons et de laquelle, lorsqu'Il le voudra, Il nous ressuscitera.

Bénédiction et salut sur l'Elu et le Choisi: celui qui a longuement parlé de la mort et de son âpreté, de la Résurrection, de ses étapes et de ses effrois, de l'Enfer et de ses châtiments, du Paradis et de ses délices. Il a réveillé les serviteurs de leur inattention, les a libérés de leur perplexité et les a bien orientés..

Je prie et je salue sa noble famille, ses pieux compagnons et ceux qui les ont suivis avec bienfaisance, ceux qui ont vécu sur terre, les cœurs rattachés à l'Au-delà: la demeure éternelle pour laquelle ils travaillaient et se sacrifiaient pour l'obtenir. Tel a été leur état jusqu'à ce qu'ils rencontrent leur Seigneur, puisse Allah (ﷻ) les agréer.

Nous sommes venus à la vie par la volonté du Donneur et du Créateur - sans pareil - de la vie. Nous en repartirons lorsque Celui qui a donné l'âme en Dépôt voudra la saisir et la reprendre. Des peuples viennent, d'autres partent. Ils sont semblables aux vagues de la mer qui se suivent: chaque fois qu'une vague se brise sur la plage, une autre la suit. Ils sont aussi semblables au fleuve qui s'écoule: on le voit toujours couler, mais l'eau que l'on voit devant soi n'est pas celle que l'on a vue un instant auparavant. Ils sont aussi semblables aux terrains cultivés qui sont toujours verts: chaque fois qu'une plante se dessèche, une autre y pousse. Ils ressemblent encore à la planche illuminée par des centaines de milliers de bougies: on la voit toujours illuminée, puis lorsqu'on l'observe attentivement, on découvre le secret de sa continuelle luminosité: toute bougie consumée est suivie d'une autre. Or, il se peut que celles qui illuminent sa surface soient plus nombreuses que celles qui se sont consumées.

Toutefois, cette extension humaine qui se poursuit s'arrêtera un jour. Le jour viendra où l'existence humaine cessera entièrement, plus encore, l'univers tout entier sera détruit: toutes les étoiles de la nuit s'éteindront, les vagues de la mer s'immobiliseront, toutes les cultures se dessécheront, les eaux des fleuves et des sources se tariront. Cependant, cette disparition n'est pas la Fin. Elle est plutôt une étape de l'évolution par laquelle passera l'être humain. Puis le jour viendra où nous reviendrons tous à la vie pour être jugés sur ce que nous avons avancé et œuvré.

La foi pour le retour à la vie, puis à l'Eternité après cela, est indispensable à la rectification de la trajectoire prise par l'être humain, car l'amour de l'éternité et de la perpétuité est ancré au plus profond de l'être humain. C'est pour cela qu'*Iblis* a incité Adam à manger de l'arbre interdit, en prétendant qu'il lui procurerait, ainsi qu'à son épouse, l'éternité:

> ﴾Ô Adam! Veux-tu que je t'indique l'arbre de l'Eternité et une royauté impérissable?﴿ *[Coran 20: 120]*

Renier la Résurrection entraîne, dans la vie, le malheur des âmes et la déviation de la trajectoire de la race humaine.

Certains de ceux qui rejettent l'idée du retour à la vie se mettent à se lamenter tristement sur leur vie qui s'anéantit et diminue à chaque instant qui passe. Cela peut les conduire à la solitude et à la souffrance jusqu'à ce que la mort les prenne. S'ils sont écrivains ou poètes, ils se lamentent et expriment leurs tristes sentiments dans des articles, des livres ou des poèmes qui traduisent leur malheur, leur perplexité et leurs souffrances, et sont censés apporter apaisement et consolation pour ce qui sont dans la même situation. Mais en réalité, ces écrits sont un mal s'additionnant à un autre, augmentant la maladie sans procurer la guérison. Certains de ceux qui renient la Résurrection s'empressent de se livrer à la chasse aux plaisirs et aux jouissances, comme s'ils étaient en lutte avec le temps, craignant que leurs jours s'écoulent sans qu'ils se soient rassasiés des plaisirs de la vie.

Le court instant de notre présence dans cette vie a une grande importance sur notre séjour après celle-ci. Certes, le chemin de la félicité éternelle, qui aboutit à l'éternité dans la Demeure Eternelle, dépend de notre concrétisation du progrès réel sur nous-mêmes et sur autrui. Ce progrès qui purifie nos âmes, rectifie nos actes et réforme nos mœurs, a une voie solide, claire et évidente déterminée par ce qui nous est venu des illustres Messagers et par ce que contiennent les Livres Célestes.

Etant donné que la relation entre notre vie présente et celle de l'Au-delà est solide - dès lors que cette vie terrestre représente le labourage et la culture et que l'autre symbolise la récolte et la moisson -, il est donc nécessaire à l'Homme d'administrer sa vie terrestre de façon à préparer l'autre Vie. Cela l'incitera à s'y bien préparer et à obtenir les délices et les bienfaits de l'Au-delà.

Etant donné que la vie dernière est inconnue, même ceux qui ont un esprit perspicace et un cœur clairvoyant ne peuvent pas percer son voile - à plus forte raison ceux qui leur sont inférieurs - Allah (ﷻ) s'est chargé de les informer sur l'itinéraire de leur voyage après la vie et de leur inévitable destination. Il a entremêlé le discours sur la vie dernière à celui de la vie présente, en faisant des deux un amalgame les rendant interférentes, afin de concrétiser l'amélioration et la rectification des âmes dans un monde où beaucoup de créatures humaines et de djinns s'appliquent à travailler pour égarer les individus et les éloigner du chemin de la Vérité.

Allah (ﷻ) nous a informés par certaines sciences sur le Jour inconnu et caché, le Jour au cours duquel nous LE rencontrerons, et pour lequel ne conviennent pas les indications et les allusions, mais la nécessité d'un propos clair et détaillé: un discours dans lequel l'individu verra ce qui le maintiendra sur la certitude. Ainsi, le doute ne se mêlera pas à lui et l'incertitude ne viendra pas le dérouter. Celui qui examinera ce que nous avons écrit, au sujet du Jour Dernier, se rendra compte de la présence d'une grande quantité de textes tirés du Coran et de la Sunna authentique. Ces textes donnent une image détaillée de la majorité des événements qui se dérouleront après la mort et dans l'Au-delà.

L'Au-delà est inconnu, mais il est véridique. Il ne peut être comme tel, l'imputation des informations à Allah (ﷻ) et au Messager (ﷺ) étant authentique. C'est à cet égard que je me suis écarté, dans mon ouvrage, des informations dont l'imputation au Messager (ﷺ) ne s'est pas avérée authentique, tout comme je me suis écarté de la voie de ceux qui rejettent l'argumentation par les Hadiths authentiques s'ils sont à caractère *Ahâd.*

Aussi, ai-je refusé de suivre le chemin des falsificateurs de textes, ceux qui ont fait de leur raison un arbitre avec lequel ils jugent les Textes, inversant de ce fait la balance: le juge est devenu, chez eux, matière à juger. Ainsi, ils se sont égarés et ont égaré. Certains d'entre eux sont même arrivés à démentir beaucoup d'événements qui auront lieu dans l'Au-delà, et dont les informations sont authentiques. Leurs arguments, dans cette entreprise, sont des unités rationnelles. Seulement, s'ils les avaient observées attentivement, leur fausseté leur serait apparue. Puis, s'ils avaient approfondi leurs recherches dans les sciences concernant l'Au-delà, ils auraient constaté que ce n'est pas la vie terrestre et que les échelles et les balances de l'une sont différentes de celles de l'autre.

La recherche dans l'éclaircissement de cette importante base de la croyance a certes été longue. C'est pour cela qu'il m'a été nécessaire de la diviser en trois livres: chacun publié indépendamment de l'autre:

- Un premier livre ayant pour sujet la Petite Résurrection et les signes de la Grande Résurrection.

- Un deuxième, traitant de la Grande Résurrection.

- Un troisième, enfin, traitant du Paradis et de l'Enfer.

Ce livre-ci est donc le premier. Il est constitué, comme son titre l'indique de deux grandes parties: une première grande partie traitant de la Petite Résurrection qui signifie la mort: cette partie traitera donc de la mort, de ses effrois et de ses affres, de la tombe, de son épreuve, de ses châtiments et de ses faveurs, puis de l'âme et son devenir dans le *Barzakh* (entre la mort et la Résurrection).

La deuxième grande partie traitera des signes nombreux indiquant l'arrivée proche de l'Heure Il existe, parmi ces signes, des grands et des petits. Parmi ces derniers, il en est qui ont déjà eu lieu, d'autres qui sont révolus et certains qui n'ont pas encore eu lieu. Quant aux grands signes, ils ne se sont pas encore produits. Cette grande partie traitera donc de tout cela.

En conclusion, je demande à Allah (سبحانه وتعالى) de faire que ce livre profite aux musulmans et de faire qu'il soit un acte sincère envers Lui, et que la bénédiction et le salut soient sur Son serviteur et Messager Mohammed (ﷺ), ainsi que sur sa Famille et ses Compagnons.

Dr Omar Souleiman AL-ACHQAR

PREMIERE PARTIE

LA PETITE RESURRECTION

CHAPITRE PREMIER

DEFINITION ET ECLAIRCISSEMENT

L'on généralise, sous de nombreux termes, la phase que l'être humain traverse après la vie terrestre. Parmi ces termes, il y a la Petite Résurrection, le *Barzakh*, la mort.

SECTION PREMIERE

DEFINITION DE LA PETITE RESURRECTION

La Petite Résurrection, c'est la mort. Quiconque meurt, le moment de sa Résurrection est alors venu: son heure est arrivée.

Dans le *Sahih* de Boukhari et le *Sahih* de Mouslim, on a rapporté qu'Aïcha (رضي الله عنها) a dit: des hommes parmi les Bédouins sont venus questionner le Prophète (ﷺ) au sujet de l'heure. Alors, il a regardé le plus jeune d'entre eux et a dit: *«Si celui-ci vit, la vieillesse extrême ne l'atteindra pas avant que vous ne mouriez* - ou *que votre génération meure.»*[1]

---

[1] *Michkatou El-Massabih*, vol. 3, p. 48.

Ibn Kathir a dit: cela signifie la fin de leur génération et leur entrée dans le monde de l'Au-delà dont fait partie toute personne qui vient à mourir. Certaines personnes disent pour celui qui meurt:"Le moment de sa Résurrection est venu.'' Les propos de ces derniers, pris dans ce sens, sont justes.[2]

Ibn Kathir a indiqué que ces propos sont tenus par les philosophes, et qu'ils insinuent par cela un sens corrompu. Les athées prétendent, à travers cela, que la mort est la Résurrection et qu'il n'y en a pas d'autre après elle.

Ibn Kathir a dit: certains athées peuvent affirmer cela en indiquant, par ces propos, un autre sens de faux. Quant au jour du jugement dernier qui est le moment où seront rassemblés les Premiers et les Derniers sur une même terre plane, Allah (ﷻ) s'est approprié à Lui Seul, la connaissance de son arrivée.[3]

La Petite Résurrection s'appelle aussi premier retour et *Barzakh.*

Ibn El-Qayim a dit: la mort est une Résurrection et le premier retour. Allah (ﷻ) a assigné aux descendants d'Adam deux retours et deux Résurrections au cours desquels Il rétribuera ceux qui se sont mal comportés dans leurs actes par l'Enfer, et ceux qui ont bien œuvré pour le Paradis.

La première Résurrection est donc la séparation de l'âme du corps et sa destination vers la demeure de la première rétribution.[4]

---

2 *An-Nihaya* d'Ibn Kathir, vol. 1, p. 24.

3 *Ibid.*

4 *Ar-Roûh* d'Ibn El-Qayim, p. 103.

SECTION 2

LE *BARZAKH*

Le *Barzakh* dans la langue arabe signifie l'obstacle entre deux choses. Le Très-Haut (ﷻ) a dit:

﴾Et Il assigna entre les deux une zone intermédiaire et un barrage infranchissable [*Barzakh*].﴿ *[Coran 25: 53]*

Allah (ﷻ) a nommé *Barzakh* cette zone intermédiaire et ce barrage infranchissable: c'est-à-dire un obstacle.

Dans les Lois Divines, le *Barzakh* c'est le"séjour'' qui suit la mort jusqu'à la Résurrection. Le Très-Haut a dit:

﴾Et derrière eux, il y a une barrière jusqu'au Jour où ils seront ressuscités.﴿ *[Coran 23: 100]*

On a dit à Acha'bi: untel est mort. Il répliqua: il n'est ni dans la demeure terrestre, ni dans l'Au-delà.[5]

Ibn El-Qayim a dit: le châtiment et les faveurs de la tombe sont des noms pour désigner les supplices et les bienfaits du *Barzakh qui* se situe entre la vie terrestre et l'Au-delà. Le Très-Haut a dit:

﴾Et derrière eux, il y a une barrière jusqu'au Jour où ils seront ressuscités.﴿ *[Coran 23: 100]*

Les habitants de ce *Barzakh* sont entre la vie terrestre et l'Au-delà.

---

[5] *Tadhkiratou* de Qortobi, p. 177.

SECTION 3

LA MORT

§ 1er - La mort dans le langage et l'usage...

La vie et la mort s'opposent l'une à l'autre, comme la lumière et l'obscurité, le froid et le chaud. C'est pour cela que les dictionnaires de la langue arabe définissent chacun de ces deux mots comme étant l'opposé de l'autre. Pour définir la vie, on dira: "La vie est l'opposée de la mort, le vivant de chaque chose est l'opposé de la mort.''[6] Pour définir la mort, on dira:"La mort et le décès sont les opposés de la vie.''[7] L'origine, dans le langage des Arabes, du mot"mort'', c'est l'inaction: tout ce qui est inerte est mort.[8]

Ils disent: "Le feu est mort'', lorsque ces cendres se sont refroidies et qu'il ne reste plus rien de ses braises. La chaleur et le froid sont morts, lorsqu'ils se sont apaisés. Le vent est mort lorsqu'il s'est calmé. Le vin est mort lorsque son effervescence a cessé. La mort c'est ce qui n'a pas d'âme en soi.[9]

Si l'inertie est à l'origine de la mort, alors l'action est à l'origine de la vie. Dans *Lissanou El-'Arab,* il est cité:"Le vivant est toute personne douée de la parole, et parmi les plantes, tout ce qui est flexible et qui se balance.''[10]

La vie humaine est ce qui se concrétise par l'insufflation de l'âme dans le fœtus se trouvant dans l'utérus de la mère. La mort c'est donc"l'interruption de la connexion entre l'âme et le corps, le

---

[6] *Lissanou El-'Arab* d'Ibn Mandour, vol. 1, p. 774.
[7] *Lissanou El-'Arab*, vol. 3, p. 547.
[8] *Ibid.*
[9] *Ibid.*
[10] *Lissanou El-'Arab* d'Ibn Mandour, vol. 1, p. 773.

détachement de celle-ci, une barrière entre les deux, un changement d'état et le passage d'une demeure à l'autre.''[11]

§ 2 - La grande et la petite mort

Le sommeil est semblable à la mort. C'est pour cela que nos savants l'appellent la petite mort et le réveil, après le sommeil, est une Résurrection:

﴾Et la nuit, c'est Lui qui prend vos âmes, et Il sait ce que vous avez acquis durant le jour. Puis, Il vous ressuscite le jour...﴿ *[Coran 6: 60]*

Durant le sommeil, les âmes des humains sont saisies. Allah (ﷻ) retient celle dont le terme échoit et renvoie celle qu'Il veut épargner afin qu'elle achève ce qui lui reste à vivre:

﴾Allah reçoit les âmes au moment de leur mort, ainsi que celles qui ne meurent pas au cours de leur sommeil. Il retient celles à qui Il a décrété la mort, tandis qu'Il renvoie les autres jusqu'à un terme fixé.﴿ *[Coran 39: 42]*

Allah (ﷻ) a informé, dans ce verset, que les deux âmes, celle qu'Il retient et celle qu'Il renvoie, sont toutes deux mortes durant le sommeil. Quant à celle qui meurt autrement, c'est la troisième catégorie que le Seigneur présente dans Sa Parole suivante:

﴾Allah reçoit les âmes au moment de leur mort.﴿ *[Coran 39: 42]*

Allah (ﷻ) a donc cité deux sortes de mort: celle due à une quelconque cause, et celle survenue durant le sommeil. Il a précisé la retenue de l'âme défunte et le renvoi de l'autre.

---

11 *Tadhkiratou* de Qortobi, p. 4.

Il est notoire qu'Allah (ﷻ) retient toute âme défunte durant le sommeil ou avant cela et renvoie celle à qui Il n'a pas encore destiné la mort. Quant à Sa Parole:

> ﴾Allah reçoit les âmes au moment de leur mort ainsi qu'à ceux qui ne meurent pas durant leur sommeil.﴿ *[Coran 39: 42]*

Elle concerne les deux sortes de mort où l'âme est retenue que ce soit au réveil ou au sommeil et renvoyée quand le délai fixé n'est pas encore arrivé à son terme. Tel est le sens apparent de Sa Parole, sans embarras.[12]

§ 3 - La mort est une sentence irrévocable

La mort est une sentence irrévocable à laquelle nul être vivant, parmi les créatures, n'est en mesure d'échapper, comme l'a affirmé le Très-Haut:

> ﴾Toute chose doit périr, excepté Son Visage. C'est à Lui qu'appartient le jugement et c'est à Lui que vous serez ramenés.﴿ *[Coran 28: 88]*

> ﴾Et il restera le Visage de ton Seigneur, digne de majesté et de noblesse.﴿ *[Coran 55: 27]*

> ﴾Toute âme doit goûter à la mort. Et c'est seulement au Jour de la Résurrection que vous recevrez votre entière rétribution. Quiconque est donc écarté du Feu et introduit au Paradis a certes réussi. Et la vie présente n'est qu'un objet de jouissance trompeuse.﴿ *[Coran 3: 185]*

Si quelqu'un devait échapper à la mort, ç'aurait été Mohammed (ﷺ), la meilleure créature d'Allah. Or, Allah (ﷻ) a dit:

---

12 *Majmou'e El-Fatawa* de *cheikh El-Islam* Ibn Taymiya, vol. 5, p. 452.

﴾En vérité, tu mourras, et ils mourront eux aussi.﴿ *[Coran 39: 30]*

Allah (ﷻ) a réconforté Son Messager (ﷺ) sur le fait que la mort est Sa ligne de conduite envers Ses créatures:

﴾Et Nous n'avons attribué l'immortalité à nul être humain avant toi. Est-ce que si tu meurs, toi, ils seront, eux, éternels?﴿ *[Coran 21: 34]*

La mort est le sort des humains et des djinns. Il a été rapporté dans le *Sahih*, d'après Ibn Abbas (ﷺ), que le Prophète (ﷺ) a dit:

«Je cherche refuge auprès de Ta Puissance, Toi Celui en dehors de qui il n'y a point de divinité, Celui qui ne meurt pas, tandis que les humains et les djinns meurent.»

§ 4 - La mort a un terme déterminé

La mort se présente obligatoirement à un moment. Nul ne peut dépasser le terme qu'Allah (ﷻ) lui a imposé, prédéterminé, écrit par la Plume sur la Tablette Préservée, et inscrit par les Anges depuis que l'individu est dans le ventre de sa mère.

L'individu ne peut ni retarder, ni avancer ce qui lui a été prescrit. Tout être humain qui meurt, tué, noyé, écrasé en avion, dans un accident de voiture, brûlé ou d'une autre manière, l'est au terme qu'Allah (ﷻ) lui avait prédéterminé. Beaucoup de Textes confirment ce point. Le Très-Haut a dit:

﴾Personne ne peut mourir que par la permission d'Allah et au moment prédéterminé.﴿ *[Coran 3: 145]*

﴾Où que vous soyez, la mort vous atteindra, même si vous étiez dans des tours imprenables.﴿ *[Coran 4: 78]*

﴾A chaque communauté, *[il y a]* un terme. Quand leur terme échoit, ils ne le retarderont d'une heure ni ne l'avanceront.﴿ *[Coran 7: 34]*

﴾Dis: la mort que vous fuyez va certes vous rencontrer.﴿ *[Coran 62: 8]*

﴾Nous avons prédestiné la mort parmi vous, et Nous ne serons point devancés.﴿ *[Coran 56: 60]*

Dans le *Sahih* de Mouslim, on a rapporté d'après Abdallah Ibn Massoud (رضي الله عنه), qu'Oum Habiba (رضي الله عنها), épouse du Prophète (ﷺ), a dit: «Ô Allah! Garde en vie mon époux le Messager d'Allah, mon père Abou Soufiane, et mon frère Mou'awiya, afin que je puisse jouir d'eux.»

Abdallah (رضي الله عنه) a dit: le Prophète (ﷺ) a alors dit: *«Tu as sollicité Allah sur des termes déjà préimposés, des jours précomptés et des subsistances prépartagées. Il ne devance rien - ni avant, ni après son terme. Si tu avais demandé à Allah de te préserver du châtiment de l'Enfer et de celui de la tombe, cela aurait été mieux et préférable.»*[13]

§ 5 - L'instant de la mort nous est inconnu

Les serviteurs n'ont aucune connaissance du moment où la mort se présentera à eux. Cela appartient à Allah (تعالى) uniquement, et fait partie des clés de l'Invisible dont Il (تعالى) S'est approprié Seul la science. Le Très-Haut a dit:

﴾C'est Lui qui détient les clés de l'Invisible. Nul autre que Lui ne les connaît.﴿ *[Coran 6: 59]*

---

[13] Hadith rapporté par Mouslim dans son *Sahih,* livre du Destin, et par Ahmed dans son *Musned,* vol. 1, pp. 390, 413 et 445.

﴿La connaissance de l'Heure est auprès d'Allah. C'est Lui qui fait tomber la pluie salvatrice, et sait ce qu'il y a dans les matrices, personne ne sait ce qu'il acquerra demain, et personne ne sait sur quelle terre il mourra. Certes Allah est Omniscient et Parfaitement Connaisseur.﴾ *[Coran 31: 34]*

Boukhari a rapporté dans son *Sahih*, d'après Ibn Omar (ﷺ), que le Messager d'Allah (ﷺ) a dit: *«Les clés de l'Invisible sont au nombre de cinq. Seul Allah les connaît:*

﴿La connaissance de l'Heure est auprès d'Allah. C'est Lui qui fait tomber la pluie salvatrice, et sait ce qu'il y a dans les matrices, personne ne sait ce qu'il acquerra demain, et personne ne sait sur quelle terre il mourra. Certes Allah est Omniscient et Parfaitement Connaisseur.﴾

[Coran 31: 34].»[14]

Ahmed, Tirmidhi et d'autres ont rapporté, d'après un groupe de compagnons du Prophète (ﷺ), que celui-ci (ﷺ) a dit: *«Lorsque Allah décide de saisir l'âme d'un serviteur sur une terre, Il lui y assigne un but* [afin qu'il s'y rende].»[15]

---

[14] Hadith rapporté par Boukhari dans son *Sahih,* livre de la prière de demande de pluie, et au livre de l'interprétation du Coran.

[15] *Sahih El-Jami'e,* Hadith nº 1 221.

CHAPITRE 2

L'AGONIE

SECTION PREMIERE

LA PRESENCE DES ANGES DE LA MORT

Lorsque le terme prescrit approche et que la vie de l'être humain est sur le point de cesser, Allah (ﷻ) envoie Ses messagers de la mort pour extraire l'âme; régisseur et moteur du corps:

﴿Et c'est Lui le Dominateur Suprême au-dessus de Ses serviteurs. Il envoie sur vous des gardiens. Lorsque la mort atteint l'un d'entre vous, alors Nos envoyés enlèvent son âme sans aucune négligence.﴾ *[Coran 6: 61]*

Les Anges de la mort se présentent au croyant sous une belle apparence, et sous un aspect effrayant, au mécréant et à l'hypocrite.

Dans le Hadith d'El-Bara' Ibn 'Azib (ﷺ), il a été rapporté que le Messager (ﷺ) a dit: *«Lorsque le serviteur croyant est au moment de quitter la vie terrestre et de passer à l'Au-delà, des Anges, aux visages blancs, rayonnants comme le soleil, descendent du ciel auprès de lui, ayant avec eux un linceul de ceux du Paradis et un* hanôte[1] de ceux du Paradis, jusqu'à ce que qu'ils s'assoient auprès de lui à une distance égale à l'étendue [de son champ] *de vision. Puis, l'Ange de la mort arrive jusqu'à ce qu'il s'assoie à sa tête. Puis, il dit: ô toi, âme sereine! - dans une autre variante: ô toi, âme apaisée! - sors vers un pardon et une satisfaction d'Allah.»*

Le Prophète (ﷺ) a ensuite dit: *«Elle sort, en coulant, comme l'écoulement d'une goutte sortant de l'ouverture d'une outre, puis il la prend.* (...) *Quand le serviteur mécréant* - dans une autre variante: *le pervers - est au moment de quitter la vie terrestre et de passer dans l'au-delà, des Anges rudes, durs aux visages noirs avec des cilices de l'Enfer*[2], s'assoient auprès de lui à une distance égale à l'étendue [de son champ] *de vision. Puis l'Ange de la mort arrive, s'assoit à sa tête et dit: ô toi, âme désagréable! Sors vers le mécontentement et la colère d'Allah!»*

Puis, le Prophète (ﷺ) a dit: *«Alors l'âme se disperse dans le corps*[3] et l'Ange l'arrache comme on retire la brochette à pics latéraux multiples de la laine humide. Elle rompt avec elle, les veines et les nerfs (...).»[4]

---

[1] C'est-à-dire que c'est un mélange de parfum destiné aux linceuls des morts et à leurs corps.

[2] C'est ce qui est mis comme tissu de poil, à même la peau, en guise d'ascétisme et de contrainte pour le corps.

[3] C'est-à-dire qu'elle se disperse dans le corps répugnant de sortir à la vue affligeante du châtiment douloureux qui l'attend [*Majma'-Bihar-el-Anwar*: racine ف ر ق]. [Abou Ishaq]. [*Trad.*]

[4] Le cheikh Al-Albani a réuni l'ensemble des variantes de ce Hadith, et il l'a narré en un seul texte, en y faisant paraître les ajouts et les intérêts qui ont été mentionnés dans l'ensemble des voies authentiques de ce Hadith. Tout cela se trouve dans son précieux livre *Ahkam El-Jana'iz,* p. 59. Il a attribué ce Hadith à Abou Daoud, vol. 2, p. 281, à El-Hâkim, vol. 1, p. 27 et p. 40, à Tayalessi, nº 753, à Ahmed, vol. 4, pp. 287, 288, 295 et 296, et à El-Ajouri dans son livre *Chari'a,* p. 367 et p. 370. El-Hâkim a dit: ce Hadith est selon les conditions établies par Boukhari et Mouslim.=

Ce qui arrive à la personne agonisante, nul ne l'aperçoit et nul ne le voit, même si l'on en distingue les effets. Notre Seigneur (ﷻ) nous a entretenus de l'état de celui qui est au bord de la mort:

﴿Lorsqu'elle parvient à la gorge, et qu'à ce moment-là vous regardez, et que Nous sommes plus Proche de lui que vous, mais vous ne voyez point.﴾ *[Coran 56: 83-85]*

Dans ce verset, Allah (ﷻ) fait allusion à l'âme lorsqu'elle parvient à la gorge du moribond. Ceux qui l'entourent voient ce qu'il endure comme affres mortuaires, même s'ils ne voient pas les Anges du Miséricordieux extraire son âme:

﴿... Et que Nous sommes plus Proche de lui que vous, mais vous ne voyez point.﴾ *[Coran 56: 85]*

﴿Et Il est le Dominateur Suprême au-dessus de Ses serviteurs. Il envoie sur vous des gardiens. Lorsque la mort atteint l'un d'entre vous, alors Nos envoyés enlèvent son âme sans aucune négligence.﴾ *[Coran 6: 61]*

﴿Mais non! Quand elle arrive aux clavicules et que l'on dit: qui est exorciste? Et qu'il est convaincu que c'est la séparation, et que la jambe s'enlace à l'autre, c'est vers ton Seigneur, ce jour-là, que tu seras conduit﴾ *[Coran 75: 26-30].*

Celle qui arrive aux clavicules, c'est l'âme.

Le Hadith d'El-Bara' Ibn 'Azib (ﷺ) a mis en évidence que l'Ange de la mort annonce au croyant la bonne nouvelle du pardon et de la satisfaction d'Allah (ﷻ), et qu'il annonce au mécréant ou au pervers, le mécontentent et la colère d'Allah (ﷻ). Ceci a également

=Dhahabi l'a approuvé. Ce Hadith est tel qu'ils l'on affirmé. Le grand savant Ibn El-Qayim a authentifié ce Hadith dans ses livres: *I'lam El-Mouwaqi'ine...,* vol. 1, p. 214 et *Tahdhib es-Sunan,* vol. 4, p. 337. Il y a rapporté qu'Abou Nu'eime et d'autres l'ont également authentifié.

été mis en évidence dans de nombreux Textes du Livre d'Allah. Le Très-Haut a dit:

> ﴾Ceux qui disent: notre Seigneur est Allah et qui se tiennent dans le droit chemin, les Anges descendent sur eux *[en disant]*: n'ayez pas peur et ne soyez pas affligés, mais réjouissez-vous de la bonne nouvelle du Paradis qui vous était promis. Nous sommes vos protecteurs dans la vie présente et dans l'Au-delà, et vous y aurez ce que vos âmes désireront et ce que vous réclamerez, un lieu d'accueil de la part d'un Très Grand Pardonneur et d'un Très Miséricordieux.﴿ *[Coran 41: 30-32]*

Cette descente - comme l'a affirmé un groupe d'éminents exégètes du Coran, parmi lesquels Moudjahid, a lieu à l'agonie.[5] Il n'y a aucun doute que l'être humain est dans une situation difficile: il a peur de l'avenir, comme il a peur pour ceux qu'il a laissés derrière lui. Alors, les Anges viennent le rassurer de ce dont il a peur et de ce qui l'attriste. Ils tranquillisent son cœur et lui disent: n'aie pas peur de l'avenir dans le *Barzakh* et dans l'Au-delà, ne t'attriste pas pour ceux que tu as laissés comme épouse, enfants ou dette. Puis, ils lui annoncent l'immense bonne nouvelle:

> ﴾... Mais réjouissez-vous de la bonne nouvelle du Paradis qui vous était promis.﴿ *[Coran 41: 30]*

> ﴾... Et vous y aurez ce que vos âmes désireront et ce que vous réclamerez.﴿ *[Coran 41: 32]*

Tant que le serviteur ne prend pour protecteur qu'Allah (ﷻ) Qui se charge de toujours le protéger, notamment dans les moments difficiles dont le plus pénible est sans doute cette situation-là:

> ﴾Nous sommes vos Protecteurs dans la vie présente et dans l'Au-delà.﴿ *[Coran 41: 31]*

---

[5] Voir *Tafsir* d'Ibn Kathir, vol. 6, p. 174.

Quant aux mécréants débauchés, les Anges descendent sur eux, contrairement à ce qui a été décrit pour le croyant:

﴿Ceux qui ont fait du tort à eux-mêmes, les Anges enlèveront leurs âmes en disant: où en étiez-vous? - Ils diront: nous étions impuissants sur terre. Alors les Anges diront: la terre d'Allah n'était-elle pas assez vaste pour vous permettre d'émigrer? Voilà bien ceux dont le refuge est l'Enfer. Et quelle mauvaise destination!﴾ *[Coran 4: 97]*

Ce verset - comme l'a rapporté Boukhari d'après Ibn Abbas (ﷺ) - est descendu au sujet d'un groupe de personnes qui s'étaient converti à l'Islam, qui n'avait pas émigré et que la mort a atteint, ou qui s'étaient fait tuer alors qu'ils se trouvaient dans les rangs ennemis. Les Anges blâmeront ces personnes-là une fois le processus de mort entamé, les réprimanderont et leur annonceront l'Enfer.

Notre Seigneur (ﷻ) nous a entretenus de l'extraction des âmes des mécréants par les Anges durant la bataille de Badr:

﴿Si tu voyais lorsque les Anges arrachaient les âmes à ceux qui ont mécru! Ils les frappent sur les visages et au-dessous de leurs *[dos]*: goûtez au châtiment du Feu, cela pour ce que vos mains ont accompli. Et Allah n'est point injuste envers les esclaves.﴾ *[Coran 8: 50-51]*

Le méticuleux exégète du Coran et très grand savant Ibn Kathir a commenté ces versets en disant: si tu voyais, ô Mohammed, les mécréants au moment où les Anges leur enlèvent leurs âmes, tu verrais une chose terrible, épouvantable et abominable. Ils les frappent sur les visages et au-dessous de leurs *[dos]* en disant: «Goûtez au châtiment du Feu».[6]

---

6 *Tafsir* d'Ibn Kathir: vol. 3, p. 335.

Il a également indiqué que, même si ce verset a été révélé durant la bataille de Badr, il concerne toutefois tous les mécréants. C'est pour cela que le Très-Haut ne l'a pas uniquement spécifié aux combattants de Badr. Il a plutôt dit:

﴿Si tu voyais lorsque les Anges arrachaient les âmes à ceux qui ont mécru...﴾ *[Coran 8: 50]*,

a conclu Ibn Kathir.[7]

Ce qu'Ibn Kathir a affirmé est bel et bien juste, car beaucoup de versets du Coran indiquent cela, ainsi ces Paroles d'Allah (ﷻ):

﴿Quel pire injuste que celui qui invente un mensonge contre Allah, ou qui a démenti Ses Signes? Ceux-là auront la part qui leur a été prescrite; jusqu'au moment où Nos envoyés viennent à eux pour leur enlever l'âme, en leur disant: où sont ceux que vous invoquiez en dehors d'Allah? - Ils répondront: nous ne les trouvons plus. Et ils témoigneront contre eux-mêmes qu'ils étaient mécréants.﴾ *[Coran 7: 37]*

﴿Ceux à qui les Anges ôtent les âmes, alors qu'ils sont injustes envers eux-mêmes, se soumettront humiliés, *[et diront]*: nous ne faisions pas de mal! Mais, en fait, Allah sait bien ce que vous faisiez.﴾ *[Coran 16: 28]*

﴿Ceux qui ont fait volte-face après que le droit chemin leur a été clairement exposé, le diable les a séduits et trompés. C'est parce qu'ils ont dit à ceux qui n'ont pas aimé ce qu'Allah a fait descendre: nous vous obéirons dans certaines choses. Cependant, Allah connaît ce qu'ils cachent. Qu'adviendra-t-il d'eux quand les Anges les achèveront, frappant leurs faces et leurs derrières?﴾

[Coran 47: 25-27]

---

7 *Ibid.*

SECTION 2

L'AGONIE DISCONTINUE LORS DE LA MORT

La mort a des affres que chaque être humain rencontre à l'agonie, comme l'a affirmé le Très-Haut:

> ﴾Et l'agonie *[lors]* de la mort est venue avec la vérité: voilà ce dont tu t'écartais.﴿ *[Coran 50: 19]*

L'agonie discontinue *(sakarâte)* lors de la mort, ce sont ses angoisses et ses affres. Al-Râghib, dans son livre, *Moufradâte*, a dit: l'ivresse *(sakra)* est un état qui s'interpose entre la personne et sa raison. Ce mot est le plus souvent employé pour la boisson alcoolique, mais aussi pour la colère, l'amour ardent, la douleur, la somnolence, et l'évanouissement résultant de la douleur: c'est ce sens-ci qui est visé dans ce verset.[8]

Le Messager (ﷺ) a enduré cette agonie discontinue: durant la maladie de sa mort, il avait entre les mains un petit seau ou un vase en peau qui contenait de l'eau, il y pénétrait sa main et s'en essuyait le visage, puis disait: *«Il n'y a de divinité qu'Allah! La mort a certes des affres* (sakarâte)*!»*[9]

Aïcha (رضي الله عنها) disait au sujet de la maladie du Messager (ﷺ): «Je n'ai pas vu de maladie causant plus de souffrance à une personne que celle du Messager d'Allah (ﷺ) et ce qu'elle lui a fait subir.»[10]

---

8 Voir *Fat'hou El-Bâri,* vol. 11, p. 362.

9 Hadith rapporté par Boukhari d'après Aïcha, dans son *Sahih*: livre *Ar-Riqaq* - chapitre: les affres de la mort. Voir *Fat'hou El-Bâri,* vol. 11, p. 361.

10 Voir *Jami'e El-Ossole,* vol. 11, p. 69.

Aïcha (ﷺ) est entrée aussi auprès de son père Abou Bakr (ﷺ) au cours de la maladie entraînant sa mort. Lorsque celle-ci l'accabla, Aïcha (ﷺ) récita un vers exprimant la situation dans laquelle son père se trouvait:

Par ta vie, la richesse n'est d'aucune utilité au jeune homme,

Le jour où l'âme hésite à sortir, et que la poitrine s'oppresse.

Alors son père découvrit son visage et dit: ce n'est pas ce qu'il faut dire. Dis plutôt:

﴾Et l'agonie *[lors]* de la mort est venue avec la vérité: voilà ce dont tu t'écartais.﴿[11] *[Coran 50: 19]*

Sans aucun doute, le mécréant et le pervers endurent, au moment de la mort, bien beaucoup plus que le croyant. Nous avons, précédemment, exposé une partie du Hadith d'El-Bara' Ibn 'Azib, où est cité que l'âme du mécréant et du pervers se disperse dans le corps lorsque l'Ange de la mort dit: ô toi, âme désagréable! Sors vers le mécontentement et la colère d'Allah! Alors l'Ange l'arrache comme on retire la brochette à pics latéraux multiples de la laine humide. Elle rompt avec elle, les veines et les nerfs.

Le Noble Coran nous a décrit également la sévérité qu'endure le mécréant:

﴾Quel pire injuste que celui qui invente un mensonge sur Allah ou qui dit: révélation m'a été faite, alors que rien ne lui a été révélé. De même que celui qui a dit: je vais faire descendre semblable à ce qu'a fait descendre Allah. Si tu voyais les *[gens]* injustes lorsqu'ils seront dans les affres de

---

[11] Cet *athar* (texte massivement transmis par les Anciens) a été rapporté par Ibn Abi Dounia. Ibn Kathir, dans son *Tafsir,* vol.6, p. 401, après avoir exposé la narration qu'Ibn Abi Dounia a rapportée, a dit: cet *athar* a été rapporté selon plusieurs voies..

> la mort, et que les Anges leur tendront les mains *[disant]*: laissez sortir vos âmes. Aujourd'hui vous allez être récompensés par le châtiment de l'humiliation pour ce que vous disiez sur Allah autre que la vérité, et parce que vous vous détourniez orgueilleusement de Ses signes.﴾
> *[Coran 6: 93]*

Ce verset décrit ce qui se déroule - comme l'a affirmé Ibn Kathir - au moment où les Anges annoncent au mécréant le châtiment, le supplice exemplaire, les carcans, les chaînes, la Fournaise ardente, l'eau bouillante et la colère du Tout Miséricordieux; alors son âme se disperse dans son corps, désobéissant et refusant de sortir. Alors les Anges le frappent jusqu'à ce que son âme sorte de son corps, en disant:

> ﴿Laissez sortir vos âmes. Aujourd'hui vous allez être récompensés par le châtiment de l'humiliation pour ce que vous disiez sur Allah autre que la vérité...﴾ *[Coran 6: 93]*

Quant à ce qui est cité dans ce verset au sujet des Anges qui tendent leurs mains vers les mécréants, Ibn Kathir l'interprète par le frappement, car le sens de ceci est le même que celui des Paroles d'Allah (ﷻ):

> ﴿Si tu tends ta main vers moi pour me tuer.﴾ *[Coran 5: 28]*

> ﴿Et tendront en mal leurs mains et leurs langues vers vous.﴾
> *[Coran 60: 2]*

Les gens encore dotés de leur raison peuvent raconter ce qu'ils endurent comme sévérité lorsqu'ils sont à l'agonie. Parmi ceux qui ont raconté cela, il y a 'Amr Ibn El-'As (ﷺ). Lorsque ce dernier fut sur le point de mourir, son fils lui dit: «Ô père! Tu disais: Si je pouvais rencontrer un homme encore doué de sa raison et encore clairvoyant, au moment où la mort descend sur lui, afin qu'il me décrive ce qu'il ressent! Toi, tu es cet homme, décris-moi donc ce que tu ressens.» Il dit alors: «Ô mon fils! Par Allah, c'est comme si mon flanc était dans une corbeille à linge, que je respirais par le trou d'une aiguille, et que l'on me tirait une branche épineuse des pieds à la tête.»[12]

Le mourant pour qui l'agonie discontinue est allégée:

Le Messager (ﷺ) nous a informés que l'agonie discontinue lors de la mort est allégée pour le martyr tombé dans le champ de bataille. On a rapporté d'après Abou Houraïra (رضي الله عنه) que le Messager d'Allah (ﷺ) a dit: *«Le martyr ressent la douleur de la mort, comme l'un de vous ressent la douleur du pincement».* Ce Hadith a été rapporté par Tirmidhi, Nassaï, et Darimi. Tirmidhi a dit: ce Hadith est bon et étrange.[13]

SECTION 3

L'HOMME MOURANT SOUHAITE LE RETOUR A LA VIE...

Lorsque la mort se présente à l'individu, il souhaite retourner sur terre afin, peut-être, de: se soumettre à l'Islam s'il est mécréant; se repentir s'il est un croyant désobéissant:

> ﴾Jusqu'à ce que la mort vienne à l'un d'eux, il dit: mon Seigneur! Fais-moi revenir *[sur terre]*, peut-être que j'accomplirais du bien dans ce que j'ai laissé! Que non! C'est simplement une parole qu'il dit et derrière eux, il y a une barrière jusqu'au jour où ils seront ressuscités.﴿
>
> *[Coran 23: 99-100]*

---

12 Voir *Tadhkiratou* de Qortobi, p. 19.

13 Voir *Michakatou El-Massabih,* vol. 2, p. 358, nº 3836. Le correcteur de ce livre, le cheikh Al-Albani a dit: sa chaîne de transmission est bonne.

Lorsque la mort se présente, la foi affichée par le mécréant n'est pas acceptée, tout comme le repentir n'est d'aucune utilité lorsque le serviteur râle:

> ﴿Allah accueille seulement le repentir de ceux qui font le mal par ignorance et qui aussitôt se repentent. Voilà ceux de qui Allah accueille le repentir. Et Allah est Omniscient et Sage. Mais l'absolution n'est point destinée à ceux qui font de mauvaises actions jusqu'au moment où la mort se présente à l'un d'eux et qui s'écrie: certes, je me repens maintenant, ni à ceux qui meurent mécréants. Et c'est pour eux que Nous avons préparé un châtiment douloureux.﴾
>
> *[Coran 4: 17-18]*

El-Hâfidh Ibn Kathir a exposé des Hadiths qui montrent qu'Allah (ﷻ) accepte le repentir du serviteur lorsque la mort se présente à lui, tant qu'il n'atteint pas les râles de la mort. Le Prophète (ﷺ) a dit: *«Certes, Allah accueille le repentir du serviteur tant qu'il n'a pas émis les râles de la mort»*. Ce Hadith a été rapporté par Tirmidhi et Ibn Majah.[14]

Le repentir de quelqu'un est donc considéré imminent, après le péché, quand il se produit avant la mort. Toutefois, ses conditions restent la sincérité et la franchise, et il se peut que l'individu ne puisse pas se repentir dans ces moments d'effrois. La personne doit donc réagir avant que le terme prescrit n'arrive:

Offre-toi donc un repentir plein d'espoir, avant que la mort ne soit là et que les langues ne soient liées.

Hâte-toi donc de clore les âmes par cela, car il est la provision et le butin du repentant et du bienfaiteur.

---

14 Voir *Tafsir* d'Ibn Kathir, vol. 3, p. 224.

SECTION 4

LA JOIE DU CROYANT DE RENCONTRER SON SEIGNEUR (ﷻ)

Lorsque les Anges du Miséricordieux se présentent au serviteur croyant avec la bonne nouvelle d'Allah (ﷻ), apparaissent sur lui la joie et l'allégresse. Quant au mécréant et au pervers, apparaissent sur eux le malaise, la tristesse et la peine. C'est pourquoi le croyant désire ardemment, à la mort, rencontrer Allah (ﷻ) le Très Haut, alors que le mécréant n'aime pas cela.

On a rapporté d'après Anas Ibn Malik (رضي الله عنه), d'après 'Oubada Ibn Samit (رضي الله عنه), que le Prophète (ﷺ) a dit:

«Celui qui aime rencontrer Allah, Allah aime le rencontrer. Celui qui abhorre rencontrer Allah, Allah abhorre le rencontrer».

- Aïcha (رضي الله عنها) - ou une des épouses du Prophète (ﷺ) - dit alors: mais, nous tous abhorrons assurément la mort! - Le Prophète (ﷺ) répliqua:

«Ce n'est pas ainsi! Mais lorsque la mort se présente au croyant, on lui annonce la satisfaction et la générosité d'Allah, alors il n'aime rien de plus que ce qui l'attend après la mort: il aime donc rencontrer Allah et Allah aime le rencontrer. Quant au mécréant, lorsqu'il meurt, on lui annonce le châtiment et la punition d'Allah, alors il n'a rien de plus en aversion que ce qui l'attend après la mort: il abhorre donc rencontrer Allah et Allah abhorre le rencontrer.»[15]

C'est à cet égard que le serviteur pieux demande à ceux qui le transportent sur le brancard, de s'empresser de le conduire à sa tombe, par désir des faveurs qui l'attendent. Tandis que le mauvais

---

[15] Rapporté par Boukhari dans son *Sahih*, livre *Ar-Riqaq* - chapitre: celui qui aime rencontrer Allah, Allah aime le rencontrer. Voir *Fat'hou El-Bâri*, vol. 11, p. 357.

serviteur crie au malheur, à cause de la destination vers laquelle il se dirige.

Dans le *Sahih* de Boukhari, et dans les *Sunan* de Nassaï, on a rapporté d'après Abou Sa'id El-Khoudri (ﷺ), que le Messager d'Allah (ﷺ) a dit:

«Lorsque le mort est placé sur le brancard et que les hommes le portent sur leurs épaules: s'il s'agit de quelqu'un de pieux, il dit: faites-moi avancer! S'il s'agit de quelqu'un de non pieux, il dit à ses proches: malheur à moi! Où vous dirigez-vous avec moi?Puis, toute chose entend sa voix, excepté l'être humain, car s'il l'entendait, il s'évanouirait.»[16]

SECTION 5

LA PRESENCE DU DIABLE AU MOMENT DE LA MORT

Lorsque la mort se présente, le diable est avide d'empêcher l'être humain de lui échapper. Dans le *Sahih* de Mouslim, on a rapporté d'après Jabir Ibn Abdallah (ﷺ) que le Messager d'Allah (ﷺ) a dit: *«Le diable est présent aux côtés de l'un de vous lors de* [l'accomplissement] *de toute chose, de tous ses agissements, jusqu'à ce qu'il soit présent à son repas. Si une bouchée tombe* [des mains] *de l'un de vous, qu'il nettoie ce qu'elle contient de saleté, puis qu'il la mange sans la laisser au diable. Quand il termine* [son repas],

---

[16] Hadith rapporté par Boukhari dans son *Sahih:* livre des funérailles - chapitre la parole du mort sur le brancard: «Faites-moi avancer!» Voir *Fat'hou El-Bâri,* vol. 3, p. 184. Rapporté également par Nassaï dans ses *Sunan*, livre des funérailles - chapitre: l'empressement avec le brancard, vol.4, p. 41.

qu'il lèche ses doigts car il ne sait pas dans quelle partie de son repas se trouve la bénédiction.»

Nos savants ont mentionné que le diable se présente à l'être humain, durant cet instant critique, sous l'apparence de son père, de sa mère ou d'une autre personne qui lui était affectueuse et conseillère, puis il l'invite à suivre le christianisme, le judaïsme ou d'autres principes en opposition à l'Islam. C'est à ce moment-là qu'Allah (ﷻ) dévie le cœur de celui qu'Il a destiné au malheur.[17] Tel est le sens de la Parole du Très-Haut:

> ﴿Seigneur! Ne laisse pas dévier nos cœurs après nous avoir guidés, et accorde-nous Ta Miséricorde. C'est Toi, certes, le Grand Donateur.﴾ *[Coran 3: 8]*

Abdallah, le fils de l'imam Ahmed Ibn Hanbal, a dit: j'ai assisté à la mort de mon père Ahmed. Je tenais dans les mains un chiffon pour soutenir ses mâchoires. Il s'évanouissait, reprenait connaissance et disait: non, après! Non, après! Il a fait cela plusieurs fois. Je lui ai alors dit: ô père! que vois-tu? - Il m'a répondu: le diable est debout en face de moi en se mordant les doigts et me dit: ô Ahmed, tu m'as échappé! Alors je lui réponds: pas encore! Pas encore! Ce ne sera le cas que lorsque... je serai mort![18]

L'imam Qortobi a dit: j'ai entendu de notre cheikh, l'imam Abou El-Abbas Ahmed Ibn Omar Al Qortobi: j'ai assisté, à Qortoba, à la mort du frère de notre cheikh Abou Ja'far Ahmed Ibn Mohammed Al-Qortobi. On lui a rappelé la *Chahada*: il n'y a de divinité qu'Allah. Il a répondu: non, non! Puis, lorsqu'il a repris connaissance, nous lui avons évoqué cela. Il a dit: deux diables sont venus à moi: l'un à ma droite et l'autre à ma gauche. L'un d'eux disait: meurs chrétien, c'est la meilleure des religions. Et l'autre

---

17 *Tadhkiratou* de Qortobi, p. 33.
18 *Ibid*, p. 34.

disait: meurs *[en restant]* juif, car c'est la meilleure des religions. Alors je leur répondais: non, non...[19]

Ceci n'arrive pas nécessairement à tout le monde, comme l'a affirmé Ibn Taymiya, mais la proposition des religions avant la mort est faite à certaines personnes et pas à d'autres. Cela s'est vraiment produit pour certaines personnes, et fait partie des épreuves de la vie et de la mort contre lesquelles il nous a été ordonné de demander protection dans notre prière.[20]

Cheikh El-Islam Ibn Taymiya a mentionné que le diable est, on ne peut plus, pressant de tenter l'homme, pendant son agonie, car c'est le moment propice. Il a argumenté cela par des Hadiths qui ont été rapportés dans le *Sahih*: *«Les actes ne valent, seulement, que par leur fin.»*[21]

Le Prophète (ﷺ) a dit: *«Le serviteur accomplit des actes des gens du Paradis, au point qu'il ne reste, entre lui et le Paradis, qu'une coudée. C'est alors qu'il est devancé par le Destin Ecrit et amené à accomplir des actes des gens de l'Enfer,* [l'entraînant ainsi en Enfer], *et il y entre. Le serviteur accomplit des actes des gens de l'Enfer, au point qu'il ne reste, entre lui et l'Enfer, qu'une coudée. C'est alors qu'il est devancé par le Destin Ecrit et amené à accomplir des actes des gens du Paradis, et il y entre.»*

C'est pour cela aussi qu'il a été rapporté, selon une chaîne de transmission faible, que, au moment de la mort, le diable est beaucoup plus tenace avec le 'fils' d'Adam, qu'il ne l'était auparavant, et qu'il dit à ses soutiens: celui-ci devant vous, s'il vous échappe, vous ne vous en emparerez plus jamais![22]

---

19 *Tadhkiratou,* p. 34.

20 *Majmou'e El-Fatawa,* vol. 4, p. 255.

21 C'est-à-dire: ce qui compte c'est l'œuvre par laquelle l'individu achève sa vie. [*Trad.*]

22 *Majmou'e El-Fatawa,* vol. 4, pp. 255-256.

SECTION 6

LES CAUSES D'UNE MAUVAISE FIN

Certains parmi ceux qui manifestent l'Islam et sa mise en pratique voient leurs vies achevées d'une façon néfaste. Qu'Allah (ﷻ) nous en préserve! Ceci peut survenir à certains de ceux à qui la mort se présente. Le grand savant Hassen Khan a parlé de la mauvaise fin et a dit: elle a des causes contre lesquelles le croyant doit se prémunir.[23] Il les a citées et en a mentionné:

1- La croyance altérée:

La croyance altérée, même accompagnée de piété et d'ascétisme parfait, est une des causes de la mauvaise fin. Si la croyance de l'individu comporte une altération dont il est certain, il se peut que lui soit dévoilée, au moment de sa mort, la nullité de ces croyances qu'il considérait fermement comme étant authentiques, et que sa fausse croyance n'avait aucune origine, s'il n'établissait pas de différence. Cette fausseté dans sa foi sera donc la raison de l'extinction du restant de ses croyances. Puis, l'enlèvement de son âme, dans cet état, avant qu'il ne se rétracte et revienne à l'origine de la foi, fait qu'il achève sa vie par une mauvaise fin, et sort de la vie terrestre sans foi. Il sera donc du nombre de ceux à propos desquels Allah le Très-Haut a dit:

> ﴾Et leur apparaîtra de la part d'Allah ce qu'ils n'avaient jamais imaginé.﴿ *[Coran 39: 47]*

> ﴾Dis: voulez-vous que nous vous informions au sujet des plus perdants en œuvres? Ceux dont l'effort dans la vie présente s'est égaré alors qu'ils s'imaginaient accomplir le bien.﴿ *[Coran 18: 103-104]*

---

[23] *Yaqadhatou Ouli El-I'tibar*, p. 211.

Quiconque croit fermement en une chose contrairement à sa vérité, soit d'après sa propre pensée et sa raison, soit en la reprenant de quelqu'un, est donc guetté par ce danger: son ascétisme et sa piété ne lui seront d'aucune utilité, seule lui sera utile la croyance authentique conforme au Livre d'Allah (سبحانه وتعالى) et à la Sunna de son Messager (ﷺ), car aucune croyance religieuse n'est vraiment considérée que si elle s'appuie là-dessus.

2- La persistance dans les péchés:

Celui qui persiste dans les péchés fait que son cœur s'y attache. Le souvenir de tout ce à quoi l'individu s'est lié, durant sa vie, revient au moment de sa mort: s'il penchait vers les actes d'obéissances, ce sont eux qui reviendront le plus à son esprit à sa mort, et s'il penchait plus vers les péchés, ce sont eux qui reviendront le plus à son esprit à sa mort. Au moment où la mort lui vient et avant qu'il ne se repente, il se peut que le domine une passion ou un péché auquel son cœur s'attachera et que cela devienne un voile entre lui et son Seigneur (سبحانه وتعالى), et une raison de sa mauvaise fin, conformément à la parole du Prophète (ﷺ): *«Les péchés sont les messagers de la mécréance.»*

Celui qui n'a jamais commis de péchés, ou qui en a commis puis s'est repenti, est alors loin de ce danger. Quant à celui qui a commis beaucoup de péchés, au point qu'ils soient plus nombreux que ses actes d'obéissances et qui ne s'est pas repenti - plutôt qui y persévère - ce danger est alors pour lui très grand, dès lors que la prédominance de son attachement aux péchés peut être une cause pour qu'il se représente ces péchés dans son cœur et penche vers eux. Ainsi, se peut-il que l'on saisisse son âme dans cet état. Ce penchant devient donc la raison de sa mauvaise fin.

L'on saisira cette vue par l'exemple suivant: l'homme voit, sans aucun doute, durant son sommeil, les situations auxquelles il s'est habitué tout au long de sa vie: celui qui a passé sa vie dans la science voit des situations s'y rapportant; celui qui l'a passée dans la couture voit des situations s'y rapportant, du moment que, généralement, ce qui lui est arrivé a un rapport avec son cœur, dû à une longue habitude, se représente durant le sommeil.

La mort, même si elle diffère du sommeil - avec ses affres et l'évanouissement qui la précèdent - en est proche. Le long attachement aux péchés entraîne donc, au moment de la mort, leur souvenir, leur réitération dans le cœur, leur représentation et le penchant de l'âme vers ceux-ci. Si cette dernière est saisie dans cet état, la fin de sa vie est mauvaise.

Dhahabi, dans son livre *El-Kabaïr*, a dit: Moudjahid a dit: il n'y a pas une personne qui meurt, sans que ceux qui lui tenaient compagnie se représentent à lui: on a dit à un joueur d'échec moribond de dire: Il n'y a de divinité qu'Allah. Il a répondu: échec!, puis il est mort. Le jeu auquel il s'était habitué, durant sa vie, a pris le dessus sur sa langue.

Ceci est semblable à ce qui est arrivé à un autre qui s'asseyait en compagnie de buveurs d'alcool. Au moment où la mort s'est présentée à lui, quelqu'un est venu pour lui faire prononcer l'attestation de foi, alors il a répondu:“Bois et sers-moi'', puis il

est mort... Il n'y a de force et de puissance qu'en Allah le Très-Haut, le Très-Grand.

3- S'écarter du droit chemin: [24]

Celui qui, au début de sa vie, se tenait sur le droit chemin, puis dont l'état a changé et s'en est éloigné, héritera d'une mauvaise fin suite à ce changement *(...)*.

---

[24] *Yaqadhatou Ouli El-I'tibar,* p. 212.

Ce cas est semblable à celui de Boul'ame Ibn Ba'our à qui Allah (ﷻ) a donné Ses Signes et qui, par son penchant pour la vie terrestre, s'en est écarté et a suivi ses passions: il a ainsi été du nombre des gens égarés. Ou à celui de Barcisse l'adorateur à qui le diable a dit: sois mécréant!, puis, lorsqu'il l'est devenu, le diable lui a dit: je te désavoue, car je redoute Allah le Seigneur de l'Univers! Le diable l'a incité à s'égarer et l'a désavoué par peur d'être associé à lui dans le châtiment, mais cela ne lui sera d'aucune d'utilité, comme l'a affirmé le Très-Haut:

> ﴾Ils eurent pour destinée d'être tous deux en Enfer pour y demeurer éternellement. Telle est la rétribution des *[gens]* injustes.﴿ *[Coran 59: 17]*

4- La faiblesse de la foi:

S'il existe une faiblesse dans la foi de l'individu, l'amour d'Allah (ﷻ) baisse en lui et celui de la vie terrestre augmente dans son cœur et s'empare de lui, de sorte qu'il n'y reste plus de place pour l'amour d'Allah (ﷻ).

Cela se produit seulement sous le rapport d'une conversation avec lui-même, ne lui montrant pas les effets de la transgression de son âme et ne l'influençant pas afin de s'abstenir des péchés et d'accomplir de bonnes œuvres. Il s'empresse alors dans les passions et à la perpétration des péchés. Puis, les ténèbres de ces derniers s'accumulent dans son cœur et ne cessent d'y éteindre la lumière de la foi, au regard de la faiblesse de cette dernière.

Alors, lorsque viennent les affres de la mort, l'amour d'Allah (ﷻ) ne cesse de diminuer dans son cœur, parce qu'il va quitter la vie terrestre qu'il aime tant. Son amour pour le bas monde le domine: il ne veut pas le quitter, il souffre de s'en séparer, et Allah (ﷻ) voit bien cela de sa part. On craint donc que résulte, en lui, la haine envers Allah (ﷻ) au lieu de son amour, et que ce faible amour se transforme en haine. Puis, si son âme est saisie à cet instant au cours duquel s'est présentée cette idée, il achève sa vie par une mauvaise fin et il sera donc en perdition éternelle.

Cette fin est causée par le fait d'aimer la vie terrestre, de s'y fier, et de s'en réjouir, ceci reflète la faiblesse de la foi qui implique celle de l'amour d'Allah (ﷻ). C'est ce mal inquiétant qui s'est généralisé à la majeure partie de la Création.

Si, pour une personne donnée, une des choses du bas monde prédomine, au moment de sa mort, celle-ci se représente dans son cœur et l'absorbe, au point qu'il ne reste plus de place pour autre chose. Ensuite, si son âme est saisie à cet instant, alors que la plus grande partie de son cœur et son visage sont tournés vers le bas monde, il se donc crée un voile entre lui et son Seigneur (ﷻ).

On a raconté que Souleiman Ibn Abdelmalik est venu à Médine en période du Pèlerinage, et a dit: y a-t-il quelqu'un qui aurait été contemporain de plusieurs compagnons du Prophète (ﷺ)? - Les gens ont répondu: il y a Abou Hazim. On l'envoya auprès de lui. Une fois en face d'Abou Hazim, Souleiman dit: ô Abou Hazim! Qu'avons-nous à avoir de l'aversion pour la mort? - Il répondit: car vous avez bâti la vie terrestre et détruit l'Au-delà. Vous avez donc de l'aversion pour sortir de ce qui est bâti vers ce qui est détruit! - Il dit: comme tu as raison... Puis, Souleiman ajouta: comme j'aimerais connaître ce que nous avons auprès d'Allah! - Abou Hazim répondit: rends tes œuvres conformes au Livre d'Allah. Souleiman dit: où trouverai-je cela? - Il répondit: dans la Parole d'Allah (ﷻ):

﴾Les *[gens]* pieux seront certes dans *[un jardin]* de délices et les *[gens]* dévergondés seront certes dans une fournaise.﴿
[Coran 82: 13-14]

Souleiman interrogea encore: où est la miséricorde d'Allah? - Abou Hazim dit: la miséricorde d'Allah est proche des bienfaiteurs. Il dit: comme j'aimerais connaître comment se déroulera l'Exposition devant Allah, Demain! Il répondit: concernant le bienfaiteur, il sera semblable à l'absent qui retrouve les siens. Quant au malfaiteur, il sera semblable à l'esclave qui s'est enfui de son maître et que l'on a reconduit auprès de lui. Alors Souleiman se mit à pleurer au point que sa voix s'éleva et que ses pleurs s'intensifièrent. Puis, il dit: conseille-moi donc. Abou Hazim lui dit: prends garde qu'Allah te voie là où Il t'a interdit de te retrouver ou d'être absent là où Il t'a ordonné de te retrouver.

Hassen Khan a cité, d'après Al-Ghazali, qu'il y a deux degrés de la mauvaise fin et dont l'un est plus grave que l'autre.

- Quant au degré grave et terrible, c'est lorsque le doute ou l'apostasie prédomine dans le cœur au moment des affres de la mort et de l'apparition de ses effrois: si son âme est saisie dans cet état, cela sera donc à jamais un voile entre lui et son Seigneur, requérant l'éloignement de la miséricorde d'Allah (ﷻ) et le châtiment éternel.

- Le second degré est moins grave que le premier: c'est lorsque l'amour, au moment de la mort, d'une des choses du bas monde ou d'une des tentations, prédomine et se reconstitue dans le cœur de l'individu, et l'absorbe au point qu'il ne reste plus de place, durant cette situation, pour autre chose. Quoi qu'il en soit, l'enlèvement de l'âme, qui coïncide avec l'état où l'amour de la vie terrestre prédomine, est un cas très grave, car l'individu meurt selon ce qu'il avait l'habitude d'accomplir. A ce moment-là, la perdition devient grande sauf si, enracinés dans le cœur durant une longue période et confirmés par les bons actes, l'origine de la foi et l'amour pour Allah (ﷻ) effacent du cœur cet état qui s'est présenté à lui au moment de la mort.

Si sa foi était de la taille d'un atome, celle-ci le fera sortir de l'Enfer dans un avenir plus proche, et si elle était inférieure à cela, son séjour en Enfer se prolongera. Cependant, même si sa foi ne pèse que le poids d'une graine, elle le fera sortir de l'Enfer, même après des milliers d'années.

Quiconque croit fermement en Allah (ﷻ), ou, contraire à Ses Descriptions et à Ses Actes - soit par un suivi aveugle d'une personne, soit par sa propre raison, sans être revenu au Coran et à la Sunna, selon la compréhension des Compagnons, s'expose à ce danger que son ascétisme et sa piété ne suffiront pas à repousser. Plutôt, rien ne pourra le sauver, excepté la croyance authentique conforme au puissant Coran et à la pure Sunna; alors là, il sera assurément à l'écart de ce danger.[25]

SECTION 7

LE CHOIX POUR LES PROPHETES AU MOMENT DE LA MORT

Lorsque la mort se présente aux Prophètes, Allah (ﷻ) leur montre ce qu'ils ont auprès de Lui comme grande et abondante récompense, puis on leur donne le choix entre rester dans la vie terrestre ou rejoindre ce noble lieu, et il n'y a aucun doute que chaque Prophète préfère les délices éternelles. Ceci s'est produit pour notre Messager (ﷺ) à qui l'on a donné le choix et qui a choisi.

Dans le *Sahih* de Boukhari, on a rapporté que Aïcha (رضي الله عنها) a dit: le Messager d'Allah (ﷺ) disait, quand il était en bonne santé: *«L'on ne saisit l'âme d'aucun Prophète, sans qu'on lui montre sa place au Paradis, puis qu'on le fait choisir.»* Puis, lorsque la mort s'est présentée à lui (ﷺ), sa tête était posée sur ma cuisse. Il s'est évanoui un instant, puis il a repris connaissance. Il a levé son regard vers le ciel et a dit: *«Ô Allah! Le Compagnon Sublime!»* J'ai alors dit: il ne

---

[25] *Yaqadhatou Ouli El-I'tibar,* p. 216.

choisit donc pas de rester avec nous. J'ai su qu'il s'agissait de ce dont il nous parlait. Et la dernière parole prononcée par le Prophète (ﷺ) a été: *«Ô Allah!* [je veux être] *avec le Compagnon Sublime!»*[26] Dans une autre variante, il a été rapporté: j'ai entendu le Prophète (ﷺ), au cours de la maladie de sa mort, alors qu'il fut pris d'enrouement:

> ﴾Ceux-là seront avec ceux qu'Allah a comblés de Ses bienfaits parmi les Prophètes, les véridiques, les martyrs et les gens vertueux. Et quels bons compagnons que ceux-là!﴿
>
> *[Coran 4: 69]*

Elle a dit: il m'a semblé ce jour-là qu'il avait choisi.

---

[26] Hadith rapporté par Boukhari dans son *Sahih,* livre *Ar-Riqaq* - chapitre: celui qui aime rencontrer Allah. Voir *Fat'hou El-Bâri,* vol. 11, p. 357. Il a été également rapporté par Mouslim dans son *Sahih*, par Malik dans son *Mouwatta* et par Tirmidhi dans ses *Sunan*. Ibn El-Athir a narré toutes les variantes du Hadith d'après Aïcha dans son livre *Jami'e El-Oussoul,* vol. 11, p. 67.

CHAPITRE 3

L'ENLEVEMENT DE L'AME ET SON ASCENSION AU CIEL

Mouslim a rapporté qu'Abou Houraïra (ﷺ) a dit: «Quand sort l'âme du serviteur croyant, deux Anges l'accueillent et montent avec elle - Hammad [1] a dit: il a mentionné sa bonne odeur et a évoqué le musc - et les gens du ciel disent: une âme agréable venue de la terre, qu'Allah prie sur toi et sur le corps dans lequel tu étais! Ensuite, on l'emmène à son Seigneur (ﷻ) qui dit:"Amenez-la au bout du terme''. Puis il a dit: quand l'âme du mécréant sort - Hammad a dit: il a mentionné sa puanteur et a évoqué la malédiction - les gens du ciel disent: une âme désagréable venue de la terre! Puis, on dit: amenez-la au bout du terme.»[2]

Le Messager (ﷺ) a mentionné dans le Hadith d'El-Bara' Ibn 'Azib l'honneur octroyé à l'âme du vertueux serviteur après sa sortie du corps, dès lors que les Anges d'Allah (ﷻ) prient sur elle, qu'on la met dans un linceul et un baume *(hanôte)* du Paradis, qu'il s'en dégage de bonnes odeurs parfumées répandant la senteur

---

[1] Un des rapporteurs de la chaîne de transmission qui entend le Hadith d'Abou Houraïra.

[2] Hadith rapporté par Mouslim dans son *Sahih,* livre du Paradis - chapitre l'exposition au mort de sa place, vol. 4, p. 2202, nº 2872.

du musc et que, ensuite, e les Anges la prennent pour une noble traversée dans le ciel dont les portes lui sont ouvertes.

Quant à l'âme du pervers, les Anges du ciel la maudissent à sa sortie, elle est placée dans un linceul et un baume *(hanôte)* de l'Enfer il s'en dégage des odeurs nauséabondes qui nuisent aux Anges du Tout Miséricordieux, puis on monte avec elle au ciel, et là, chaque groupe d'Anges du Tout Miséricordieux se trouvant à chaque porte invoquent Allah (ﷻ) afin qu'elle ne monte pas jusqu'à eux, les portes du ciel se ferment à son approche, son âme est alors jetée du haut du ciel.

Dans le Hadith d'El-Bara' Ibn 'Azib, le Messager (ﷺ) a décrit l'excursion de l'âme de l'individu, à partir du moment où il meurt jusqu'au *Barzakh*:

«... Jusqu'à ce que, lorsque l'âme sort, tout Ange, entre le ciel et la terre ainsi que dans le ciel, prie sur elle. Les portes du ciel s'ouvrent pour elle, et il n'y a pas parmi les gardiens des portes de chaque ciel, un qui n'invoque pas Allah pour qu'Il la fasse monter auprès d'eux. Lorsque l'Ange de la mort la prend, les autres ne la lui laissent pas dans la main le temps d'un clin d'œil: ils la prennent et la placent dans ce linceul et ce baume (hanôte). *C'est ce que désigne la Parole d'Allah le Très-Haut:*

﴿Nos envoyés enlèvent son âme sans y manquer aucunement.﴾ *[Coran 6: 61]*

S'exhale d'elle une odeur semblable à celle du plus agréable musc que l'on peut trouver à la surface de la terre.»

Puis il a dit: *«Ils montent avec elle et ils ne passent pas, auprès d'un groupe d'Anges, sans qu'ils disent: qui est cette âme agréable? - Ils répondent: c'est untel fils d'untel - en le nommant des plus beaux surnoms et des plus belles qualifications avec lesquels les gens le décrivaient dans la vie terrestre? Ils montent avec elle, jusqu'à ce ils parviennent au ciel de la vie terrestre. Ils demandent qu'il lui soit ouvert, et on leur ouvre. Des Anges de chaque ciel le reçoivent et l'accompagnent au suivant, jusqu'à ce qu'il aboutisse au septième.*

Ensuite, Allah (ﷻ) dit: *«Etablissez le livre de Mon serviteur dans le 'Illiyoune.*

﴿Et d'où peux-tu savoir ce que sont 'Illiyoune [les Hauts Lieux]*? C'est un livre cacheté. Les* [gens] *Rapprochés* [d'Allah] *en témoignent.*﴾ *[Coran 83: 19-21]*

On établit son livre dans le 'Illiyoune, puis on dit: renvoyez-le à la terre, car Je leur ai promis que Je les avais créés de terre, et que c'est en elle qu'ils retourneront et que c'est d'elle que Je les sortirai une fois encore.»

Puis, le Messager d'Allah (ﷺ) a parlé de l'âme perverse arrachée du corps du mécréant ou de l'être débauché. Après avoir évoqué son arrachement, il a dit:

«Tout Ange, entre le ciel et la terre et dans le ciel le maudit. Les portes du ciel se ferment. Il n'y a pas un seul, parmi les Anges Gardiens des portes de chaque ciel, qui n'invoque Allah afin qu'Il ne fasse pas monter son âme auprès d'eux. L'Ange de la mort la saisit et quand il la prend, les autres ne la laissent pas dans sa main le temps d'un clin d'œil, jusqu'à ce qu'il la pose dans ces cilices. Il se dégage alors d'elle, une odeur semblable à la pire odeur de cadavre dans un état de décomposition que l'on trouve à la surface de la terre. Ils montent avec elle, et ne passent pas auprès d'un groupe d'Anges sans qu'ils disent: qui est cette âme désagréable? Ils répondent: c'est untel fils d'untel - et ils le nomment avec les surnoms et les qualifications les plus laids avec lesquels on le décrivait dans la vie terrestre, jusqu'à ce qu'on la fasse parvenir au ciel de la vie terrestre, et on demande qu'il soit ouvert, mais on ne lui ouvre pas.»

Puis, le Messager d'Allah (ﷺ) a récité:

﴾Les portes du ciel ne leur seront pas ouvertes, et ils n'entreront au Paradis que quand le chameau pénètre dans le chas de l'aiguille.﴿ *[Coran 7: 40]*

Puis, Allah (ﷻ) dit: *«Etablissez son livre dans le Sijjîne qui se trouve dans la terre la plus basse.» Puis on dit: «Ramenez Mon serviteur à la terre, car Je leur ai promis que Je les avais créés de terre, que c'est en elle que Je les ferai retourner, et que c'est d'elle que Je les sortirai une fois encore. Puis du ciel, on jette violemment son âme jusqu'à ce qu'elle atterrisse dans son corps.»*

Puis, le Prophète (ﷺ) a récité:

﴾Quiconque associe à Allah, c'est comme s'il tombait du haut du ciel, et que les oiseaux le happaient, ou que le vent le précipitait dans un abîme très profond.﴿ *[Coran 22: 31]*

«Puis l'on restitue l'âme à son corps.»

Ibn Majah a rapporté d'après Abou Houraïra (رضي الله عنه), que le Messager d'Allah (ﷺ) a dit:

«Les Anges se présentent certes au mort: si c'est un homme vertueux, l'Ange de la mort dit: ô toi, âme agréable, sors! Toi qui étais dans le corps agréable. Sors, louée, et réjouis-toi du repos, de la grâce, et d'un Seigneur non en colère. On ne cesse de lui répéter cela jusqu'à ce qu'elle sorte. Puis on la fait monter jusqu'au ciel et on demande qu'il soit ouvert. On dit: qui est-ce? Il répond: C'est untel! On dit: bienvenue à l'âme agréable qui était dans le corps agréable. Entre louée, et réjouis-toi du repos et de la grâce et d'un Seigneur non en colère. On ne cesse de lui répéter cela jusqu'à ce qu'elle arrive au ciel au-dessus duquel se trouve Allah [sob].»

Si c'est un homme désagréable, l'Ange de la mort dit: ô toi, âme désagréable, sors! Toi qui étais dans le corps désagréable, blâmée. Sois avisée d'une eau bouillante et purulente, et d'autres punitions du même genre. Puis on ne cesse de lui répéter cela jusqu'à ce qu'elle sorte. Ensuite, on la fait monter jusqu'au ciel et on demande qu'il lui soit ouvert. On dit: qui est-ce? On répond: c'est untel. On dit: il n'y a aucune bienvenue à l'âme désagréable qui était dans le corps désagréable: retourne blâmée! Les portes du ciel ne s'ouvrent pas pour toi! Alors on la renvoie du ciel et elle retourne dans sa tombe...»[3]

[3] Hadith rapporté par Ibn Majah dans ses *Sunan*. Le cheikh El-Albani l'a authentifié dans son livre *Sahih El-Jami'e,* vol. 2, p. 169.

CHAPITRE 4

LA TOMBE

SECTION PREMIERE

EFFROI ET HORREURS DE LA TOMBE

On a rapporté que Hani (ﷺ), le domestique de Othmane Ibn 'Afane (ﷺ), a dit: lorsque Othmane se tenait debout devant une tombe, il pleurait jusqu'à ce que sa barbe en soit mouillée. On lui disait: quand tu te rappelles le Paradis et l'Enfer, tu ne pleures pas, et quand c'est la tombe, tu pleures! Il a dit: j'ai entendu le Messager d'Allah (ﷺ) dire: *«La tombe est la première des étapes de l'Au-delà. Si quelqu'un en est sauvé, ce qui suivra lui sera plus facile. Alors que s'il n'en est pas sauvé, ce qui suivra lui sera plus pénible.»*

Puis, il a dit: j'ai entendu le Messager d'Allah (ﷺ) dire: *«Je n'ai jamais vu de scène plus affreuse et plus pénible que celle de la tombe.»*[1]

---

[1] Hadith rapporté par Tirmidhi et Ibn Majah. Tirmidhi a dit: ce Hadith est étrange. Voir *Michkatou El-Massabih* (vol. 1, p. 48) et *Jami'e El-Oussoul,* vol. 11, p. 164. Le cheikh El-Albani a dit dans son commentaire dans=

Etant donné que ce qu'il y a après la tombe est plus facile pour celui qui a échappé à son châtiment, le croyant, en y voyant ce qu'Allah (ﷻ) lui a préparé comme délices, dit: ô Seigneur, anticipe l'arrivée de l'Heure afin que je ne retourne pas vers ma famille et mes biens.[2]

Quant au mécréant débauché, en voyant ce qu'Allah (ﷻ) lui a préparé comme châtiment douloureux, dit malgré ce qu'il est en train de subir: Seigneur! Ne fais pas venir l'Heure,[3] car ce qui suivra sera plus pénible et plus affreux.

Les ténèbres de la tombe:

Une femme, qui entretenait la mosquée, est morte à l'époque du Messager (ﷺ). Comme il ne l'a plus vue, il s'est enquis à son sujet. Les gens l'ont informé qu'elle était morte au cours de la nuit, qu'ils l'avaient enterrée, et qu'ils avaient répugné à le réveiller. Le Prophète (ﷺ) a demandé à ses compagnons de lui indiquer sa tombe. Quand il est arrivé auprès de sa tombe, il invoqua Allah en sa faveur, et dit ensuite: *«Ces tombes sont certes remplies de ténèbres pour leurs habitants, et Allah les leur illumine par l'entremise de mon invocation pour eux»*. Ce Hadith a été rapporté par Boukhari, Mouslim, Abou Daoud, Ibn Majah, El-Beihaqi et Ahmed.[4]

=*Michakatou El-Massabih*: sa chaîne de transmission est bonne. Voir *Sahih El-Jami'e,* vol. 2, p. 85.

2 Partie du Hadith d'El-Bara' Ibn 'Azib.

3 *Ibid.*

4 Voir *Ahkam El-Jana'iz* du cheikh El-Albani, p. 87.

SECTION 2

LE RESSERREMENT DE LA TOMBE

Lorsque le mort est placé dans la tombe, elle se resserre sur lui d'une compression. Personne n'y échappe, que l'on soit grand ou petit, vertueux ou mauvais. Il a été rapporté, dans les Hadiths, que la tombe s'est resserrée sur Sa'd Ibn Mou'adh (ﷺ), le compagnon du Prophète, pour qui, à sa mort, le Trône d'Allah (ﷻ) a tremblé, les portes du ciel se sont ouvertes, et aux funérailles duquel soixante-dix mille Anges ont assisté.

Dans les *Sunan* de Nassaï, on a rapporté d'après Ibn Omar (ﷺ) que le Messager d'Allah (ﷺ) a dit: «*La tombe de celui pour qui le Trône a tremblé, les portes du ciel se sont ouvertes, et aux funérailles duquel soixante-dix mille Anges ont assisté, a été resserrée d'une compression, puis a été desserré.*»[5]

Dans le *Musned* de l'imam Ahmed, on a rapporté d'après Ibn Omar que le Messager (ﷺ) a dit: «*La tombe se resserre assurément! Si quelqu'un avait dû y échapper, ç'aurait été Sa'd Ibn Mou'adh.*»[6]

Dans son *Mou'jame El-Kabir* et dans son *Mou'jame El-Awsate*, Tabarani a rapporté d'après Ibn Abbas (ﷺ) que le Messager d'Allah (ﷺ) a dit: «*Et si quelqu'un avait été délivré du resserrement de la tombe, ç'aurait été Sa'd Ibn Mou'adh. Or il a été resserré d'une compression, puis, desserré.*»[7]

---

[5] Hadith rapporté par Nassaï dans ses *Sunan*, livre des funérailles - chapitre: le resserrement de la tombe et sa compression, vol. 4, p. 100. Le cheikh El-Albani a dit dans *Michkatou El-Massabih,* vol. 1, p. 49; sa chaîne de transmission est authentique selon les conditions établies par Mouslim.

[6] L'illustre cheikh El-Albani a dit dans son livre *Sahih El-Jami'e,* vol. 2, p. 236: sa chaîne de transmission est authentique.

[7] Le cheikh El-Albani a dit dans *Sahih El-Jami'e,* vol. 5, p. 71; sa chaîne de transmission est authentique.

Ce qui prouve également que le resserrement de la tombe est prescrit à tout le monde, c'est que même les enfants n'y échappent pas. Tabarani a rapporté dans *El-Kabir* d'après Abou Ayoub El-Ansari (ﷺ) et dans *El-Awsate* d'après Anas Ibn Malik (ﷺ), que le Messager d'Allah (ﷺ) a dit: *«Si quelqu'un devait être sauvé du resserrement de la tombe, cet enfant y aurait échappé.»*[8]

SECTION 3

L'EPREUVE DE LA TOMBE

§ 1er - Comment se déroule cette épreuve

Lorsque le serviteur est placé dans sa tombe, des Anges, sous une apparence horrible, viennent à lui. Dans les *Sunan* de Tirmidhi, on a rapporté que le Prophète (ﷺ) a dit: *«Lorsque le mort est enterré, deux Anges noirs aux yeux bleus viennent à lui. L'un d'eux s'appelle Mounker, et l'autre Nakîr. Ils diront: que disais-tu au sujet de cet homme* [Mohammed (ﷺ)]*? Le mort dira ce qu'il disait* [avant la mort]: *il est le serviteur et le messager d'Allah. Et je témoigne qu'il n'y a de divinité qu'Allah, et que Mohammed est Son serviteur et messager. Les deux Anges: nous savions ce que tu allais dire... S'il s'agit d'un hypocrite, il répondra: j'ai entendu les gens dire une parole, alors j'ai dit de même. Je ne sais pas...»*[9]

---

[8] Voir *Sahih El-Jami'e,* vol. 5, p. 56.

[9] Rapporté par Tirmidhi dans ses *Sunan,* livre des funérailles - chapitre: ce qui a été rapporté au sujet du châtiment de la tombe: vol. 3, p. 383. Tirmidhi a dit: ce Hadith est bon et étrange. Le correcteur des *Sunan* de Tirmidhi, Ahmed Chakir a dit: seul Tirmidhi, parmi les auteurs des *Sunans*, l'a rapporté. Le cheikh El-Albani l'a qualifié de Hadith bon dans son livre *Sahih El-Jami'e*, vol. 1, p. 259, et il l'a fait paraître dans son livre *La Chaîne des Hadiths Authentiques* au Hadith nº 1391.

Il a été mentionné dans le Hadith d'El-Bara' Ibn 'Azib (ﷺ) que le Messager d'Allah (ﷺ) a dit: «*Ensuite deux Anges viennent à lui, sévères dans la réprimande, pour le questionner: ils le font asseoir (...). Ils lui disent: qui est Ton Seigneur, quelle est ta religion, qui est ton Prophète? Et ce sera la dernière épreuve qui sera exposée au croyant. C'est en considération de ce moment qu'Allah (ﷻ) a dit:*

﴾Allah raffermit ceux qui ont cru par une parole immuable, dans la vie présente.﴿ *[Coran 14: 27]*

Alors le croyant répond: mon Seigneur est Allah, ma religion est l'Islam et mon Prophète est Mohammed (ﷺ). C'est alors qu'un crieur du ciel s'écrie: Mon serviteur a dit vrai...»

Au sujet du mécréant et du pervers, il a dit: «*...Ensuite, deux Anges sévères le réprimandent. Ils le font asseoir. Ils lui disent: qui est ton Seigneur? Le mort répond: hah! Hah! Je ne sais pas... Les deux Anges: quelle est ta religion? Le mort: hah! Hah! Je ne sais pas...Les deux Anges: que disais-tu au sujet de cet homme qui vous a été envoyé?*

Il ne parvient même pas à répondre en citant son nom, alors on lui dit: Mohammed? Le mort: hah! Hah! Je ne sais pas, j'ai entendu les gens dire cela.

Puis le Prophète (ﷺ) a dit: «*Les deux Anges lui disent: tu ne t'es pas assuré. Alors un crieur du ciel s'écrie: c'est quelqu'un qui a démenti!...*»[10]

D'après Anas Ibn Malik (ﷺ), le Messager d'Allah (ﷺ) a dit: «*Quand le serviteur est placé dans sa tombe, et que ses compagnons s'éloignent de lui, il entend le bruit de leurs chaussures (pas) sur le sol. Puis deux Anges viennent à lui et le font asseoir. Ils lui disent: que disais-tu au sujet de cet homme* [Mohammed (ﷺ)]? *Le croyant*

---

[10] Partie du Hadith d'El-Bara' Ibn 'Azib.

répond: je témoigne qu'il est le serviteur d'Allah et Son messager. On lui dit: regarde ta place en Enfer, Allah l'a remplacée pour toi par une place au Paradis.

Alors il les voit toutes les deux, et on lui élargit sa tombe de soixante-dix coudées. On lui remplit [sa tombe] *de grâce ou de bienfaits jusqu'au jour où il sera ressuscité.*

Quant au mécréant ou à l'hypocrite: on lui dit: que disais-tu au sujet de cet homme? Il répond: je ne sais pas, je répétais ce que les gens disaient. On lui dit: tu ne t'es pas assuré et tu n'as pas recherché. Puis on lui assène un coup violent entre ses deux oreilles, avec un instrument à frapper en fer. Il pousse un cri qu'entendent tous ceux qui sont à sa proximité, sauf les djinns et les humains. Puis, sa tombe se resserre sur lui au point que ses côtes s'emboîtent.» Ce Hadith a été rapporté par Boukhari, Mouslim, Abou Daoud et Nassaï.[11]

Le Messager d'Allah (ﷺ) ne savait pas au début que sa communauté était éprouvée dans la tombe, puis Allah (سبحانه وتعالى) lui en a fait révélation.

'Ourwa Ibn Zoubeir (رضي الله عنه) a rapporté d'après sa tante maternelle Aïcha (رضي الله عنها), que celle-ci a dit: le Messager d'Allah (ﷺ) entra chez moi, alors qu'une juive qui s'y trouvait avait dit: sais-tu que vous serez éprouvés dans la tombe? Le Messager d'Allah (ﷺ) s'épouvanta, étonné, et dit: *«Seuls les juifs sont éprouvés!»*

Aïcha (رضي الله عنها) a dit: des nuits passèrent, puis le Messager d'Allah (ﷺ) me dit: *«Sais-tu qu'il m'a été révélé que vous serez éprouvés dans les tombes?»* Aïcha (رضي الله عنها) a dit: après cela, j'ai entendu le Messager d'Allah (ﷺ) demander protection à Allah contre le châtiment de la tombe.[12]

---

[11] Voir *Jami'e El-Oussoul,* vol. 11, p. 173.

[12] Ce Hadith a été rapporté par Mouslim dans son *Sahih,* livre des mosquées et des endroits de prière - chapitre: la plaisance de chercher refuge auprès d'Allah contre le châtiment de la tombe: vol. 1, p. 410, nº 584.

§ 2 - Le mécréant est-il éprouvé dans sa tombe?

Les Hadiths que nous avons cités prouvent que les mécréants sont éprouvés dans leurs tombes. Al-Hâkim, Tirmidhi, Ibn Abdelberr et Suyuti contredisent cela.[13] Tirmidhi argumente que le mécréant n'est pas questionné dans la tombe, du fait que le châtiment était envoyé expressément aux communautés passées dès qu'elles refusaient de répondre à l'appel de leurs Messagers. Cela, contrairement à cette communauté-ci qui a été préservée du châtiment dans le bas monde. Le Messager d'Allah (ﷺ) a reçu des ordres de combattre les mécréants. Quant à celui qui embrasse l'Islam par hypocrisie de peur de se faire tuer, il sera châtié dans sa tombe. Mais les propos de Tirmidhi sont discutables, car Allah (ﷻ) n'a pas fait périr par un châtiment ceux des communautés qui ont démenti le Message Divin, depuis la révélation de la Thora.[14]

Quant à Ibn Abdelberr, il s'argumente de la parole du Prophète (ﷺ): *«Les gens de cette communauté seront certes éprouvés dans leurs tombes».* Certains l'ont rapporté avec les termes: *«seront questionnés».*[15]

Or, les Hadiths authentiques réfutent cette compréhension et montrent que l'épreuve de la tombe n'est pas spécifique aux croyants et aux musulmans.

Abdelhaq El-Ichbili, Ibn El-Qayim, Qortobi, Safârini et d'autres savants penchent pour affirmer que le questionnement dans la tombe est généralisé à tout le monde.[16]

---

[13] Voir *Lawami'e El-Anwar El-Bahiya* de Safaarini, vol. 2, p. 10.

[14] *Ibid.*

[15] Voir *Lawami'e El-Anwar El-Bahiya,* vol. 2, p. 10, et *Tadhkiratou,* de Qortobi, p. 147.

[16] *Ibid.*

§ 3 - L'aliéné et l'impubère seront-ils éprouvés?

L'épreuve est généralisée à tous ceux qui sont responsables, excepté les Prophètes - et au sujet desquels il y a divergence[17] - les martyrs, les sentinelles et d'autres dont le salut de l'épreuve a été prouvé par les Textes mentionnés à ce sujet, comme nous l'éclaircirons plus loin.

Les avis divergent au sujet des aliénés et des impubères. Un groupe de savants, parmi lesquels *El-Qâdhi* Abou Ya'la et Ibn 'Aqil, optent pour affirmer qu'ils ne sont pas éprouvés dans la tombe. Leur point de vue se base sur le fait que l'épreuve est destinée à celui qui a été responsabilisé. Quant à celui dont les actes ne sont pas enregistrés par la Plume sur les Tablettes Protégées parce qu'il est irresponsable, il ne subit pas l'épreuve car, être interrogé au sujet de ce dont on n'a pas été responsabilisé n'a pas de sens.

D'autres ont dit: au contraire, ils seront éprouvés.

Cela est l'avis d'Abou El-Hâkim et d'Abou El-Hassen Ibn Abdous qui l'ont rapporté d'après les compagnons de l'imam Chafi'i. L'imam Malik et d'autres ont rapporté d'après Abou Houraïra (ﷺ) que le Messager d'Allah (ﷺ) a prié sur un enfant, puis il a dit: *«Ô Allah! Préserve-le du châtiment et de l'épreuve de la tombe.»*

Ceci est en accord avec l'avis de celui qui a dit: ils seront éprouvés dans l'Au-delà et seront responsabilisés au Jour de la Résurrection.

C'est aussi l'avis de la plupart des savants, des gens de la Sunna parmi les savants du Hadith et les spécialistes du *'ilm al-kalam* ('parathéologie'). C'est ce qu'a cité Abou El-Hassen Al-Ach'ari d'après les gens de la Sunna, et pour lequel il a opté. Ce point de vue est ce qui ressort des textes de l'imam Ahmed.[18]

---

[17] *Majmou'e El-Fatawa,* vol. 4, p. 257.

[18] *Idem,* vol. 4, p. 257 et p. 277.

SECTION 4

LE CHATIMENT ET LES FAVEURS DE LA TOMBE

§ *1er - Les Hadiths concernant le châtiment et les faveurs de la tombe*

Le commentateur de la *'Aqida Tahawiya* a dit: les Hadiths du Messager d'Allah (ﷺ), confirmant le châtiment et les faveurs de la tombe pour ceux à qui cela a été destiné, et le questionnement par les Anges, sont *mutawâtir* (à chaîne de transmission massive). Il est donc obligatoire de croire fermement à cela et d'y avoir foi, mais nous ne discutons pas au sujet du comment de ces faits, dès lors que la raison ne peut les concevoir, et que nous ne possédons aucun moyen dans le bas monde pour en prendre connaissance. La Loi Divine ne vient pas avec ce qui contredit les raisons, plus exactement elle peut venir avec ce qui les stupéfait: le retour de l'âme dans le corps n'est pas un fait habituel dans le bas monde.[19]

Il a dit, dans un autre passage de son livre: sache que le châtiment de la tombe est celui du *Barzakh*. Quiconque meurt en méritant le châtiment en subira sa part, qu'il soit enterré ou non, dévoré par les bêtes féroces, brûlé jusqu'à être devenu cendres et éparpillé par le vent, crucifié, ou encore noyé dans la mer. Le châtiment atteindra son âme et son corps, de la même manière qu'en est atteint celui qui est enterré.

Quant à ce qui a été mentionné sur le fait qu'on le fait asseoir, que ses côtes s'emboîtent en se disloquant et en se cassant... Il est inéluctable de comprendre, sans exagération, ni réduction, ce que veut faire signifier le Messager d'Allah (ﷺ).[20]

---

19 *Explication de 'Aqida Tahawiya,* p. 450.
20 Idem, p. 451.

Les athées et ceux des musulmans qui optent pour la doctrine philosophique ont réfuté le châtiment de la tombe en disant qu'il n'a rien de réel. Ils ont argumenté leurs propos en affirmant qu'ils ouvraient les tombes et ne voyaient rien de ce que les Textes donnent comme informations.[21]

Les Kharijites et certains Mu'tazilites comme Dhirar Ibn 'Amr et Bichr El-Mârissi ont aussi réfuté ces informations. Mais la totalité des gens de la Sunna et la plupart des Mu'tazilites ont contredit ces personnes-là.[22]

Ceux-là ont démenti ce qu'ils n'embrassent pas de leur science. Ils pensent que leurs yeux peuvent tout voir et que leurs oreilles tout entendre, alors que de nos jours, nous connaissons certains mystères de l'Univers que nos oreilles et nos yeux étaient incapables de percevoir. Or, quiconque croit en Allah (ﷻ) déclare Ses informations véridiques.

Des allusions, indiquant le châtiment de la tombe, ont été mentionnées dans le Coran. Dans le livre des funérailles, de son *Sahih,* Boukhari a consacré un chapitre à cette question. Il a nommé ce chapitre: *ce qui a été rapporté au sujet du châtiment de la tombe,* et il a exposé, en introduction, les Paroles d'Allah (ﷻ):

> ﴾Si tu voyais les *[gens]* injustes lorsqu'ils seront dans les affres de la mort et que les Anges leur tendront les mains, *[en disant]:* laissez sortir vos âmes, aujourd'hui vous allez être récompensés par le châtiment de l'humiliation.﴿
>
> *[Coran 6: 93]*

> ﴾Nous les châtierons deux fois, puis ils seront ramenés vers un énorme châtiment.﴿ *[Coran 9: 101]*

---

[21] *Tadhkiratou* de Qortobi, p. 125.

[22] *Fat'hou El-Bâri,* p. vol. 3, p. 233.

﴾... Alors que le pire châtiment cerne les gens de Pharaon: le feu auquel ils sont exposés matin et soir. Et le jour où l'Heure arrivera, *[il sera dit]*: faites entrer les gens de Pharaon au plus dur du châtiment.﴿ *[Coran 40: 45-46]*

Le premier verset que Boukhari a exposé concerne seulement le châtiment des mécréants par les Anges au moment de la mort, comme nous l'avons précédemment éclairci.

Le deuxième indique qu'il existe deux châtiments qui atteignent les hypocrites avant celui du Jour de la Résurrection: le premier est celui par lequel Allah (ﷻ) les atteint, dans le bas monde, par les mains des croyants, et le deuxième est celui de la tombe.

El-Hassen El-Basri a dit: *«Nous les châtierons deux fois»,* c'est-à-dire: le châtiment de la vie terrestre et celui de la tombe.[23] Tabari a dit: l'un des deux châtiments est très probablement celui de la tombe, et l'autre peut être un de ceux qui ont été mentionnés précédemment comme la famine, la captivité, l'exécution, l'humiliation ou autres.[24]

Le troisième verset est un argument évident avec lequel les gens de la Sunna confirment le châtiment de la tombe, car Allah (ﷻ) a établi que les gens de Pharaon sont exposés au feu matin et soir avant la venue du Jour de la Résurrection:

﴾Et le jour où l'Heure arrivera, *[il sera dit]*: faites entrer les gens de Pharaon au plus dur du châtiment.﴿

[Coran 40: 46]

Qortobi a dit: l'unanimité des savants est pour affirmer que cette exposition se passe dans le *Barzakh*. Ceci est donc une preuve qui confirme le châtiment de la tombe.[25]

---

[23] *Fat'hou El-Bâri,* vol. 3, p. 233.

[24] *Ibid.*

[25] *Fat'hou El-Bâri,* vol. 11, p. 233.

Parmi les allusions évidentes du Coran qui indiquent l'épreuve et le châtiment de la tombe, il y a la Parole d'Allah (ﷻ):

﴿Allah raffermit les croyants par une parole immuable dans la vie présente et dans l'Au-delà.﴾ *[Coran 14: 27]*

Dans le Hadith d'El-Bara' Ibn 'Azib (ؓ), le Prophète (ﷺ) a dit que lorsque l'on fait asseoir le croyant dans sa tombe et que lui viennent les deux Anges, il atteste qu'il n'y a point de divinité qu'Allah et que Mohammed est le Messager d'Allah (ﷺ), et que cela était le sens de la Parole d'Allah (ﷻ):

﴿Allah raffermit les croyants par une parole immuable dans la vie présente et dans l'Au-delà.﴾ *[Coran 14: 27]*

Dans une autre variante de ce Hadith, le Prophète (ﷺ) a dit:

﴿Allah raffermit les croyants﴾ *[Coran 14: 27]*

est descendu au sujet du châtiment de la tombe».[26]

La noble Aïcha (ؓ) nous a rapporté qu'une juive était entrée chez elle et qu'elle avait évoqué le châtiment de la tombe en disant: qu'Allah te préserve du châtiment de la tombe. Puis, Aïcha (ؓ) a interrogé le Messager d'Allah (ﷺ) à ce sujet, et il a répondu: *«Oui, le châtiment de la tombe.»* Ensuite elle a dit: après cela, je n'ai pas vu le Messager d'Allah (ﷺ) prier sans qu'il implore Allah de le préserver contre le châtiment de la tombe. Dans une autre variante, un des rapporteurs de la chaîne de transmission a rapporté: *«Le châtiment de la tombe est une vérité.»*[27]

---

26 *Sahih* de Boukhari: livre des funérailles - chapitre: ce qui a été rapporté au sujet du châtiment de la tombe - Voir *Fat'hou El-Bâri,* vol. 3, p. 231.

27 Rapporté par Boukhari dans son *Sahih,* livre des funérailles - chapitre: ce qui a été rapporté au sujet du châtiment de la tombe; voir *Fat'hou El-Bâri,* vol. 3, p. 231.

Dans le *Sahih* de Mouslim, on a rapporté qu'Aïcha (ﷺ) a dit: deux vieilles femmes juives de Médine sont entrées chez moi et ont dit: les occupants des tombes se font châtier dans leurs tombes. Elle a dit: je les ai démenties, et il ne m'était pas agréable de les croire. Elles sont sorties, puis le Messager d'Allah (ﷺ) est entré. Je lui ai alors dit: ô Messager d'Allah! Deux vieilles femmes juives de Médine sont entrées et ont prétendu que les morts se font châtier dans leurs tombes. Il a répondu: *«Elles ont raison: ils subissent certes un châtiment que les animaux entendent.»* Ensuite Aïcha a dit: après cela, je l'ai toujours vu en prière, se mettre à l'abri auprès d'Allah contre le châtiment de la tombe.[28]

Etant donné que cette question est grave et importante, le Messager d'Allah (ﷺ) l'enseignait à ses compagnons, plus encore, il leur a tenu un sermon à ce sujet. Dans le Sahih de Boukhari, on a rapporté qu'Asmaa, la fille d'Abou Bakr (ﷺ), a dit: le Messager d'Allah (ﷺ) tint un sermon et parla de l'épreuve de la tombe dans laquelle l'individu est éprouvé. Lorsqu'il parla de cela, les musulmans ont poussé un cri.[29]

Nassaï a rapporté une autre variante de ce Hadith où il est ajouté: leur cri m'a empêché de comprendre les paroles du Messager d'Allah (ﷺ). Lorsque le cri s'est apaisé, j'ai dit à un homme qui était près de moi: ô toi! Qu'Allah te bénisse, qu'a dit le Messager d'Allah à la fin de son discours? - Il a dit (ﷺ): *«Il m'a été révélé que vous serez éprouvés dans les tombes, de manière semblable à l'épreuve d'*ad-dajjâl, *l'Antéchrist.»*[30]

---

[28] *Sahih* de Mouslim, livre des mosquées - chapitre: la plaisance de demander protection contre le châtiment de la tombe, vol. 1, p. 411.

[29] *Sahih* de Boukhari, livre des funérailles - chapitre: ce qui a été rapporté au sujet du châtiment de la tombe; voir *Fat'hou El-Bâri,* vol. 3, p. 232.

[30] Rapporté par Nassaï, voir *Jami'e El-Oussoul*, vol. 11, p. 170.

L'audition du Messager d'Allah (ﷺ) des cris des morts châtiés:

Allah (ﷻ) a donné à Son Messager (ﷺ) la possibilité d'entendre les personnes châtiées dans leurs tombes.

Mouslim a rapporté dans son *Sahih*, que Zeyd Ibn Thabite (رضي الله عنه) a dit: tandis que le Prophète (ﷺ) était sur sa mule, près d'un jardin appartenant au Béni Najar et que nous étions en sa compagnie, la mule s'effraya et s'écarta du chemin. Elle faillit le désarçonner. Et voilà qu'il y avait six, cinq ou quatre personnes enterrées. Il a dit: *«Qui connaît ceux qui sont dans ces tombes?»* - Un homme a répondu: moi. - Le Prophète (ﷺ) dit: *«Quand sont-ils morts?»* - Il a répondu: ils sont morts durant l'époque de l'idolâtrie. Le Prophète (ﷺ) dit alors: *«Les gens de cette communauté se feront certes éprouver dans leurs tombes. Si je n'avais pas peur que vous délaissiez l'enterrement en entendant les cris que poussent les personnes châtiées, j'aurais invoqué Allah pour qu'Il vous fasse percevoir le châtiment de la tombe, dont j'entends une partie.»*[31]

Il a été rapporté dans le *Sahih* de Boukhari, le *Sahih* de Mouslim et les *Sunan* de Nassaï, qu'Abou Ayoub Al-Ansari (رضي الله عنه) a dit: le Messager d'Allah (ﷺ) sortit après le coucher du soleil. Il entendit un cri et dit: *«Les juifs se font certes châtier dans leurs tombes»*.[32]

Parmi les preuves indiquant que le Messager d'Allah (ﷺ) a entendu les personnes châtiées dans leurs tombes, il y a le Hadith que Boukhari et Mouslim ont rapporté, dans leurs *Sahih*, d'après Ibn Abbas (رضي الله عنه), mentionnant que le Messager d'Allah (ﷺ) est passé près de deux tombes et a dit: *«Ils se font certes châtier, et ils ne se font pas châtier pour un grand péché...»* Nous citerons ce Hadith dans son intégralité, plus loin, inchaa Allah.

---

[31] *Sahih* de Mouslim, livre du Paradis - chapitre: l'exposition au mort de sa place de Paradis ou d'Enfer, vol. 4, p. 2199.

[32] Voir *Jami'e El-Oussoul,* vol. 11, p. 172.

L'audition des cris des morts châtiés, par des personnes hormis le Messager d'Allah (ﷺ)

Certaines personnes ne cessent de parler de leur audition et de leur vision des morts châtiés dans leurs tombes. Parmi ces personnes de confiance, figurent des savants dont aucune critique n'est venue entacher la dévotion ni la foi authentique. Ibn Taymiya a dit, à ce sujet: cette audition peut être dévoilée à beaucoup de gens de notre époque, durant le réveil et le sommeil: ainsi, ils en prennent connaissance et s'en assurent. Nous possédons beaucoup d'exemples sur ce sujet.[33]

A un autre passage de son exposé, dans lequel il réfute ceux qui démentent le châtiment de la tombe, il a dit: *(...)* dès lors que l'on sait que l'âme de l'individu au sommeil, s'assoit, se lève, marche, se déplace, parle, et commet d'autres actes à l'intérieur de son corps, et que, par cela, elle subit, ainsi que son corps, châtiment et faveurs.

Tandis que son corps est étendu, ses yeux et sa bouche fermés, et ses membres immobiles, il se peut que le dormeur bouge à cause de sa forte activité intérieure, qu'il se lève, marche, parle et crie. C'est avec cet exemple que l'on exprime le cas du mort dans sa tombe: son âme prend place, s'assoit, se fait questionner, ressent délice ou châtiment, et crie.

Tout cela est en relation avec son corps étendu dans sa tombe. Or, il se peut que cela s'intensifie au point de se manifester sur son corps. Ainsi, il est possible qu'on le voie hors de sa tombe tandis qu'il est châtié par les Anges du châtiment chargés de lui. Son corps se met alors à bouger, à marcher, à sortir de sa tombe. Plusieurs personnes ont entendu les cris des morts châtiés dans leurs tombes. Des corps ont certes été vus assis à l'extérieur des tombes, tandis qu'ils se font châtier, d'autres lorsque le châtiment était rude.

---

33 *Majmou'e El-Fatawa,* vol. 24, p. 376.

Cependant, ceci n'est pas prescrit à tout mort, comme à tout dormeur de voir son corps assis. Cela dépend, donc, pour le dormeur, de son activité intérieure, et pour le mort, de l'intensité du châtiment.[34]

§ 2 - La description des faveurs et du châtiment de la tombe

Le Messager d'Allah (ﷺ) a mentionné, dans le Hadith d'El-Bara' Ibn 'Azib (ﷺ), que les Anges interrogent le serviteur croyant dans sa tombe et que celui-ci répond correctement:

«(...) *C'est alors qu'un crieur du ciel s'écrie: Mon serviteur a dit vrai. Etendez-lui un tapis du Paradis, habillez-le du Paradis et ouvrez-lui une porte sur le Paradis».*»

Puis, le Prophète (ﷺ) a dit: «*Une brise et une senteur du Paradis lui viennent. On lui élargit sa tombe à perte de vue.*»

Puis, il a dit: «*Vient vers lui* - dans une autre variante: *on lui fait représenter - un homme avec un beau visage, de beaux habits et la bonne odeur, et qui lui dit: réjouis-toi de ce qui te rendra joyeux, réjouis-toi de la satisfaction d'Allah et des jardins aux délices permanentes. Ceci est ton jour qui t'était promis. Alors le croyant dit: Allah t'a fait annonciateur de la bonne nouvelle. Qui es-tu, toi dont le visage présage le bien? Il répond: je suis ton œuvre pieuse. Par Allah! Je ne connais de toi que ton empressement dans l'obéissance à Allah, et ta nonchalance à Lui désobéir Qu'Allah te rétribue en bien!*

Puis, on lui ouvre une porte du Paradis et une porte de l'Enfer, et on lui dit: ceci aurait été ta place si tu avais désobéi à Allah. Allah te l'a remplacée par cela. Quand il voit ce qu'il y a dans le Paradis, il dit: Seigneur anticipe l'arrivée de l'Heure afin que je ne retourne pas vers ma famille et mes biens. Puis on lui dit: habites-y! (...).»

---

[34] *Idem,* vol. 5, p. 525.

Toujours dans le Hadith d'El-Bara' Ibn 'Azib (ﷺ), au sujet du mécréant[35] ou du pervers après sa mauvaise réponse, le Prophète (ﷺ) a relaté:

«(...) *Alors un crieur du ciel s'écrie: c'est quelqu'un qui a démenti! Etendez-lui un tapis de l'Enfer et ouvrez-lui une porte sur l'Enfer. Alors sa chaleur et son air brûlant lui parviennent. Sa tombe est resserrée jusqu'à ce que ses côtes s'emboîtent. Puis vient à lui un homme - dans une autre variante: on lui représente - au visage hideux, aux vêtements ignobles et à l'odeur puante, qui lui dit: sois avisé de ce qui va t'affliger. Voilà ton jour qui t'était promis. Le mort dit: Allah t'a fait annonciateur du mal, qui es-tu, toi dont le visage présage le mal? Il répond: je suis ta mauvaise œuvre. Par Allah! Je ne connais de toi que ta nonchalance dans l'obéissance à Allah et ton empressement à Lui désobéir. Qu'Allah te rétribue en mal! Puis, on lui délègue un aveugle sourd et muet, tenant dans sa main un gourdin en fer. Si l'on tapait avec, sur une montagne, celle-ci se pulvériserait. D'un seul coup violent, le voilà transformé en poussière. Ensuite, Allah le rétablit comme il était auparavant, et il le frappe de nouveau si bien qu'il pousse un cri que toute chose entend, sauf les djinns et les humains. Puis, on lui ouvre une porte de l'Enfer, et on lui étend un tapis de feu. Il dit: Seigneur! Ne fais pas venir l'Heure!*»[36]

Dans le Hadith d'Anas Ibn Malik (ﷺ), il est rapporté que le Prophète (ﷺ) a dit à propos du serviteur croyant répondant correctement dans sa tombe: «(...) *On lui dit: regarde ta place en Enfer, Allah l'a remplacée pour par une place au Paradis. Alors il*

---

[35] Ce terme et d'autres qui lui ressemblent sont nombreux dans les Hadiths concernant le châtiment de la tombe. Ils contrent Ibn Abdelberr, Suyuti, Tirmidhi et ceux qui ont opté pour leur avis parmi ceux qui affirment que le châtiment de la tombe est seulement destiné aux désobéissants parmi les croyants, et non aux mécréants.

[36] Partie du long Hadith d'El-Bara' Ibn 'Azib. Voir *supra*.

les voit toutes les deux.» Qutada a dit: ensuite, il nous a mentionné qu'on lui élargisse sa tombe.

Il est rapporté aussi que le Prophète (ﷺ) a dit, dans le Hadith d'Anas (ﷺ), au sujet du mécréant et de l'hypocrite, après qu'ils eurent mal répondu: *«On lui dit: tu ne t'es pas assuré et tu n'as pas recherché. Puis on le frappe d'un coup violent entre ses deux oreilles, avec un instrument pour frapper, en fer. Il pousse un cri qu'entendent tous ceux qui sont à sa proximité, sauf les djinns et les humains».»*

Cette variante a été rapportée par Boukhari. Quant à Mouslim, il l'a rapportée avec les termes suivants:

«Quand le serviteur est placé dans sa tombe... - les mêmes termes que ceux rapportés par Boukhari jusqu'à -... Alors il les voit toutes les deux, et on lui élargit sa tombe de soixante-dix coudées. On lui remplit [sa tombe] *de grâce ou de bienfaits jusqu'au jour où il sera ressuscité.»*

Dans une variante rapportée par Abou Daoud, il est cité, après que le croyant eut bien répondu: «(...) *Puis on l'emmène vers une maison qui se trouve dans l'Enfer, et on lui dit: ceci était ta maison dans l'Enfer, mais Allah t'a raffermi et t'a fait miséricorde et te l'a remplacée par une maison dans le Paradis. Alors le croyant dit: laissez-moi aller annoncer la bonne nouvelle à ma famille. Puis on lui dit: habites-y (...).»*[37]

Les Hadiths indiquent qu'après avoir été interrogé, chaque individu se verra exposer sa place dont il aura la perpétuelle vision tout au long de son séjour dans la tombe. Le Messager d'Allah (ﷺ) a mis cela en évidence, dans le Hadith de Abdallah Ibn Omar (ﷺ), en disant: *«Lorsque l'un d'entre vous meurt, sa place lui est exposée matin et soir. S'il est des gens du Paradis, alors, il sera parmi ceux du Paradis, et s'il est des gens de l'Enfer, alors il sera parmi ceux de*

[37] Voir toutes ces variantes dans *Jami'e El-Oussoul,* vol. 11, p. 173.

l'Enfer. Et on lui dira: voilà ta place jusqu'à ce qu'Allah te ressuscite le Jour de la Résurrection.»[38]

Dans les *Sunan* de Tirmidhi, on a rapporté d'après Abou Houraïra (ﷺ) que le Messager d'Allah (ﷺ) a informé que *«les deux Anges disent au serviteur croyant après que ce dernier eut donné la bonne réponse: nous savions certes ce que tu allais dire.*

Puis, on lui élargit sa tombe de soixante-dix coudées sur soixante-dix, puis, on l'illumine pour lui et on lui dit: dors... Alors il dit: j'aimerais retourner vers ma famille et les en informer. Mais ils répondent: dors du sommeil d'un jeune marié que rien ne réveille à part sa femme qu'il aime le plus. Jusqu'à ce qu'Allah le ressuscite de sa couche-ci.

S'il s'agit d'un hypocrite, il répond: j'ai entendu des gens dire une parole, et j'ai dit la même chose, je ne sais pas... *Les Anges* [disent]: *nous savions certes que tu allais dire cela. Alors on dit à la terre: resserre-toi sur lui! Elle se resserre sur lui, et ses côtes s'emboîtent. Puis, il ne cesse d'être châtié dans sa tombe jusqu'à ce qu'Allah le ressuscite de sa couche-ci.»*[39]

§ 3 - Les musulmans se font-ils châtier dans leurs tombes?

Qortobi a dit: Abou Mohammed Abdelhaq a dit: sache que le châtiment de la tombe n'est ni particulier aux mécréants, ni réservé aux hypocrites. En effet, un groupe de croyants seront eux aussi

---

[38] Voir *Sahih* de Boukhari, livre des funérailles - chapitre: on expose au mort sa place matin et soir; voir *Fat'hou El-Bâri*, vol. 3, p. 243; *Sahih* de Mouslim: livre du Paradis - chapitre: l'exposition au mort de sa place de Paradis ou d'Enfer, vol. 4, p. 2199, nº 2866.

[39] Hadith bon rapporté par Tirmidhi dans ses *Sunan*: livre des funérailles - chapitre: ce qui a été rapporté au sujet du châtiment de la tombe, vol. 3, p. 383, nº 1071; voir *Sahih El-Jami'e*, nº 737.

châtiés en fonction de ce qu'ils auront œuvré et de la nature de leurs péchés et de leurs fautes.[40]

Les preuves qui montrent que le croyant peut se faire châtier dans sa tombe à cause de ses péchés, sont nombreuses. J'en citerais certaines dans le paragraphe suivant.

§ 4 - Les causes du châtiment de la tombe

Les causes pour lesquelles se font châtier les morts dans leurs tombes se divisent en deux parties: des causes générales et d'autres détaillées.

Quant aux causes générales, elles englobent l'ignorance d'Allah (ﷻ), la négligence vis-à-vis de Ses Instructions, la perpétration des péchés.[41]

Quant aux causes détaillées, les Textes en ont cité la majeure partie. Nous indiquerons seulement celles qui ont été mentionnées dans les Hadiths dont nous avons pris connaissance.

Causes 1 et 2: La calomnie et le fait de ne pas se préserver et de se purifier de l'urine

Boukhari et Mouslim ont rapporté, chacun dans son *Sahih*, qu'Ibn Abbas (رضي الله عنه) a dit: le Prophète (ﷺ) est passé près de deux tombes et a dit: *«Ils se font certes châtier, et ils ne se font pas châtier pour un grand péché, mais si, c'est plutôt un péché capital. Quant à l'un d'eux: il semait la discorde entre les gens en calomniant. Quant à l'autre: il ne se protégeait pas de son urine»*. Puis, il a pris une branche de palmier frais, l'a cassée en deux morceaux et a planté chacun des deux sur une tombe, puis il a dit: «*Peut-être que* [leur

---

[40] Voir ces propos dans *Tadhkiratou* de Qortobi, p. 146.

[41] *Lawami'e El-Anwar El-Bahiya,* vol. 2, p. 17.

châtiment] *sera-t-il allégé tant que ces morceaux n'auront pas séché».*[42]

Nassaï a rapporté que Aïcha (ﷺ) a dit: une femme juive est entrée chez moi et a dit: le châtiment de la tombe est dû à l'urine. Je lui ai dit: tu mens! Elle répliqua: mais si! On nous en découpe assurément la peau et les vêtements! Le Messager d'Allah (ﷺ) vint à la prière, alors que nos voix s'élevèrent. Il dit alors: *«Qu'est-ce qu'il y a?»* Je l'ai informé de ce qu'elle avait dit et il a alors dit: *«Elle a raison».* Aïcha a ensuite dit: il n'a plus prié, depuis ce jour-là, sans dire à la fin de chaque prière: *«Seigneur de Gibrîl, de Mikâ'îl et d'Isrâfîl, protège-moi de la chaleur de l'Enfer et du châtiment de la tombe.»*[43]

Le Hadith indique que le fait de découper la peau et les vêtements des israélites touchés par l'urine fait partie de la religion qu'Allah (ﷻ) leur avait légiférée. C'est pour cela que celui qui leur avait interdit de s'en protéger est châtié dans sa tombe à cause de cette interdiction. D'après Abderrahman Ibn Hassana (ﷺ), le Messager d'Allah (ﷺ) a dit: *«Savez-vous ce que l'un des israélites endure? Lorsque l'urine touchait leurs vêtements, ils devaient couper la partie souillée, mais il leur interdisait de faire cela, alors il est châtié dans sa tombe.»*[44]

---

[42] Les termes de ce Hadith sont ceux que Boukhari a rapportés. Voir *Sahih* de Boukhari, livre des funérailles - chapitre: le châtiment de la tombe est dû à la médisance et à l'urine; voir *Fat'hou El-Bâri,* vol. 3, p. 242; *Sahih* de Mouslim, livre de la foi - chapitre: la preuve de l'impureté de l'urine, vol. 1, p. 240, nº 292; *Sunan* de Nassaï, vol. 4, p. 106.

[43] Hadith rapporté par Nassaï dans ses *Sunan.* Voir *Da'if Sunan Nassai,* nº 1344. Bien que la chaîne de transmission du Hadith soit faible, le sens du Hadith est authentique.

[44] Le cheikh El-Albani a attribué ce Hadith à Abou Daoud, Tirmidhi, Ibn Majah, Ibn Hibbane et El-Hâkim, dans son livre *Sahih El-Jami'e,* vol. 1, p. 416.

Le Messager d'Allah (ﷺ) a informé que la plus grande part du châtiment de la tombe est due à l'urine. D'après Anas Ibn Malik (رضي الله عنه), le Messager d'Allah (ﷺ) a dit: *«Eloignez-vous et préservez-vous de l'urine, car elle est la cause de la plus grande part du châtiment de la tombe.»*

Ibn Abbas (رضي الله عنه) l'a rapporté avec les termes suivants: *«La plupart du châtiment de la tombe est due à l'urine. Alors préservez-vous-en.»*

Et Abou Houraïra (رضي الله عنه) l'a rapporté avec les termes suivants: *«La plupart du châtiment de la tombe est due à l'urine.»*[45]

Cause 3: Le vol du butin

Parmi les péchés pour lesquels celui qui les commet se fait châtier dans sa tombe, il y a le vol du butin. Certains Hadiths se sont avérés authentiques à ce sujet. Abou Houraïra (رضي الله عنه) a dit: un homme a offert au Messager d'Allah (ﷺ) un domestique nommé Mid'am. Tandis que ce dernier déchargeait la monture du Messager d'Allah (ﷺ), il fut atteint d'une flèche perdue[46] qui le tua. Les gens dirent alors: il doit être heureux d'avoir obtenu le Paradis! Le Messager d'Allah (ﷺ) dit: *«Oh que non! Par Celui qui tient mon âme en Sa Main, la* chemla[47] *qu'il a prise du butin de la bataille de Khaybar et qui n'a pas été partagée est assurément en train de l'enflammer.»* Lorsque les gens ont entendu cela, un homme est venu avec une sangle ou deux, vers le Prophète (ﷺ) qui dit: *«Une sangle de feu ou deux sangles de feu.»*[48]

---

[45] Le cheikh El-Albani l'a mentionné dans *Irwa'ou El-Ghalil* et a dit: ce Hadith est authentique. Il a attribué la variante d'Anas à Daraqoutni, la variante d'Ibn Abbas à Daraqoutni, El-Hâkim, El-Bazzar et Tabarani; quant à la variante d'Abou Houraïra, il l'a attribuée à Ibn Abi Chayba, Ibn Majah, El-Ajouri et Ahmed. Voir *Irwa'ou El-Ghalil,* vol. 1, p. 311, n° 280.

[46] C'est-à-dire que nul ne savait qui l'avait tirée.

[47] C'est un vêtement avec lequel on s'enveloppe. [*Trad.*]

[48] Voir *Michkatou El-Massabih,* vol. 2, p. 401.

Abdallah Ibn ‘Amr (رضي الله عنه) a dit: il y avait sur les bagages du Prophète (ﷺ) portés par la bête, un homme nommé Kerkera qui mourut. Le Messager d’Allah (ﷺ) dit alors: *«Il est dans le feu»*. Puis les gens partirent voir et trouvèrent un vêtement épais à rayures noires qu’il avait dérobé du butin. Ce Hadith a été rapporté par Boukhari.[49]

Causes 4-5-6-7: Le mensonge, ne pas appliquer les Prescriptions du Coran pour celui qui l’a appris, l’adultère, l’usure

Allah (سبحانه وتعالى) a montré à Son Messager (ﷺ) une variété de châtiments que subiront certains musulmans désobéissants dans la tombe. Dans le *Sahih* de Boukhari, on a rapporté que Samura Ibn Jundub (رضي الله عنه) a dit: le Prophète (ﷺ), après avoir prié, s’est tourné vers nous et a dit: *«Quelqu’un parmi vous a-t-il fait un songe cette nuit?»* Si quelqu’un avait fait un songe, il le lui racontait et alors le Messager l’interprétait. Un jour, il nous a demandé: *«Quelqu’un parmi vous a-t-il fait un songe?»* Nous avons répondu: non. Il dit alors:

«Quant à moi, j’ai vu, cette nuit, deux hommes venir à moi. Ils m’ont pris par la main et m’ont emmené vers une terre sainte. Voilà qu’il y avait un homme assis et un autre debout qui tenait entre ses mains un crochet en fer - certains de nos compagnons de la chaîne de transmission ont rapporté d’après Moussa *[un autre homme de la chaîne]: un crochet en fer qu’il introduisait dans une des commissures de ses lèvres* [et déchirait] *jusqu’à sa nuque. Puis il faisait de même avec l’autre. Lorsque la première se rétablissait, il y revenait et recommençait de même. - J’ai dit: qu’est-ce que c’est que cela? - Ils me répondirent: avance.*

Puis nous sommes partis jusqu’à ce que nous soyons arrivés près d’un homme allongé sur sa nuque. Auprès de sa tête se trouvait

---

[49] *Michkatou El-Massabih,* vol. 2, p. 402.

un homme debout qui tenait une pierre ou un rocher avec quoi il lui fracassait et fendait la tête. Lorsqu'il le frappait avec la pierre, celle-ci roulait. Il allait alors la chercher, et à peine revenait-il que sa tête se rétablissait comme elle était auparavant. Puis il recommençait à le frapper. - J'ai dit: qui est-ce? - Ils m'ont répondu: avance.

Puis nous sommes partis jusqu'à ce que nous soyons arrivés à un trou [dans un mur] *ressemblant à un four à pain, dont le haut était étroit et le bas large et, en dessous, flambait un feu. Quand les flammes montaient, des hommes et des femmes nus montaient si bien qu'ils faillirent sortir. Et quand les flammes cessaient de flamber au fond, ils redescendaient. Il y avait à l'intérieur des hommes et des femmes nus. - J'ai dit: qui est-ce? - Ils m'ont répondu: avance.*

Puis nous sommes partis jusqu'à ce que nous soyons arrivés à un fleuve de sang. Un homme s'y trouvait au milieu, et un autre qui avait des pierres devant lui, se trouvait à son bord. Celui qui était dans le fleuve venait vers l'autre. Lorsqu'il voulait sortir, l'homme, au bord du fleuve, lui jetait une pierre dans sa bouche et le renvoyait d'où il venait. Chaque fois qu'il venait pour sortir, l'autre lui jetait une pierre dans sa bouche, puis il revenait là où il était auparavant. - J'ai dit: c'est quoi, cela? - Ils m'ont répondu: avance.

Puis nous sommes partis jusqu'à ce que nous soyons arrivés à un jardin verdoyant où il y avait un arbre gigantesque. Au pied de cet arbre, se trouvait un vieil homme et des enfants. Puis, voilà qu'auprès de cet arbre, il y avait un homme qui attisait un feu.

Puis ils sont montés avec moi dans cet arbre, et m'ont fait entrer dans une maison comme je n'en avais jamais vu d'aussi belle, dans laquelle il y avait des hommes âgés, des jeunes gens, des femmes et des enfants. Puis ils m'en ont fait sortir et sont montés avec moi sur l'arbre. Ils m'ont fait entrer dans une demeure encore plus belle et meilleure, dans laquelle se trouvaient des vieillards et des jeunes gens. - J'ai dit: vous m'avez promené cette nuit. Informez-moi de ce que j'ai vu. - Ils ont répondu: oui, quant à celui que tu as vu à qui l'on déchirait les commissures de ses lèvres, c'est un grand menteur qui racontait un mensonge que l'on rapportait de lui, et qui parvenait aux autres régions. Il sera châtié ainsi jusqu'au jour de la Résurrection.

Celui que tu as vu à qui l'on fracassait et fendait la tête, est un homme à qui Allah a fait apprendre le Coran, et qui dormait, volontairement, au moment de la prière du Fajr *et n'appliquait pas ses Prescriptions le jour. Il sera châtié ainsi jusqu'au jour de la Résurrection.*

Quant à ceux que tu as vus dans le trou, ce sont les fornicateurs. Quant à celui que tu as vu dans le fleuve, c'est celui qui pratique l'usure. Le vieil homme auprès de l'arbre, c'est Abraham, et les enfants sont les enfants des gens. Quant à celui qui attisait un feu, c'est Malik le gardien de l'Enfer.

La première demeure dans laquelle tu es entré, c'est celle de tous les croyants. Quant à celle-ci, c'est celle des martyrs.

Quant à moi: je suis Gabriel et lui, c'est Michael. Lève la tête.

J'ai levé ma tête, et voilà qu'au-dessus de moi, il y avait [une construction] *ressemblant à un nuage. Ils ont dit: c'est ta demeure! J'ai dit: laissez-moi entrer dans ma demeure.*

Ils ont dit: il te reste encore du temps à vivre et que tu n'as pas encore achevé. Quand tu l'auras achevé, tu viendras à ta demeure».[50]

---

[50] Ce long Hadith a été rapporté par Boukhari dans son *Sahih,* livres des funérailles. Voir *Fat'hou El-Bâri,* vol. 3, p. 251.

Cause 8: L'homme endetté est empêché d'entrer au Paradis à cause de sa dette

Parmi ce qui nuit au mort dans sa tombe, il y a l'endettement. On a rapporté que le frère de Sa'd Ibn Atwal (ﷺ) est mort et a laissé trois cents dirhams ainsi que des personnes à sa charge. Sa'd a dit: j'ai voulu, avec cet argent, subvenir à leurs besoins, mais le Prophète d'Allah (ﷺ) me dit: *«Ton frère est empêché d'entrer au Paradis à cause de sa dette.* [Va] *et rembourse pour lui.»*

Je suis donc allé rembourser pour lui, puis, je suis revenu. J'ai dit: ô Messager d'Allah! J'ai remboursé pour lui, excepté deux dinars qu'une femme, n'ayant aucune preuve, revendique. Il me dit: *«Donne-les-lui car c'est son droit.»*

Dans une autre variante: *«Elle est véridique».*[51]

Le Messager d'Allah (ﷺ) a informé que ce compagnon (ﷺ) était empêché d'entrer au Paradis à cause de sa dette. Ceci peut être expliqué par un autre Hadith dans lequel le Messager d'Allah (ﷺ) a dit: *«Il est privé d'entrer au Paradis à cause de sa dette.»*

D'après Ibn Jundub (ﷺ), le Prophète (ﷺ) a prié sur un mort - dans une autre variante: il a accompli la prière de l'aube -, et lorsqu'il a achevé sa prière, il a dit: *«Y-a-t-il, ici quelqu'un de la famille d'untel?»* Puis le Prophète (ﷺ) a réitéré cette question plusieurs fois sans que personne lui réponde. Un homme dit alors: lui est de sa famille! Alors un homme du fond de l'assemblée se leva, en traînant

---

[51] Le cheikh El-Albani a dit, dans son livre *Ahkam El-Jana'iz,* p. 15: ce Hadith a été rapporté par Ibn Majah, vol. 2, p. 82, Ahmed, vol. 4, p. 136; vol.5, p. 7, et El-Beihaqi, vol. 10, p. 142. L'une des deux chaînes de transmission par laquelle El-Beihaqi a rapporté ce Hadith est authentique, quant à l'autre, elle est identique à celle par laquelle Ibn Majah l'a rapporté. El-Boussiri a authentifié cette chaîne de transmission dans son livre *Zawa'id.* Les termes de ce Hadith, ainsi que ceux de la seconde variante, sont ceux qu'El-Beihaqi a rapportés *(...).*

son *izâr* (sorte de manteau léger). Le Prophète (ﷺ) dit: *«Qu'est-ce qui t'a empêché les deux premières fois de répondre? Quant à moi, je n'ai cité le nom de ta famille qu'en bien. Untel - un homme des leurs - est empêché, à cause de sa dette, d'avoir accès au Paradis; [si vous voulez, préservez-le* [du feu], *sinon, livrez-le au châtiment d'Allah».* Si tu avais vu alors ceux de sa famille et ceux qui s'occupaient de ses affaires: ils se sont levés et se sont chargés de rembourser pour lui.[52]

Cause 9: Le châtiment du mort à cause des pleurs des vivants

Lorsque Omar Ibn El-Khattab (ﷺ) a été poignardé, Souhaïb (ﷺ) est entré chez lui en pleurant et a dit: ô mon frère! Ô mon compagnon! Omar lui dit alors: ô Souhaïb! Tu me pleures, alors que le Messager d'Allah (ﷺ) a dit: *«Le mort se fait certes châtier à cause de certains pleurs de sa famille sur lui.»*[53]

Aïcha (ﷺ) a contesté que le Messager d'Allah (ﷺ) ait pu dire ce Hadith qu'Omar (ﷺ) a rapporté.

Dans le *Sahih* de Boukhari, on a rapporté que Ibn Abbas (ﷺ) a fait mention à Aïcha (ﷺ) après la mort d'Omar (ﷺ) de ce que ce dernier avait dit. Elle a alors dit: qu'Allah fasse miséricorde à Omar. Par Allah! Le Messager d'Allah (ﷺ) n'a pas dit qu'Allah châtie certes le croyant à cause des pleurs de sa famille sur lui, mais le

---

[52] Le cheikh El-Albani, dans *Ahkam El-Jana'iz,* p. 15, a dit: ce Hadith a été rapporté par Abou Daoud (vol.2, p. 84), Nassaï (vol. 2, p. 233), El-Hâkim (vol. 2, pp. 25-26), Tayalessi dans son *Musned* (nº 891 et nº 892), et par Ahmed (vol.5, pp. 11-13-20). *(...)* La première chaîne de transmission est authentique selon les conditions de Boukhari et Mouslim - comme l'a affirmé El-Hâkim, et Dhahabi l'a approuvé -, et l'autre chaîne de transmission est seulement authentique *(...).*

[53] Ce Hadith a été rapporté par Boukhari dans son *Sahih*: livre des funérailles-chapitre: la parole du Prophète: *«le mort se fait châtier à cause de certains des pleurs de sa famille sur lui».* Voir *Fat'hou El-Bâri* (vol. 3, p. 151); rapporté aussi par Mouslim dans son *Sahih.* Voir *Jami'e El-Oussoul* (vol. 11, p. 92).

Messager d'Allah (ﷺ) a dit: *«Allah augmente certes le châtiment du mécréant à cause des pleurs de sa famille sur lui».* Le verset du Coran vous suffit *[comme preuve]*:

﴿Or, personne ne portera le fardeau d'autrui﴾[54]

[Coran 35: 18]

Aïcha (ﷺ) a donné à la parole d'Omar plus d'une interprétation qui ont été rapportées d'après elle dans les *Sahih* et les *Sunan.*[55]

Il y a là, deux points importants. Le premier est: est-ce que le Messager d'Allah (ﷺ) a vraiment dit ces paroles qu'Omar (ﷺ) a rapportées?

Qortobi a dit: le fait qu'Aïcha (ﷺ) ait contesté cela et qu'elle juge que le rapporteur du Hadith a commis une erreur ou oublié ou seulement entendu une partie sans avoir entendu l'autre, est à éloigner, car ceux qui ont rapporté ce sens, parmi les compagnons, sont nombreux et catégoriques. La réfutation d'Aïcha (ﷺ) n'a donc pas lieu d'être, même avec la possibilité de donner à ces paroles une interprétation exacte.[56]

Le second est: comment le mort se ferait-il châtier à cause des pleurs de sa famille sur lui, alors que cela ne fait pas partie de ses actes et qu'Allah (ﷻ) a dit:

﴿Or, personne ne portera le fardeau d'autrui.﴾ *[Coran 35: 18]*

Les savants ont donné à cela plusieurs réponses. La meilleure d'entre elles est celle de Boukhari figurant dans le titre du chapitre - sous lequel il a fait mention du Hadith - et qu'il a intitulé:"*Le mort se fait châtier à cause d'une partie des lamentations sur lui*''... si les

---

[54] *Sahih* de Boukhari, livre des funérailles, voir *Fat'hou El-Bâri,* vol. 3, p. 151.

[55] Pour en savoir plus sur ces interprétations voir *Fat'hou El-Bâri,* vol. 3, p. 152.

[56] Voir *Fat'hou El-Bâri,* vol. 3, p. 154.

lamentations[57] étaient de ses habitudes, d'après la Parole d'Allah (ﷻ):

﴾Préservez vos personnes et vos familles d'un Feu.﴿

[Coran 66: 6]

De plus, le Prophète (ﷺ) a également dit: *«Vous êtes tous responsables et chacun de vous assume la responsabilité de ce qui lui est confié.»* Tandis que si les lamentations n'étaient pas de ses habitudes, il se trouverait dans le cas que Aïcha (رضي الله عنها) a mentionné:

﴾Or, personne ne portera le fardeau d'autrui﴿[58]

[Coran 35: 18]

Parmi ceux qui ont opté pour cette opinion, il y a Abou 'Issa Tirmidhi qui a rapporté le Hadith d'Omar (رضي الله عنه) avec les termes suivants: «Le mort se fait châtier à cause des pleurs de sa famille sur lui».»

Puis Abou 'Issa a dit: le Hadith d'Omar (رضي الله عنه) est bon et authentique. En plus, un groupe de savants répugnaient les pleurs sur les morts et ont dit: le mort se fait châtier à cause des pleurs de sa famille sur lui. Leur opinion se base sur ce Hadith-ci. Et Ibn El-Moubarak a dit: j'espère que s'il le leur interdisait de son vivant, le mort ne subira rien de cela.[59]

La jurisprudence de ce Hadith est l'opinion de Qortobi. Il a dit: une partie ou la majorité des savants ont dit: le mort se fait châtier à cause des pleurs du vivant, si seulement les lamentations étaient une coutume ou un choix, comme les paroles du poète: *lorsque je*

---

57 En arabe: النِّيَاح [*niyâhou*]: Ce sont les pleurs sur le mort en poussant des cris, en rappelant ses descriptions, en se frappant les joues, en se griffant, en se déchirant l'encolure des vêtements, en s'arrachant ou en se rasant les cheveux, en invoquant la malédiction sur soi, en se réunissant auprès de la famille après la mort de leur défunt pour un repas funèbre. [*Trad.*]

58 *Fat'hou El-Bâri,* vol. 3, p. 150.

59 *Sunan* de Tirmidhi, vol. 3, p. 326.

*mourrai, annonce ma mort avec des descriptions dont je suis digne. Ô ma fille Ma'bad! Déchire pour moi l'encolure de tes vêtements...*Il en est de même s'il l'a recommandé.[60]

Les lamentations, le frappement des joues et le déchirement de l'encolure des vêtements étaient des pratiques de l'époque préislamique. Les gens recommandaient à leur famille de les pleurer, de se lamenter sur eux, et de propager la nouvelle de leur mort. Ceci était une pratique répandue dans leurs doctrines et très présente dans leurs poésies. Le mort mérite, dans ce cas, la punition pour cela, parce que de son vivant, il le leur ordonnait. Tels sont les propos d'Ibn Al-Athir.[61]

Il conviendrait, ici, d'attirer l'attention sur les termes que Boukhari a rapportés:"*Il se fait châtier à cause d'une partie des pleurs de sa famille sur lui*'', c'est-à-dire qu'il ne l'est pas pour tous les pleurs. Le mort ne se fait pas châtier à cause des pleurs non accompagnés de frappement de joues et de déchirure de l'encolure des vêtements. Beaucoup de textes sont venus indiquer ce sens.

Le grand savant *cheikh El-Islam* Ibn Taymiya (ﷺ) a abordé cette question et a affaibli l'opinion de Boukhari, de Qortobi, d'Ibn Abdelberr et de ceux qui les ont suivis dans la jurisprudence du Hadith, en informant que le mort ne se fait pas châtier à cause des pleurs des vivants.

Après avoir narré les textes mentionnés à ce sujet, *cheikh El-Islam* a dit: des groupes parmi les Prédécesseurs Pieux et ceux qui les suivaient ont désapprouvé cela. Ils croient fermement que ceci fait partie de ce dont l'individu se fera châtier pour les péchés d'autrui. Toutefois, ceci est en contradiction avec la Parole d'Allah (ﷻ):

﴾Or, personne ne portera le fardeau d'autrui.﴿ *[Coran 35: 18]*

---

60 *Tadhkiratou* de Qortobi, p. 102.
61 *Ibid.*

Leurs opinions, face à ces Hadiths authentiques sont diverses:

- Certains d'entre eux accusent les rapporteurs de s'être trompés comme Omar Ibn El-Khattab (ﷺ) et d'autres. Telle a été la conduite de Aïcha (ﷺ), de Chafi'i et d'autres.

- Certains d'entre eux ont porté le sens du Hadith à la condition où le mort recommande les lamentations sur lui de son vivant: il sera donc châtié pour cette recommandation. Tel est l'avis d'un groupe de savants *(...)*.

- Certains d'entre eux ont porté le sens du Hadith à la condition où les lamentations étaient leurs coutumes: le mort se fera donc châtier pour ne pas avoir interdit le blâmable. C'est le point de vue d'un groupe de savants comme mon grand-père Abou El-Barakate.

Mais tous ces propos sont très faibles, *poursuit Ibn Taymiya*.[62]

Ensuite, *cheikh El-Islam* a contesté les propos de ceux qui ont réfuté ces Hadiths par certaines interprétations, en disant: de tels Hadiths authentiques et clairs - comme ceux rapportés par Omar Ibn El-Khattab (ﷺ), son fils Abdallah (ﷺ), Abou Moussa Al-Ach'ari (ﷺ) et d'autres compagnons - ne peuvent être rejetés ainsi. Pourtant, Aïcha la mère des croyants a adopté un tel point de vue en réfutant le Hadith par certaines interprétations et un effort d'explication, car elle croit fermement à la fausseté du sens de ce Hadith. Or, il n'est guère ainsi, et celui qui médite sur ce sujet constatera que nul ne peut contester son authenticité et sa clarté: il a été rapporté par des hommes de confiance, sauf en se leurrant.[63]

Plus loin, Ibn Taymiya a montré qu'Aïcha (ﷺ) a confirmé, en quelque sorte, le sens qu'elle fuyait, en disant: Aïcha (ﷺ) a rapporté du Prophète (ﷺ) deux paroles, et elle est véridique, sans aucun doute,

---

[62] *Majmou'e El-Fatawa,* vol. 24, p. 370.

[63] *Ibid.*

dans ce qu'elle avance, notamment ce Hadith du Messager: *«Allah augmente certes le châtiment du mécréant à cause des pleurs de sa famille sur lui»* Or ceci est conforme au Hadith d'Omar (ﷺ), car s'il est logique qu'Allah lui augmente le châtiment, il est permis de croire, en premier lieu, qu'Il châtie quelqu'un d'autre pour cela. C'est pour cela que Chafi'i a rejeté ce Hadith dans son livre *Moukhtalef El-Hadith* compte tenu du sens, et a dit: le sens le plus similaire est l'autre parole du Prophète (ﷺ) qu'elle a rapportée: *«Ils le pleurent, et il se fait certes châtier dans sa tombe.»*[64]

Puis, *cheikh El-Islam* a rejeté les propos de ceux qui pensent que le Hadith a pour sens la punition de l'individu pour les péchés d'autrui, en disant: parmi ceux qui approuvent le Hadith par ce qu'il implique, il y a certains qui pensent que cela fait partie de la punition de l'individu pour les péchés d'autrui parce qu'Allah (ﷻ) fait ce qu'Il veut et juge comme Il l'entend. Ceux-là croient fermement que l'individu encourt la punition pour le péché d'autrui. Ils rendent donc possible l'entrée des enfants des mécréants en Enfer à cause des péchés de leurs parents.[65]

Ensuite, après avoir longuement traité la question de l'entrée des enfants des mécréants en Enfer à cause des péchés de leurs parents, précisant que l'affirmation de ceci est un propos incorrect, qu'en vérité Allah (ﷻ) châtie seulement celui qui lui a désobéi et que ceux qui n'ont pas été éprouvés dans le bas monde le seront dans les enceintes du Jour de la Résurrection. *Cheikh El-Islam* a dit: quant au châtiment du mort, il n'a pas été dit que ce dernier encourt la punition des pleurs d'autrui sur lui, mais qu'il se fait châtier à cause des pleurs des siens sur lui. Le châtiment est un terme plus général que punition, puisqu'il représente la douleur: ce n'est pas parce que l'on souffre d'une chose que c'est une punition pour la personne à l'égard de cette

64 *Idem,* p. 371.
65 *Ibid.*

chose. Le Prophète (ﷺ) a dit: «*Le voyage est une part de châtiment: il prive l'un de vous de sa nourriture et de sa boisson.*» Le Prophète (ﷺ) a donc qualifié le voyage de châtiment. Toutefois, ce n'est pas une punition.

L'être humain subit un châtiment suite à des choses répugnantes qu'il ressent telles que les sons effrayants, les spectres ignobles et les scènes horribles. Autrement dit, par l'audition, l'odeur, la vue. Cependant, cela ne fait pas partie de ses actes pour lesquels il se fait punir. De quelle manière peut-on donc contester que le châtiment à cause des lamentations des siens sur sa mort - même si celles-ci ne lui incombent pas - soit une punition pour lui?

Dans sa tombe, l'individu subit un châtiment à l'audition des paroles de certaines personnes et à la vue de d'autres, c'est pour cela qu'*El-Qâdhi* Abou Ya'la a rendu la décision juridique suivante: si des péchés sont commis par les vivants auprès des morts, ces derniers en éprouvent de la douleur, comme cela a été rapporté dans les *âthâr*, ces textes hérités des anciens. Le châtiment des morts à cause des péchés commis auprès de leurs tombes est semblable à celui causé par les lamentations de ceux qui les pleurent, *conclut Ibn Taymiya.*[66]

Cette jurisprudence pour laquelle *cheikh El-Islam* a opté est appuyée par certains Hadiths.

On a rapporté que Nou'mane Ibn Bachir a dit: Abdallah Ibn Rawaha (رضي الله عنه) s'est évanoui. Sa sœur s'est alors mise à pleurer et à dire: ô ma montagne! ô ceci! ô cela!, lui dénombrant ainsi des noms. Puis, lorsqu'il a repris connaissance, il lui a dit: tu n'as pas dit une chose sans qu'on me demandât si je l'étais vraiment. Aussi, lorsqu'il est mort, ne le pleura-t-elle pas.[67]

---

[66] *Majmou'e El-Fatawa,* vol. 24, p. 374.

[67] Rapporté par Boukhari dans son *Sahih,* livre des batailles - chapitre: la bataille de Mou'ta.

Ce sens figure encore plus clairement dans le Hadith d'Abou Moussa Al-Ach'ari (ﷺ) où est rapporté que le Messager d'Allah (ﷺ) a dit: *«Il n'y a pas un homme qui meurt* - ou *qui est sur le point de mourir -, et dont les pleureurs se mettent à dire: ô* Jabaleh *(ô ma montagne), ô* Sanadeh *(ô mon soutien) ou d'autres paroles analogues, qui ne soit pas confié à deux Anges qui lui donneront des coups sur la poitrine en lui disant: étais-tu vraiment ainsi?»*[68]

Ibn Hajar El-'Asqalani (ﷺ), dans son livre *Talkhîs,* après avoir rapporté ce Hadith a dit: El-Hâkim l'a rapporté et authentifié. Il est corroboré par le Hadith de Nou'mane Ibn Bachir rapporté dans le *Sahih* de Boukhari.[69]

Il convient ici de faire remarquer que tout mort pleuré ne se fera pas châtier à cause des lamentations qui sont faites sur lui. Il se peut que la sentence d'une cause soit repoussée par une chose qui la contrarie - comme l'a affirmé *cheikh El-Islam* Ibn Taymiya - comme la force que trouvent certaines personnes en elles pour repousser les maux des voix effrayantes, des spectres et scènes horribles. Puis il a cité que les Hadiths de la menace de châtiment en mentionnent les causes. Il se peut que ces dernières soient repoussées par des obstacles comme un repentir accepté, des bonnes actions qui effacent les mauvaises, des malheurs faisant guise d'expiation, l'imploration d'un intercesseur obéissant, ou la grâce d'Allah, Sa Miséricorde et Son Pardon. Puis en conclusion, il a mis en évidence que ce qui atteint le mort croyant, dans sa tombe, comme châtiment dû aux lamentations des siens sur lui, est un moyen par lequel Allah lui pardonnera ses péchés au Jour de la Résurrection.[70]

---

[68] Hadith rapporté par Tirmidhi dans ses *Sunan,* livre des funérailles - chapitre: ce qui a été rapporté au sujet de la répugnance des pleurs sur le mort, vol. 3, p. 326, n° 1003. Le cheikh El-Albani l'a rendu bon dans son livre, *Sahih El-Jami'e,* n° 5664. Ce Hadith se trouve également dans son autre livre *Sahih Targhib wa Tarhib.*

[69] *Talkhis* El-*Habir,* vol. 2, p. 140, n° 806.

[70] *Majmou'e El-Fatawa,* vol. 4, p. 375.

§ 5 - Ce qui préserve de l'épreuve et du châtiment de la tombe

Ce qui sauve l'individu du châtiment de la tombe est sa préparation à affronter la mort, afin que, si celle-ci le surprend, il se ne morde pas les doigts de remords. Parmi ces préparations à la mort, il y a l'empressement au repentir, rendre les droits à leurs ayants-droit, l'accomplissement d'abondantes bonnes œuvres. La foi, la prière, le jeûne, l'aumône légale, le pèlerinage, la guerre sainte, la bonté envers les parents, consolider les liens de sang, l'évocation d'Allah (ﷻ) et les autres œuvres pieuses protègent le serviteur croyant. Par celles-ci, Allah (ﷻ) lui crée une délivrance de toute gêne et lui donne une issue favorable dans toute affliction.

Le Messager d'Allah (ﷺ) nous a informés que les œuvres pieuses escortent l'individu dans sa tombe. Ibn Taymiya a dit: dans le célèbre Hadith de Mohammed Ibn 'Amr rapporté d'après Abou Salama (رضي الله عنه) d'après Abou Houraïra (رضي الله عنه), il est cité que le Prophète (ﷺ) a dit: *«Le mort entend certes le bruit des pas sur le sol de ses compagnons quand ils s'éloignent de lui. S'il s'agit d'un croyant, la prière se tient à sa tête, le jeûne à sa droite, l'aumône légale à sa gauche, et à ses pieds se tient l'accomplissement des bonnes œuvres comme les aumônes, les liens de sang, la bienfaisance envers les gens...*

Puis, on vient à sa tête, alors la prière dit: il n'y a pas d'accès de mon côté. Puis on vient à sa droite, alors le jeûne dit: il n'y a pas d'accès de mon côté. Puis on vient à sa gauche, alors l'aumône légale dit: il n'y a pas d'accès de mon côté. Puis on vient à ses pieds, alors l'accomplissement des bonnes œuvres, comme les aumônes, les liens de sang, la bienfaisance envers les gens, dit: il n'y a pas d'accès de mon côté.

Puis, on lui dit: assieds-toi; alors il s'assoit, tandis qu'on lui représente le soleil proche du couchant. On lui dit: qui est cet homme qui était parmi vous? Que dis-tu à son sujet? Il répond: laissez-moi jusqu'à ce que je prie. On lui dit: tu vas le faire, mais informe-nous sur ce que nous te demandons. Il dit: que me demandez-vous? On lui dit: qu'affirmes-tu au sujet de cet homme qui était parmi vous? Que témoignes-tu de lui? Il répond: je témoigne qu'il est le Messager d'Allah venu avec la vérité de la part d'Allah. On lui dit alors: c'est sur cela que tu as vécu, c'est sur cela que tu es mort, et c'est sur cela que tu seras ressuscité si Allah le Très-Haut le veut.

C'est alors qu'on lui ouvre une des portes du Paradis et qu'on lui dit: voici ta place au Paradis, ainsi que ce qu'Allah t'y a préparé. Sa joie et son allégresse augmentent. Puis on lui ouvre une des portes de l'Enfer et on lui dit: cela aurait été ta place en Enfer ainsi que ce qu'Allah t'y aurait préparé, [si tu avais désobéi à Allah]. *Alors sa joie et son allégresse augmentent encore. On lui élargit sa tombe de soixante-dix coudées, on la lui illumine, on rétablit son corps comme Allah l'a créé la première fois, on le place parmi les âmes bonnes qui sont placées dans des oiseaux qui mangent des arbres du Paradis.»*[71]

Dans une autre variante: *«Il est un oiseau qui mange des arbres du Paradis».* Puis Abou Houraïra (ﷺ) a récité:

> ﴾Allah raffermit les croyants par une parole immuable dans la vie présente et dans l'Au-delà.﴿ *[Coran 14: 27]*

Dans une variante différente, il est cité: *«Puis son corps est rétabli comme Allah l'a créé la première fois.»*

Chercher refuge auprès d'Allah (ﷻ) contre l'épreuve et le châtiment de la tombe:

Etant donné que l'épreuve et le châtiment de la tombe font partie des grandes frayeurs et des grands malheurs, le Messager d'Allah (ﷺ) cherchait refuge auprès d'Allah (ﷻ) contre cela, au cours et hors de ses prières, et il l'ordonnait à ses compagnons.

---

71 Hadith bon, voir *Sahih-Targhib-wa-Tarhib,* n° 3561.

Dans le Hadith d'Aïcha (رضي الله عنها) où est cité que la juive lui a dit: qu'Allah te préserve du châtiment de la tombe - et au sujet duquel elle a interrogé le Messager d'Allah (ﷺ) qui a répondu: *«Oui, le châtiment de la tombe!»* Aïcha a dit: après cela, je n'ai pas vu le Messager d'Allah (ﷺ), accomplir une prière, sans qu'il implore la protection d'Allah contre le châtiment de la tombe. Il a été rapporté: *«Le châtiment de la tombe est une vérité»*.[72]

D'après Anas Ibn Malik (رضي الله عنه), on a rapporté que le Messager d'Allah (ﷺ) invoquait Allah (سبحانه وتعالى) en disant: *«Ô Allah! Je me réfugie auprès de Toi contre l'incapacité, la paresse, la faiblesse et la peur, l'avarice et la vieillesse extrême. Je cherche refuge auprès de Toi contre le châtiment de la tombe, et je cherche refuge auprès de Toi contre l'épreuve de la vie et de la mort.»*[73]

D'après Aïcha, on a rapporté que le Messager d'Allah (ﷺ) disait: *«Ô Allah! Je me réfugie auprès de Toi contre la paresse, la vieillesse extrême, le péché, l'excès dans la dette, contre l'épreuve et le châtiment de la tombe...»*[74]

Il a été rapporté que le Messager d'Allah (ﷺ) disait à ses compagnons: *«Cherchez refuge auprès d'Allah contre le châtiment de la tombe!»* Alors les Compagnons disaient: nous cherchons refuge auprès d'Allah contre le châtiment de la tombe.[75]

---

[72] Rapporté par Boukhari dans son *Sahih*: livre des funérailles - chapitre: le châtiment de la tombe: voir *Fat'hou El-Bâri,* vol. 13, p. 232. Rapporté aussi par Mouslim dans son *Sahih,* livre des mosquées - chapitre: la plaisance de chercher refuge auprès d'Allah contre le châtiment de la tombe, vol. 1, p. 410. Les termes de ce Hadith sont ceux que Boukhari a rapportés.

[73] Le cheikh El-Albani a dit dans *Sahih El-Jami'e* que ce Hadith a été rapporté par Ahmed, Boukhari et Mouslim; vol. 1, p. 406.

[74] Chiekh El-Albani, dans *Sahih El-Jami'e* (vol. 1, p. 407) a attribué ce Hadith à Boukhari, Mouslim, Tirmidhi, Nassaï et Ibn Majah.

[75] Hadith rapporté par Mouslim dans son *Sahih*, livre du Paradis - chapitre: l'exposition au mort de sa place de Paradis ou d'Enfer, vol. 4, p. 2199.

Il leur disait également: «*Demandez à Allah d'être sauvés du châtiment de la tombe, car le châtiment de la tombe est une vérité!*»[76]

Le Messager d'Allah (ﷺ) ordonnait à ses compagnons de chercher refuge auprès d'Allah (ﷻ) contre quatre choses: «*Cherchez refuge auprès d'Allah contre le châtiment de la tombe. Cherchez refuge auprès d'Allah contre l'Enfer. Cherchez refuge auprès d'Allah contre l'épreuve de l'Antéchrist* (ad-dajjâl). *Cherchez refuge auprès d'Allah contre l'épreuve de la vie et de la mort.*»[77]

Aussi, Abou Houraïra (ﷺ) a rapporté qu'il leur ordonnait de chercher refuge auprès d'Allah (ﷻ) contre le châtiment de la tombe, en prière après le *tachahoud:* «*Lorsque l'un de vous récite le tachahoud, qu'il cherche refuge auprès d'Allah contre quatre choses, en disant: Ô Allah! Je me réfugie auprès de Toi contre le châtiment de l'Enfer, contre le châtiment de la tombe, contre l'épreuve de la vie et de la mort, et contre le mal de l'épreuve de l'Antéchrist* (ad-dajjâl).»[78]

§ 6 - Ceux qui sont à l'abri de l'épreuve et du châtiment de la tombe

Certains croyants qui ont accompli des actes honorables ou qui ont été atteints par de grands malheurs sont en sécurité de l'épreuve et du châtiment de la tombe. Parmi ces croyants, il y a:

---

[76] Rapporté par Tabarani selon une chaîne de transmission authentique. Voir *Sahih El-Jami'e,* vol. 1, p. 317.

[77] Le cheikh El-Albani la attribué à Tirmidhi et Nassaï. Voir *Sahih El-Jami'e*, vol. 1, p. 320.

[78] Rapporté par Mouslim dans son *Sahih,* livre des mosquées - chapitre: ce contre quoi il faut chercher refuge auprès d'Allah, durant la prière, vol. 1, p. 412, n° 588.

1- Le martyr:

Miqdam (رضي الله عنه) a rapporté que le Messager d'Allah (ﷺ) a dit: *«Le martyr, auprès d'Allah, a six vertus: on lui pardonne à la première goutte de sang qui coule, on lui montre son emplacement dans le Paradis, on l'épargne du châtiment de la tombe, il sera en sécurité le Jour de la grande terreur et on lui placera, sur la tête, une couronne de sagesse. Le rubis de cette couronne est meilleur que le bas monde et son contenu. On le mariera à soixante-douze Houris aux grands yeux et l'on acceptera son intercession pour soixante-dix de ses proches.»*[79]

Nassaï a rapporté dans ses *Sunan* d'après Rachid Ibn Sa'd, d'après un compagnon du Messager d'Allah (ﷺ) qu'un homme a dit: ô Messager d'Allah! Qu'ont les croyants à être éprouvés dans leurs tombes, excepté le martyr? - le Messager d'Allah (ﷺ) a répondu: *«L'éclat des épées sur leurs têtes suffit comme épreuve.»*[80]

2- Celui qui monte la garde dans le chemin d'Allah (سبحانه وتعالى):

On a rapporté d'après Foudhala Ibn 'Oubaïd (رضي الله عنه) que le Messager d'Allah (ﷺ) a dit: «[L'inscription de la récompense des] *œuvres de chaque mort s'achève, sauf pour celui qui est mort en montant la garde dans le chemin d'Allah, car* [la récompense de] *son œuvre-ci fructifie jusqu'au Jour de la Résurrection, et il est préservé de l'épreuve de la tombe.»*[81]

---

[79] Ce Hadith a été rapporté par Tirmidhi et Ibn Majah selon une chaîne de transmission authentique, comme l'a affirmé le cheikh El-Albani, correcteur de *Michkatou El-Massabih* (voir vol. 2, p. 358).

[80] La chaîne de transmission de ce Hadith est authentique. Voir *Ahkam El-Jana'iz* du cheikh El-Albani, p. 36, et son autre livre *Sahih El-Jami'e,* vol. 4, p. 164.

[81] Rapporté par Tirmidhi et Abou Daoud selon une chaîne de transmission authentique, comme l'a affirmé le correcteur de *Michkatou El-Massabih,* voir vol. 2, p. 355.

3- Celui qui meurt un vendredi:

Dans le Hadith d'Abdallah Ibn 'Amr (ﷺ), il est rapporté que le Prophète (ﷺ) a dit: *«Il n'y a pas un musulman qui meurt le jour ou la nuit du vendredi, qu'Allah ne préserve de l'épreuve de la tombe.»*[82]

4- Celui qui meurt par un mal de ventre:

Il a été confirmé qu'Abdallah Ibn Yassar a dit: j'étais en compagnie de Souleiman Ibn Soured et de Khalid qui citèrent qu'un homme était mort d'un mal de ventre. Ils souhaitèrent alors assister à ses funérailles. L'un des deux à dit: le Messager d'Allah (ﷺ) n'a-t-il pas dit: *«Celui qui meurt d'un mal de ventre ne sera pas châtié dans sa tombe»?* - L'autre a répondu: certes. Dans une autre variante: tu as raison.[83]

SECTION 5

LA MORT EST UNE EXHORTATION

§ 1er - La mort est la plus grande exhortation

Nous avons narré une partie des Textes qui mentionnent la mort et ses affres, la tombe et ses frayeurs. Le doué de raison est celui qui y médite, car la mort est la plus grande exhortation. On a dit à certains ascètes: quelle est l'exhortation la plus persuasive? - Ils ont répondu:

---

[82] Rapporté par Tirmidhi et Ahmed. Le Hadith est authentique ou bon par l'ensemble des voies selon lesquelles il a été rapporté. Voir *Ahkam El-Jana'iz*, p. 35.

[83] Le cheikh El-Albani a dit, dans son livre *Ahkam El-Jana'iz*: ce Hadith a été rapporté par Nassaï, par Tirmidhi - qui a dit: ce Hadith est bon - par Ibn Hibbane dans son *Sahih*, par Tayalessi et par Ahmed. La chaîne de transmission est authentique. (Voir p. 38).

regarder les morts! Qortobi a excellé dans sa description de la mort lorsqu'il a dit:

Sache que la mort est le malheur le plus affreux, la chose la plus odieuse, le breuvage au goût le plus détestable et le plus désagréable, c'est le plus prompt à éradiquer les désirs immédiats du bas monde et à faire cesser le bien-être, étant donné qu'une chose qui rompt les articulations, qui disjoint les membres, qui anéantit les sens, est certainement la chose la plus terrible et le malheur le plus grave. Son jour est certes un jour redoutable.[84]

§ 2 - Méditer sur la mort

De la même façon que la vie terrestre est un signe parmi ceux d'Allah (ﷻ), la mort en est un autre mais qui en est l'opposé. Mais elle n'en est pas moins stupéfiante:

> ﴿Comment reniez-vous Allah, alors que vous étiez morts et qu'Il vous a donné la vie? Puis Il vous fera mourir, puis Il vous fera revivre, et enfin c'est à Lui que vous retournerez.﴾
>
> *[Coran 2: 28]*

Méditer sur ce signe c'est méditer sur une des créations et des merveilles d'Allah (ﷻ) indiquant Sa grande Omnipotence et Son commandement étonnant. Il a été rapporté qu'un bédouin voyageait sur son chameau qui, subitement, s'écroula inerte. Le bédouin descendit donc, se mit à tourner autour de lui et à méditer sur celui-ci en disant: qu'as-tu à ne pas te lever? Pourquoi ne revis-tu pas, alors que tes organes sont entiers, tes membres sont sains! Que t'arrive-t-il? Qu'est-ce qui te portait alors? Qu'est-ce qui te faisait donc vivre? Mais qu'est-ce qui t'a assommé? Qu'est-ce qui t'empêche de bouger? Puis, il est parti en méditant sur son cas, étonné de ce qui arriva à son chameau.

---

[84] *Tadhkiratou* de Qortobi, p. 24.

On a récité certains vers sur certains courageux morts de mort naturelle:[85]

Un geste de la mort est venu à lui
Il est mort, sur sa bouche et sur ses mains, tombant
Il a lâché l'anse de son bouclier et sa lance
Il s'est écroulé comme un gros chameau.
Il ne répond pas à l'appel de celui qui le crie,
L'on n'espère pas qu'il repousse un grand malheur.
Sa force disparue, il a été traîné vers la mort
Lorsqu'il a vu la corde de la mort jetée.
Malheur au chevalier, qu'a-t-il?
Son amertume a disparu sans s'être fait blesser.
Pourtant, ce sont bien ses mains et ses membres:
Aucun de ses membres n'est brisé.
Loin! La mort n'a pas besoin de lui
Ni de sa lance, ni de son épée tranchante.
Elle est, malheur à vous, un ordre et une sentence divine,
Et c'est à Allah qu'appartient le décret inébranlable.

§ 3 - Des modèles d'exhortations de prédicateurs

Allah (ﷻ), en exhortant son Messager (ﷺ), a dit:

﴾Certes, tu mourras, et ils mourront eux aussi.﴿

[Coran 39: 30]

Tabarani dans son *Mou'jame El-Awsate*, Abou Nu'eime dans son livre *El-Hilia*, El-Hâkim dans son *Moustadrak* et d'autres ont rapporté d'après Ali Ibn Abi Taleb (رضي الله عنه) que le Messager d'Allah (ﷺ) a dit: *«Gabriel est venu à moi et a dit: ô Mohammed! Vis aussi longtemps que tu le voudras, tu mourras. Aime qui tu voudras, tu le quitteras. Fais ce que tu voudras, tu en seras rétribué. Sache que la*

85 *Tadhkiratou*, p. 4.

noblesse du croyant se trouve dans ses prières de nuit, et que sa dignité est de se passer des gens.»[86]

Nous avons narré de nombreux Textes à travers lesquels Allah (ﷻ) et Son Messager (ﷺ) nous ont exhortés par la mort. Telle était la coutume des gens vertueux: l'exhortation par la mort d'eux-mêmes et des autres gens. 'Ali Ibn Abi Taleb (رضي الله عنه) a dit: «La vie terrestre s'en va en tournant le dos, et l'Au-delà s'avance en montrant la face. Chacun d'eux a des enfants. Soyez donc parmi ceux de l'Au-delà et ne soyez parmi ceux de la vie terrestre. Aujourd'hui, l'heure est à l'œuvre sans reddition de comptes, et Demain, l'heure sera à la reddition des comptes sans accomplissement d'œuvres». Ceci a été rapporté par Boukhari en introduction du chapitre:"L'espérance de la longévité pour s'enrichir''.[87]

Parmi les exhortations des savants, il y a ce qu'a cité Qortobi dans *Tadhkiratou*: ô prétentieux! Médite sur la mort et ses affres, sur la difficulté et l'amertume de son breuvage. Que la mort a de vraies promesses, et un juge juste! La mort suffit à effrayer les cœurs, à faire pleurer les yeux, à séparer les groupes, à éradiquer les désirs immédiats du bas monde et à rompre les souhaits.

As-tu pensé, ô 'fils' d'Adam, au jour de ta mort et au moment où l'on te déplacera de là où tu te trouves: lorsque tu seras transporté de la largeur à l'étroitesse, que le compagnon et l'ami te trahiront, que le camarade t'abandonnera, que tu seras pris hors de ton lit et de sous tes couvertures vers la fosse. Ils te couvriront de terre et de glaise alors que tu étais couvert d'une douce couverture. Ô amasseur de biens et assidu aux constructions! Par Allah, tu ne possèdes de tes biens que ton linceul, car tes biens sont destinés à la destruction et à l'anéantissement, et ton corps à la terre et au retour.

---

[86] Voir *La Chaîne des Hadiths Authentiques* du cheikh El-Albani, vol. 2, p. 505, nº 831.

[87] Voir *Michkatou El-Massabih*, vol. 2, p. 659, nº 5215.

Où sont passés les biens que tu as amassés? Te sauvent-ils des effrois? Oh que non! Mais tu les as laissés à celui qui ne t'est pas reconnaissant, tandis que, maintenant, l'on te conduit avec tes péchés vers Celui qui n'acceptera pas tes excuses, *poursuit Qortobi.*[88]

Qortobi rapporte aussi que Yazid Er-Reqâchi se disait en son for intérieur: malheur à toi, ô Yazid! Qui va accomplir la prière pour toi, après la mort? Qui va jeûner pour toi, après la mort? Qui va obtenir l'agrément d'Allah pour toi, après la mort?

Puis, il disait: ô hommes! Ne pleurez-vous donc pas? Ne vous lamentez-vous donc pas sur vous-mêmes du restant de vos jours? Qui ne sera pas appelé par la tombe? Mais elle est tout de même sa demeure, la terre est sa couverture, les vers de terre sont ses compagnons, attendant dans cet état, le Jour de la Grande Frayeur. Comment doit-il se sentir?[89]

Qortobi, a-t-il encore dit dans un autre passage de son livre: imagine-toi, ô prétentieux, lorsque l'agonie discontinue *[lors]* de la mort viendra à toi, que les gémissements et les affres se manifesteront sur toi. Que quelqu'un dira: untel a légué ses biens par testament, et son argent a été bien compté. Qu'un autre dira: la langue d'untel s'est alourdie. Il ne reconnaît pas son voisin, il ne parle pas à ses frères. C'est comme si je te regardais en train d'écouter un discours et que tu ne peux répondre. Imagines-toi, ô 'fils' d'Adam, lorsque tu seras pris de ton lit en direction de la planche du lavoir, que celui qui lave les morts accomplira ta toilette funèbre, t'enfilera le linceul, que ta famille et tes voisins te laisseront, que l'ami et le frère te pleureront. Alors, celui qui lave les morts dira: où est l'épouse d'untel, celle qui était sa compagne de vie? Où sont les orphelins? Votre père vous a laissés, vous ne le verrez plus jamais, après aujourd'hui... Et il récite ces vers:

---

88 *Tadhkiratou* de Qortobi, p. 9.

89 *Ibid.*

Ô toi, prétentieux! Qu'as-tu à jouer?
Tu es encore plein d'espoirs, alors que la mort s'est approchée.
Sais-tu que la cupidité est une mer éloignée
Dont le bateau est la vie présente: prends donc bien garde à ne pas périr misérablement!
Sais-tu que la mort, sur toi, s'abattra subitement: son goût est assurément désagréable.
C'est comme si tu faisais tes dernières recommandations, en voyant tes futurs orphelins.
La mère, privée de son enfant, le pleure et se lamente sur lui, suffoquant de chagrin et se frappant le visage.
Les hommes la regardent: elle leur est maintenant dévoilée.
C'est alors que l'on s'avance vers toi avec le linceul.
Puis, on répand la terre sur toi, tandis que l'œil verse ses larmes.[90]

Parmi les exhortations du vénérable Compagnon Abou Darda' (ﷺ), il y a les paroles suivantes:

«Trois choses me font rire, et trois autres me font pleurer. Celles qui me font rire: celui qui désire la vie présente, alors que la mort le réclamera; celui qui est inattentif à l'Au-delà, alors qu'Allah ne lui est pas inattentif; et celui qui rit à pleines dents, alors qu'il ne sait pas si Allah est satisfait de lui ou en colère contre lui. Celles qui me font pleurer: quitter les bien-aimés: Mohammed (ﷺ) et ses compagnons; la terreur qui se manifestera au moment des affres de la mort; et se tenir debout devant Allah le Jour où les secrets seront dévoilés, puis que nul ne saura s'il est destiné au Paradis ou à aller en Enfer».[91]

On a rapporté qu'Abou Darda' (ﷺ) ou Abou Dherr (ﷺ) a dit:

---

90 *Tadhkiratou* de Qortoubi, p. 21.
91 *Idem*, p. 87.

«Vous naissez pour mourir. Vous bâtissez pour la démolition. Vous convoitez ce qui est périssable et vous délaissez ce qui dure».[92]

Qortobi a dit, dans son livre *Tadhkiratou*, en exhortant et en conseillant: ô toi! Où est passé ce que tu as amassé comme biens? Où est ce que tu as préparé contre les malheurs et les effrois? Tes mains se sont vidées et dénudées de ces biens à ta mort. Tu es devenu, après ta richesse et ta puissance, pauvre et avili. Comment es-tu devenu, ô responsable de ses péchés, ô toi qui as été dépouillé de ta famille et de ta demeure!

Comme le droit chemin t'était caché! Comme elle a été faible, ta préoccupation de t'approvisionner pour ton long voyage vers l'Au-delà *(...)*! A moins que tu n'aies su, ô prétentieux, que le voyage vers le jour aux terribles effrois était inéluctable. Ce jour-là, les"on dit'' ne te seront d'aucune utilité. On te demandera des comptes devant le Maître de toutes les religions, sur ce que tes mains ont accompli, sur ce vers quoi tes pieds se sont dirigés, sur ce que ta langue a proféré, sur ce que tes membres ont perpétré... Si Allah te fait miséricorde, alors tu iras au Paradis, sinon; tu iras en Enfer!

Ô toi, qui ne prêtes pas attention à ces situations: jusqu'à quand cette inattention et cette négligence vont-elles durer? Penses-tu qu'il s'agisse là d'un fait minime, en prétendant à la légèreté de ce malheur? Penses-tu que ta situation d'aujourd'hui te sera de quelque utilité lorsque ton départ arrivera, ou que tes biens te sauveront lorsque tes mauvaises actions te feront périr, ou que tes remords te suffiront lorsque tes pieds trébucheront sur le Pont, ou que ta famille aura pitié de toi lorsque tu seras ressuscité? Oh que non! Par Allah, comme est mauvais ce que tu imagines. Alors là-bas, tu sauras

---

92 Voir *Kitab Ez-Zouhd wa Raqa'iq* d'Ibn El-Moubarak, p. 88. [Mais cet *athar* - texte massivement transmis par les Anciens - a été rapporté selon une chaîne de transmission faible: voir la correction de ce livre à laquelle Ahmed Farid a procédé: au *athar* nº 248].

inévitablement que dans le bas monde tu ne te soumettais pas à ce qu'Allah t'avait décrété comme part *[te revenant]*, que tu ne te rassasiais pas de l'illicite, que tu n'écoutais pas les exhortations, que tu n'étais pas dissuadé par la menace du châtiment, parce que ton habitude était de fluctuer avec les passions de ton âme et d'agir à l'aveuglette, et parce que l'accumulation de ce que tu possédais te plaisait.

Vraiment, tu ne penses pas à ce qui t'attend devant toi. Ô toi, qui t'es endormi dans l'inattention et t'es éveillé dans la folie, jusqu'à quand cette inattention et cette négligence vont-elles durer? Prétends-tu que l'on ne fera pas attention à toi, que Demain tu ne rendras pas de comptes? A moins que tu croies que la mort accepte les pots-de-vin? Ou crois-tu faire la distinction entre le rationnel et les pots-de-vin?

Oh que non! Par Allah, les biens et les enfants ne repousseront pas pour toi la mort. Seules les œuvres pieuses de ceux qui sont agréés seront utiles. Alors sera pleinement heureux celui qui, dans le bas monde, entend et comprend, confirme ce qu'il prétend, préserve son âme de la passion, sait que le gagnant est celui qui se dissuade, et sait que l'homme n'obtient que le fruit de ses efforts et qu'ils lui seront présentés au Jour de la Résurrection. Prends donc garde à ce sommeil et accomplis de bonnes œuvres qui seront une provision pour toi dans l'Au-delà. N'espère pas les rangs des gens vertueux alors que tu persistes dans les péchés et que tu commets les actes des personnes débauchées. Sache qu'Allah te voit lorsque tu es seul, et ne sois pas induit en erreur par l'espoir de longévité afin de t'enrichir dans le bas monde, sinon tu abandonneras les actes pieux. Les vers suivants ont été composés:

Ravitaille-toi, dans le bas monde, en vue de l'Au-delà
Et reçois les meilleures provisions, en te levant pour Allah.
N'amasse pas les biens du bas monde en grande proportion

Car les richesses s'amassent pour être destinées à la destruction.
Serais-tu satisfait d'être en compagnie de personnes approvisionnées, tandis que toi, tu es dépouillé?

Quelqu'un d'autre a dit:

Si tu ne voyages pas avec la piété comme provision
Et qu'après la mort tu rencontres celui qui a des provisions,
Tu regretteras de ne pas être comme lui,
De ne pas t'être approvisionné comme lui.[93]

§ 4 - Des modèles d'exhortations de poètes

Chez les Arabes, les poètes ont beaucoup évoqué la mort et son exhortation, comme le poème suivant:

Toutes ces choses que tu vois, rien de semblable ne subsistera,
Tous tes biens et enfants, à néant seront réduits, Seul la Divinité subsistera.
Les trésors d'Hourmouz ne lui sont bénéfiques en rien,
Les 'Ad ont tenté d'être éternels, mais ils ne le sont en rien.
Ni Salomon à qui les vents étaient soumis, à qui humains et djinns obéissaient.
Mais où sont passés ces rois pour la puissance de qui les délégués de tous les pays accouraient?
Ah! Mais il y a là-bas un bassin où l'on s'abreuve inéluctablement,
Et il faudra bien s'y abreuvé un jour, comme ils s'y sont abreuvés inévitablement.

---

93 *Tadhkiratou* de Qortobi, p. 91.

Un autre a dit:

Nous avons déjà marché les pas décrétés
Celui à qui des pas sont décrétés, les marchera.
Nous avons déjà reçu les différents vivres décrétés
Celui qui ne les a pas encore perçus, les percevra.
Celui pour qui, sur une terre, la mort a été décrétée
Sur une autre terre, il ne mourra.

Un autre a aussi dit:

Si un jour, responsable d'un groupe tu es,
Sache que tu seras, après ce jour, interrogé.
Si vers sa tombe, une dépouille mortelle tu as transporté,
Sache que tu seras, après elle, transporté.

Un autre a également dit:

Ramasse des provisions dans le bas monde, car tu ne sais pas,
A la tombée de la nuit, si tu verras le jour se lever.
Combien de mariées parées pour leurs fiancés,
A la tombée de la nuit, leurs âmes ont été capturées.
Combien d'enfants à qui longue vie était espérée,
De qui les âmes, dans la tombe obscure, ont pénétré.
Combien d'hommes bien portants, la mort, ont-ils rencontré,
Sans qu'une maladie les aie touchés.
Combien de patients, touchés par une maladie,
Ont-ils vu le temps passer.
Combien de jeunes gens, jour et nuit, distraits,
Ne savent pas que leurs linceuls ont été tissés.
Combien d'habitants de palais au matin,
Se sont retrouvés au cimetière, en soirée.
Sois donc plein de sincérité, et accomplis toujours le bien:

Se pourra-t-il que tu sois récompensé.
Sois constant dans ta crainte de la Divinité, car, elle est,
Contre les effrois du Lieu du Rassemblement, une sûreté.

Un tout autre a aussi dit:

Suppose que le monde soit aisément amené à tes pieds,
A l'Au-delà ne sera-t-il pas destiné?
Ton monde, à l'ombre qui te couvre, est assimilé,
Puis qui commence lentement à se décliner.

Et un autre de dire:

Ô résident du bas monde: l'heure de ton départ a sonné,
Sache qu'un jour difficile s'annonce tout après.
La mort est accompagnée d'affres: guette-les!
Quand elles s'avanceront, le médecin ne pourra te soigner.
Jusqu'à quand ta négligence, avant la capture, va-t-elle durer?
Or, lorsque la convocation te parviendra, tu y répondras.
Pense donc au jour où l'on te jugera,
Car celui qui y pense est celui qui se repentira.
Il n'y a pas un moment où la mort ne te guettera,
Tous les jours, ses flèches te lancera.
Si aujourd'hui elle te manque, demain elle t'atteindra.

Un autre a également dit:

Chaque jour, ses linceuls, la mort déplie
Tandis que nous omettons ce qui nous est prescrit
Ne t'abandonne donc pas aux éclats de la vie
Même si, de magnifiques parures, elle revêtit.
Où se trouve ce que les amis et voisins ont accompli?
Où se trouvent ceux qui nous tenaient compagnie?
Une boisson empoisonnée, la mort leur aurait-t-elle servi
Les ayant emprisonnés dans la terre et ses replis?

Un autre a encore dit:

> *Offre-toi donc un repentir plein d'espoir, avant que la mort ne soit là et que les langues ne soient liées.*
> *Hâte-toi donc de clore les âmes par cela, car il est la provision et le butin du repentant et du bienfaiteur.*

§ 5 - Les effets du rappel de la mort sur la réforme des âmes

Le rappel de la mort a assurément un grand effet sur la réforme et le redressement des âmes, car ces dernières préfèrent la vie terrestre et ses désirs immédiats, et sont avides de longévité. Il se peut qu'elles éprouvent un désir pour les péchés et la désobéissance, et qu'elles négligent d'accomplir des actes d'obéissances. Par contre, si la mort est toujours présente à l'esprit de l'individu, elle amoindrit à ses yeux la vie terrestre. Ainsi, il s'empresse de se corriger et de redresser ce qu'il y a de sinueux en lui. El-Beihaqi dans son livre *Chou'b El-Imane*, Ibn Hibbane dans son *Sahih*, et El-Bazzar dans son *Musned*, ont rapporté, selon une chaîne de transmission bonne, d'après Anas Ibn Malik (ﷺ) que le Messager d'Allah (ﷺ) a dit:

«Evoquez abondamment ce qui éradique les désirs: la mort. Nul ne l'évoque dans la gêne, sans que sa vie lui paraisse aisée. Nul ne l'évoque dans l'aisance, sans que sa vie lui paraisse exiguë».[94]

Ibn El-Moubarak (ﷺ) a cité que Salih Mura disait: si le rappel de la mort me quitte, cela altère mon cœur.[95]

Ed-Daqaq a dit: celui qui évoque abondamment la mort est honoré de trois choses: l'empressement au repentir, la résignation du cœur à ce qu'Allah a prédestiné comme part, et la vivacité dans l'adoration. Quant à celui qui oublie la mort, il est devancé de trois

---

94 Voir *Sahih El-Jami'e,* vol. 1, p. 388, n° 1222.

95 Voir son livre: *Zouhd wa-Raqa'iq,* p. 88.

choses: l'ajournement du repentir, l'insatisfaction de ce qu'Allah a prédestiné comme part, et la paresse dans l'adoration.[96]

Qortobi a dit: sache que le rappel de la mort provoque la sensation de gêne en cette demeure périssable et l'orientation du cœur vers la demeure éternelle de l'Au-delà, à tout instant.[97]

Il a été rapporté qu'une femme s'est plainte à Aïcha (رضي الله عنها) de la dureté de son cœur. Alors, Aïcha lui a dit: «Evoque fréquemment la mort, cela attendrira ton cœur». Elle a agi ainsi et son cœur s'est attendri.[98]

Qortobi a aussi dit: les savants ont dit: le rappel de la mort dissuade de commettre des péchés, attendrit le cœur dur, ôte la réjouissance en la vie terrestre, et minimise les malheurs.[99]

Qortobi a encore dit: les savants (رحمهم الله) ont dit: il n'y a rien de plus utile aux cœurs - spécialement s'ils sont durs - que de visiter les cimetières. Ceux qui ont un cœur dur doivent le soigner à l'aide de trois choses:

- *La première:* renoncer à leurs mauvaises habitudes en assistant aux assemblées de science sur l'exhortation, le rappel, l'intimidation, l'incitation à accomplir le bien, les récits des gens vertueux, car cela fait partie de ce qui attendrit les cœurs.

- *La deuxième:* le rappel de la mort; il faut souvent évoquer ce qui éradique les désirs immédiats du bas monde, qui sépare les groupes et qui rend les petites filles et les petits garçons orphelins.

- *La troisième:* regarder les personnes agonisantes car observer le mort, assister à ses affres et ses prédispositions, puis méditer sur

96 Voir *Tadhkiratou* de Qortobi, p. 9.
97 *Idem,* p. 8.
98 *Idem,* p. 12.
99 *Ibid.*

cette image après sa mort font partie de ce qui éradique les désirs immédiats des âmes, de ce qui chasse les joies du cœur, de ce qui empêche les yeux de se fermer et les corps de se reposer, de ce qui incite à œuvrer dans le bien et de ce qui fait augmenter l'effort et la fatigue.[100]

Il a été aussi mentionné qu'El-Hassen El-Basri a rendu visite à un malade. Il l'a trouvé à l'agonie. Il s'est alors mis à regarder ses angoisses et la dureté de ce qui lui arrivait. Puis il est rentré chez lui le visage différent, complètement bouleversé. Ils lui dirent: viens manger, qu'Allah te fasse miséricorde! - Il répondit: ô ma famille! Mangez et buvez, vous! Par Allah, j'ai vu la mort pour laquelle je ne cesserai d'accomplir des bonnes œuvres jusqu'à ce que je la rencontre.[101]

Abou Darda' (رضي الله عنه) a dit: celui qui évoque souvent la mort diminue sa joie et sa jalousie.[102]

---

[100] *Ibid.*

[101] *Ibid.*

[102] *Voir la fin du livre Zawa'id Kitab Zouhd* de Nu'eime Ibn Hamad, p. 37.

CHAPITRE 5

L'AME

SECTION PREMIERE

DEFINITION ET ECLAIRCISSEMENT

Il est nécessaire, pour celui qui s'interroge sur l'état suivant la mort de l'être humain, d'avoir une idée de l'âme qui jouira des plaisirs ou au contraire, subira le châtiment, dans l'Au-delà.

Que peut-elle être? A-t-elle des caractéristiques connues? Est-elle une partie du corps ou est-elle une toute autre chose? Si c'est le cas, où se trouve-t-elle dans le corps? Est-elle créée? Y en a-t-il une seule ou plusieurs en l'être humain? Les âmes meurent-elles et comment? Où s'établissent-elles dans le *Barzakh* et lorsqu'elles s'y trouvent, savent-elles ce qui se passe dans le bas monde?

Cheikh El-Islam Ibn Taymiya (ﷺ) a dit: l'âme (*roûh*) qui a été insufflée dans le corps et qui le régit est celle qu'on nomme (nafs) et que l'on sépare du corps au moment de la mort.[1]

---

[1] Voir *Rissala El-'Aql wa Er-Roûh* de *cheikh El-Islam* Ibn Taymiya, dans *Majmou'e Er-Rassa'il El-Mouniriya,* vol. 2, p. 36, ainsi que *Charh 'Aqida-Tahawiya,* p. 445.

Ceux qui ont établi une différence entre *roûh* et *nafs*, et ont cru que ces termes désignent deux choses différentes se sont certes trompés. Celui qui médite sur les Textes que nous avons cités dans notre étude sait que l'âme (*nafs*) qui est saisie par les Anges, avec laquelle ils montent aux cieux, celle qu'il renvoie dans le corps, puis qui est questionnée, qui jouit des faveurs ou qui subit un châtiment est également l'âme (*roûh*) qui, en sortant du corps, est visible et suivie du regard, comme cela a été confirmé dans les Hadiths.

L'âme, cette chose créée, par laquelle la vie existe ou s'anéantit, se nomme en arabe *roûh* et *nafs.* Mais ce sens n'empêche pas que chacun des deux termes, en arabe, soit employé pour diverses significations. Ibn Taymiya a dit: les termes *roûh* et *nafs*, en arabe, expriment plusieurs sens, dont: *roûh* ayant pour signification l'air qui entre et sort du corps humain *(...).*[2]

Le terme *roûh*, en langage coranique, est employé pour nommer Gabriel (paix sur lui), comme dans le verset suivant:

﴾Et l'Esprit Fidèle *(Ar-Roûh Al-Amîne)* est descendu avec cela.﴿ *[Coran 26: 193]*

Il est aussi employé pour désigner le Coran:

﴾C'est ainsi que Nous vous avons révélé un souffle de vie *(roûh)* provenant de Notre ordre.﴿ *[Coran 42: 52]*

Le commentateur de la *Tahawiya* remarque que même si les termes *roûh* et *nafs* s'emploient, en arabe, pour cette douceur divine, la désignation de l'âme par le terme *nafs* s'utilise plus souvent pour désigner celle qui est liée au corps, alors que *roûh* signifie, généralement celle qui en est indépendante.[3]

---

2 Voir *Rissala El-'Aql wa Er-Roûh* dans *Majmou'e Er-Rassa'il El-Mouniriya,* vol. 2, p. 39.

3 Explication de *'Aqida Tahawiya,* p. 444.

Ibn Taymiya a dit: en arabe, l'on nomme l'âme, *nafs,* en considération de son administration du corps, et l'on emploie le mot *roûh* au regard de la grâce et du bienfait provenant d'Allah (ﷻ). C'est à cet égard que le vent, en arabe, est aussi nommé *roûh*, comme le Prophète (ﷺ) a dit: *«Le vent est une miséricorde d'Allah.»*[4]

SECTION 2

L'AME A-T-ELLE DES CARACTERISTIQUES CONNUES?

Etant donné que l'âme est créée d'un genre qui n'a pas de pareil dans le monde des choses existantes, il ne nous est donc pas possible de connaître ses descriptions. Allah (ﷻ) nous a informés qu'elle monte, descend, entend, vit, parle, etc., sauf que ces caractéristiques sont différentes de celle des corps connus. Son ascension, sa descente, son ouïe, sa vue, sa position (debout ou assise) sont d'une nature dont nous n'avons aucune connaissance.

Le Messager d'Allah (ﷺ) nous a informés que: l'on monte avec l'âme jusqu'aux cieux élevés, puis qu'on la renvoie à la tombe en un instant. Il nous a aussi avisés que, dans sa tombe, elle jouit des faveurs ou qu'elle se fait châtier. Il n'y a aucun doute que ces faveurs, telles qu'elles sont, sont différentes de ce que nous connaissons dans le bas monde.

---

4 Rapporté par Boukhari dans *Adab El-Moufrad*, par Abou Daoud et El-Hâkim.

SECTION 3

L'INDEPENDANCE DE L'AME VIS-A-VIS DU CORPS

Un groupe d'innovateurs, parmi les gens du *'ilm al-kalam* ('parathéologie'), comme les Jahmites et les Mu'tazilites, considèrent que l'âme est une partie du corps ou une de ses caractéristiques, comme certains d'entre eux qui disent: elle est le souffle ou l'air qui va et vient dans le corps, ou: elle est la vie ou la nature ou le corps lui-même.[5]

Il est des philosophes qui admettent que l'âme subsiste après sa séparation du corps. Cependant, ils la décrivent de manière erronée, prétendant que lorsqu'elle quitte le corps, elle devient un esprit. Pour eux, l'esprit n'a ni rapport ni un sens du corps: il subsiste par lui-même, il ne se distingue ni par le mouvement ni par l'inertie et ne se renouvelle nullement.[6]

Assurément, ces gens-là sont confus dans leurs propos au sujet de l'âme. Quant aux gens du *Kalam*, innovateurs et blâmables, qui ont affirmé qu'elle est la vie ou la nature ou le corps lui-même, ils ont pour la plupart renié le châtiment de la tombe, en affirmant qu'il n'y en a aucune qui jouit des faveurs ou subit un châtiment après la mort dans le *Barzakh*. Ils ont, pour ainsi dire, renié les Textes qui confirment cela.

Quant aux philosophes qui ont prétendu que l'âme *(roûh)*, à sa séparation du corps, devient un esprit, ils ont dit: lorsqu'elle quitte le corps, aucun état dont elle jouissait ne se reproduit pour elle: ni

---

[5] Voir *Majmou'e El-Fatawa* d'Ibn Taymiya (vol.3, p. 31) et *Rissala El-'Aql wa Er-Roûh* dans *Majmou'e Er-Rassa'il El-Mouniriya*, vol. 2, p. 21.

[6] Voir *Rissala El-'Aql wa Er-Roûh* dans *Majmou'e Er-Rassa'il El-Mouniriya*, vol. 2, p. 21.

science, ni plaisir, ni rien de ce qui peut se renouveler. Mais, pour eux, elle subsiste, pour toujours et à jamais, dans un seul et unique état, comme ils le prétendent pour la raison et le *nafs*.[7]

Un groupe de philosophes décrivent l'âme de la même manière qu'ils le feraient pour Allah (ﷻ), en utilisant des qualificatifs inimaginables. Ils disent qu'elle n'est ni à l'intérieur, ni à l'extérieur du corps, qu'elle n'en diffère pas, ni n'interfère avec lui, qu'elle ne bouge pas, mais n'est pas immobile, qu'elle ne monte pas, et ne descend pas, non plus. Ce n'est ni un corps, ni un sens.[8]

La raison, qui a induit en erreur ces deux groupes, provient du fait qu'ils se sont appuyés sur leur raison (sans référence au Coran et à la Sunna) et sur des unités qu'ils ont établies pour la recherche d'une chose appartenant au domaine de l'Invisible. Le premier groupe a rejeté l'existence de l'âme, indépendamment du corps: c'est, donc démentir les Textes *mutawâtir* (à chaîne de transmission massive) et rejeter un point connu par obligation religieuse.

Les philosophes qui, on l'a vu plus haut, admettent que l'âme subsiste après sa séparation du corps tout comme ceux qui ont suivi leur chemin, affirment que l'existence de l'âme est indépendante du corps mais, du moment"qu'elle n'est ni de la nature de ce corps, ni de celle des éléments et de ce qui en naît; elle est d'une autre nature, différente de l'une et de l'autre''.[9]

Il leur est difficile de la définir et de l'imaginer. Leurs interprétations et leurs unités pour la définir et l'imaginer sont restreintes. Allah (ﷻ) a guidé ceux qui ont répondu à Son appel et à celui de Son Messager (ﷺ) et ont eu foi en ce qu'Il a révélé. Ils ont appris que l'âme est une substance différente de celle de ce corps

---

7 *Idem*, p. 22.
8 Voir *Majmou'e El-Fatawa*, vol. 3, p. 31.
9 *Majmou'e El-Fatawa*, vol. 3, p. 32.

palpable. C'est une matière lumineuse, d'un ordre supérieur, légère, vivante, mobile qui pénètre au cœur des membres, y circulant comme l'eau dans la rose, l'huile dans l'olive et le feu dans le charbon. Tant que ces membres sont disposés à recevoir les effets abondants de ce corps délicat et qu'elle reste enchevêtrée à eux, elle leur fait jouir de ces phénomènes que sont la sensation, le mouvement et la volonté. Si ces membres dégénèrent par l'envahissement de liquides organiques, et qu'ils ne sont plus en mesure d'accepter ces effets, alors elle quitte le corps et se dirige vers le monde des âmes.[10]

Nous avons cité, dans les replis de notre étude, de nombreuses preuves qui confirment que l'âme est indépendante du corps, comme les Paroles d'Allah (ﷻ):

﴾Allah reçoit les âmes au moment de leur mort, ainsi que celles qui ne meurent pas au cours de leur sommeil. Il retient celle à qui Il a décrété la mort.﴿ *[Coran 39: 42]*

﴾Si tu voyais lorsque les Anges arrachaient les âmes aux mécréants! Ils les frappaient sur leurs visages et au-dessous de leurs *[dos]*.﴿ *[Coran 8: 50]*

﴾Et que les Anges leur tendront les mains *[en disant]:* laissez sortir vos âmes.﴿ *[Coran 6: 93]*

---

[10] Cette définition est celle d'Ibn El-Qayim qu'il a donnée dans son livre *Er-Rouh.* Safaarini l'a rapportée d'après lui dans son livre *Lawami'e El-Anwar El-Bahiya* (vol. 2, p. 29), et il la lui a attribuée. Le commentateur de *'Aqida-Tahawiya* l'a mentionnée textuellement sans l'attribuer à quiconque (p. 443). Ibn El-Qayim a dit, après avoir cité cette définition: cet avis est la vérité en ce qui concerne cette question. Nul autre définition n'est juste, et tout ce qui est dit, en dehors de cela, est faux. De plus, elle est confirmée par le Coran et la Sunna, ainsi que le consensus des compagnons, par la raison et l'instinct. Ensuite, Ibn El-Qayim a mentionné quinze preuves et a excellé de manière instructive dans sa démonstration de la fausseté des propos d'Ibn Sina, d'Ibn Hazm et de ceux qui ont adopté leur pensée.

﴿Mais non! Quand l'âme en arrive aux clavicules, et que l'on dit: qui est exorciste? Et qu'il est convaincu que c'est la séparation, et que la jambe s'enlace autour de l'autre, c'est vers ton Seigneur, ce jour-là, que tu seras conduit.﴾

[Coran 75: 26-30]

﴿Lorsque *[l'âme]* parvient à la gorge, et qu'à ce moment-là vous regardez...﴾ *[Coran 56: 83-84]*

Ce qui est saisi, arraché par les Anges, qui parvient à la gorge et aux clavicules et qui sera conduit au Jour de la Résurrection vers le Seigneur (ﷻ), doit être quelque chose de réel et de différent du corps.

Nous avons cité également les Hadiths dans lesquels le Messager d'Allah (ﷺ) nous informe que l'Ange de la mort saisit l'âme, que les autres Anges la placent ensuite dans un linceul du Paradis ou un cilice de l'Enfer, en fonction de sa réussite ou de sa perversion, qu'on part avec elle après dans une ascension aux cieux élevés là où leurs portes lui sont ouvertes si elle est vertueuse et se referment devant elle si elle est mauvaise. Qu'ensuite, elle est renvoyée au corps dans sa tombe là où elle est questionnée: alors, elle jouira des faveurs ou subira un châtiment. Il nous a aussi informés que les âmes des martyrs sont placées dans des gosiers d'oiseaux verts, celles des croyants dans d'autres oiseaux, et qu'ils se nourrissent des arbres du Paradis. Il a également informé que lorsque l'âme est saisie, la vue la suit. Il existe encore d'autres textes qui, dans leur ensemble, donnent une preuve convaincante que l'âme est une chose différente du corps et qu'elle subsiste après s'en être séparée.

SECTION 4

LA LOCALISATION DE L'AME DANS LE CORPS

L'âme circule dans tout le corps de l'être humain. Ibn Taymiya a dit: l'âme n'a aucune particularité dans le corps, mais elle y circule comme la vie qui est une nature dans l'ensemble du corps. La vie est certes conditionnée par l'âme: si cette dernière est dans le corps, celui-ci est vivant, si elle s'en sépare, alors la vie le quitte.[11]

SECTION 5

L'AME EST CREEE

Un groupe de philosophes pensent que l'âme n'a pas été créée, mais qu'elle a toujours et éternellement existé, sans toutefois faire partie de l'Etre du Seigneur. Leurs propos sur l'âme sont les mêmes propos qu'ils tiennent sur la raison et les âmes angéliques. Certaines personnes, affiliées à ces philosophes, pensent aussi que les âmes sont les Anges.

Une autre catégorie d'athées et de gens égarés de cette communauté, que sont les gens du *Kalam* ('parathéologie'), les soufis et les innovateurs, pensent que l'âme provient de l'Etre d'Allah (ﷻ). Ces personnes-là - comme l'a affirmé Ibn Taymiya - tiennent des propos pires que ceux des autres. Ceux-là ont fait de l'être humain deux parties: une divine qui serait son âme, et l'autre humaine qui serait son corps, c'est-à-dire un Seigneur, et un adorateur.[12]

---

[11] Voir *Rissala El-'Aql wa Er-Roûh* dans *Majmou'e Er-Rassa'il El-Mouniriya,* vol. 2, p. 47.

[12] *Majmou'e El-Fatawa,* vol. 4, p. 222.

Or, la vérité qui ne peut être contredite est que l'âme est créée d'une façon sans pareil. Cela est confirmé par plusieurs points:

1- Le consensus des savants: Cheikh El-Islam Ibn Taymiya a dit: l'âme de l'être humain est créée d'une façon sans pareil. Tous les Prédécesseurs de cette communauté, ses guides religieux et l'ensemble des gens de la Sunna sont en accord sur ce fait. Le consensus des savants, sur le fait qu'elle est créée, a été rapporté par plusieurs personnes parmi les imams des musulmans, comme Mohammed Ibn Nasr El-Marwadhi - le célèbre imam qui était le savant le plus éminent ou l'un des savants les plus éminents de son époque au sujet des consensus et des divergences - et Abou Mohammed Ibn Qoteiba qui, en parlant de l'âme, a dit: tout le monde a été unanime à affirmer qu'Allah (ﷻ) est le Créateur du corps et de l'âme...

Abou Is'haq Ibn Châqella a dit, en répondant à la question de savoir si l'âme est créée: ceci fait partie de ce que celui qu'Allah a conduit à la vérité ne doute point... et l'âme fait partie, sans aucun doute, des choses créées.

Des groupes de grands savants et de cheikhs ont certes traité cette question et ont fortement répondu à ceux qui prétendent qu'elle n'est pas créée.

Abou Abdallah Ibn Mundah a composé un volumineux livre sur l'âme, dans lequel il a cité beaucoup de Hadiths et *d'âthâr* (textes hérités des anciens). Il a été précédé dans cette entreprise par l'imam Mohammed Ibn Nasr El-Marwadhi, ainsi que par le cheikh Abou Ya'qoub El-Kharraz, *El Qâdhi* Abou Ya'la et d'autres. Ceci a été cité par de grands savants. Ils ont fortement désapprouvé ceux qui affirment que l'âme de Jésus fils de Marie n'a pas été créée, notamment au sujet des autres âmes, comme l'a mentionné l'imam Ahmed dans son livre *Rad 'ala El-Zanadiqa wa El-Jahmiya.*[13]

---

[13] Voir *Majmou'e El-Fatawa* de *cheikh El-Islam* Ibn Taymiya, vol. 3, p. 216.

2- Le Coran et la Sunna: Les preuves du Coran et de la Sunna, indiquant que l'âme est créée, sont nombreuses, comme la Parole d'Allah (ﷻ):

﴾Allah est le Créateur de toute chose.﴿ *[Coran 13: 16]...*

Le commentateur de la *Tahawiya* a dit, après avoir cité ce verset comme argument: ceci est général, et il n'y a de spécification en aucun cas.[14]

Parmi ces preuves, il y a aussi la Parole d'Allah (ﷻ):

﴾S'est-il écoulé, pour l'homme, un laps de temps durant lequel il n'était même pas une chose notoire?﴿ *[Coran 76: 1]*

Ainsi que sa Parole à Zacharie:

﴾Je t'ai créé alors que tu n'étais rien.﴿ *[Coran 19: 9]*

L'être humain est un nom qui désigne l'âme et le corps. Le discours d'Allah (ﷻ) à Zacharie est destiné à son âme et à son corps. Ibn Taymiya a dit: l'être humain est une expression qui désigne le corps et l'âme conjointement, ou plutôt plus spécialement l'âme que le corps qui est certes une monture pour l'âme, comme l'a dit Abou Darda' (ﷺ): «Mon corps est ma monture. Si je la traite avec bienveillance, elle me fera parvenir à mon objectif, et si je ne la traite pas avec bienfaisance, elle ne m'y fera pas parvenir.»

Ibn Mundah et d'autres ont rapporté ceci d'Ibn Abbas (ﷺ) qui a dit: «Au Jour de la Résurrection, les querelles seront telles que l'âme se disputera avec son corps. L'âme dira au corps: toi, tu as commis les péchés. Le corps répondra: c'est toi qui as ordonné. Alors Allah enverra un Ange qui tranchera entre eux.

Il leur dira: vous êtes semblables à l'infirme et l'aveugle qui entrent dans un jardin dont les arbres sont remplis de fruits pendants

[14] Voir Explication de *'Aqida Tahawiya,* p. 442.

par les branches. L'infirme dit à l'aveugle: je vois des fruits, mais je ne peux les atteindre. Alors l'aveugle répond: par contre, moi je peux les atteindre, mais je ne les vois pas. Alors l'infirme dit à l'aveugle: viens et porte-moi pour que j'en fasse la cueillette. Alors l'aveugle le porte et l'infirme commence à lui donner des ordres et à le diriger là où il veut, puis il cueille les fruits.

Puis, l'Ange dira: lequel des deux doit être puni? - L'âme et le corps répondront: tous deux. L'Ange dira: il en est de même pour vous deux.»[15]

3- Nous avons cité, dans notre étude, de nombreux Textes du Prophète (ﷺ), dénotant que l'âme est saisie, placée dans un linceul et dans un baume *(hanôte)* amenés par les Anges, qu'on monte avec elle aux cieux, qu'elle jouit des faveurs ou se fait châtier, qu'elle est également saisie durant le sommeil, puis renvoyée à son corps. Tout cela est relatif à ce qui est créé.

4- Si elle n'était pas créée et n'avait pas de Seigneur, elle n'aurait pas reconnu la Seigneurie d'Allah (ﷻ), lorsque Allah (ﷻ) a dit aux âmes, en prenant leur engagement lorsqu'Il eut tiré la descendance des reins d'Adam: «Ne suis-Je pas votre Seigneur?» - Et ils répondirent: oui, certes. Telle est la Parole d'Allah (ﷻ) dans ce verset:

> ﴿Quand ton Seigneur tira une progéniture des dos des enfants d'Adam et les fit témoigner sur eux-mêmes: «Ne suis-Je pas votre Seigneur?» - Ils dirent: mais si! nous en témoignons...﴾ *[Coran 7: 172]*

Dès lors qu'Il est leur Seigneur, ils sont créés et sont sous Ses ordres et dépendent de Lui (ﷻ).

---

[15] *Majmou'e El-Fatawa*, vol. 4, p. 222.

5- Si les âmes n'étaient pas créées, il n'y aurait pas lieu de réprimander les chrétiens pour l'adoration qu'ils vouent à Jésus, ni pour leur parole:"Il est le fils d'Allah ou il est Allah''!

6- Si l'âme n'était pas créée, il serait impossible qu'elle puisse être destinée à aller en Enfer, qu'elle puisse se faire châtier, un voile ne l'empêcherait pas de voir Allah (ﷻ), elle ne serait pas invisible dans le corps, l'Ange de la mort ne serait pas en mesure de la saisir, elle ne serait pas une image que l'on peut décrire, il ne lui serait pas demandé des comptes, elle ne vouerait pas d'adoration, elle ne ressentirait ni peur, ni espoir. De plus, les âmes des croyants brillent et celles des mécréants sont noires comme le charbon.[16]

SECTION 6

LES SUSPICIONS DE CEUX QUI PRETENDENT QUE L'AME N'EST PAS CREEE

Première suspicion:

Ceux qui ont affirmé que l'âme n'a pas été créée, prennent appui sur des propos comme la Parole d'Allah (ﷻ):

﴾Et ils t'interrogent au sujet de l'âme (*roûh*), dis: l'âme *[relève]* de l'ordre de mon Seigneur.﴿ *[Coran 17: 85]*

La réponse à cela est de plusieurs aspects:

1°- *Er-Roûh*, ici, ne désigne pas l'âme de l'être humain, mais désigne le nom de l'Ange, comme le Très-Haut a dit:

---

16 Abou Sa'id El-Kharraz s'est argumenté des trois dernières preuves citées. Celui-ci était l'un des plus grands savants parmi les imams de l'époque de Jounayd, d'après ce qu'Ibn Taymiya a rapporté de lui. Voir *Majmou'e El-Fatawa,* vol. 4, p. 220.

﴾Le jour où *Er-Roûh* et les Anges se dresseront en rangs...﴿
[Coran 78: 38]

﴾Les Anges ainsi que *Er-Roûh* montent vers Lui...﴿
[Coran 70: 4]

﴾Durant celle-ci *[la Nuit du Destin]* descendent les Anges ainsi que *Er-Roûh*, avec la permission de leur Seigneur.﴿
[Coran 97: 4]

Cette affirmation au sujet de l'interprétation du verset est connue et célèbre chez les savants Prédécesseurs.

2°- Si dans ce verset, *roûh* désigne l'âme de l'être humain - comme ceci est l'avis d'un groupe de savants des Prédécesseurs - il n'y a rien qui prouve, dans ce verset, que l'âme n'est pas créée et qu'elle est une partie de l'Etre d'Allah (ﷻ), comme on dit: ce lambeau *provient* de ce vêtement.

Mais le sens visé, dans le verset, est qu'elle relève d'Allah (ﷻ), car c'est par Son ordre qu'elle a été créée ou c'est par Sa Parole *«Sois»* qu'elle a existé. Avec le mot *ordre* dans le Coran, l'on veut signifier parfois le nom du verbe ordonner, et parfois le participe passé du verbe, c'est-à-dire ce qui a été ordonné, comme la Parole d'Allah (ﷻ):

﴾L'ordre d'Allah arrive, ne le hâtez donc pas.﴿ *[Coran 16: 1]*

C'est-à-dire: ce qui a été ordonné arrive.

Il est possible d'affirmer que la particule *min:* مِنْ, dans le verset: ﴾مِنْ أَمْرِ رَبِّي﴿ = ﴾*min amri Rabbî*﴿ = ﴾*[relève]* de l'ordre de mon Seigneur﴿ *[Coran 17: 85]*, désigne le lieu d'origine.

Il est connu, dans la grammaire arabe, que la particule *min:* مِن s'emploie pour définir la nature, comme dans l'expression:

بَابٌ مِنْ حَدِيدٍ: *baboun min hadidin*: une porte *en* fer.

Il est connu que cette particule s'emploie également pour définir le lieu d'origine, comme l'expression:

خَرَجْتُ مِنْ مَكَّةَ: *kharajtou min Makkata*: je suis sorti *de la* Mecque.

Donc, ce verset n'est pas un texte qui dénote que l'âme est une partie de l'ordre et qu'elle est de sa nature, mais que c'est son"lieu d'origine'' dès lors qu'elle a été créée grâce à lui et a émané de lui. Telle est la signification de la réponse de l'imam Ahmed au sujet de l'explication de la Parole d'Allah (ﷻ)

﴾Un souffle *[provenant]* de Lui [= *roûh min-hou*]﴿:

puisqu'Il a dit: (*min-hou*) de Lui, l'on affirme que le souffle provient de Son Ordre, comme dans Ses Paroles:

﴾Il vous a soumis tout ce qui est dans les cieux et sur la terre, le tout venant de Lui.﴿ *[Coran 45: 13]*

﴾Tout ce que vous avez comme bienfait provient d'Allah.﴿ *[Coran 16: 53]*

Dès lors que les bienfaits et ce qui a été soumis proviennent d'Allah (ﷻ) et qu'ils ne sont pas une partie de Son Etre, mais de Sa part. Sa Parole:

﴾Un souffle [provenant] de Lui [= *roûh min-hou*]﴿

au sujet de Jésus fils de Marie ne signifie pas que son âme est une partie de l'Etre d'Allah.

Deuxième suspicion:

La Parole d'Allah (ﷻ) au sujet d'Adam:

﴾... Et que Je lui aurai soufflé de Mon âme.﴿ *[Coran 15: 29]*

Et Sa Parole au sujet de Jésus fils de Marie:

﴿Nous insufflâmes en elle *[Marie]* de Notre souffle.﴾
[Coran 21: 91]

Ces personnes ont dit qu'Allah S'est attribué l'âme...

Le commentateur de la *Tahawiya* a répondu à cela en disant: il faut savoir que la forme possessive attribuée à ALLAH (ﷻ) est selon deux manières:

La première: L'attribution de descriptions qui n'existent pas en elles-mêmes, comme la Science, la Puissance, la Parole, l'Ouïe, la Vue.... Celles-ci se rapportent donc à Celui à qui elles ont été attribuées. Autrement dit, elles Lui appartiennent. On aurait pu dire, alors: Sa Science, Sa Parole, Sa Volonté, Sa Vie Son Visage et Sa Main....

La seconde: L'attribution de choses détachées de Lui, comme la Maison, la chamelle, le serviteur, le Messager, le souffle, citées dans Ses Paroles:

﴿La chamelle *d'*Allah et son breuvage.﴾ *[Coran 91: 13]*

﴿Que soit exalté Celui qui a fait descendre le Discernement [le Coran] sur Son serviteur.﴾ *[Coran 25: 1]*

﴿Et purifie Ma Maison pour ceux qui tournent autour.﴾
[Coran 22: 26]

Il s'agit donc de choses attribuées à leur Créateur. Cependant, l'attribution indique une spécification et une illustration par lesquelles une distinction est donnée au substantif.[17]

---

[17] Voir le livre *Charh 'Aqida-Tahawiya*, p. 442, et *Rissala El-'Aql wa Er-Roûh* dans *Majmou'e Er-Rassa'il El-Mouniriya,* vol. 2, p. 38.

SECTION 7

LES AMES SONT DIFFERENTES

Allah (ﷻ) nous a informés qu'il existe trois sortes d'âme:

- L'âme incitatrice au mal, comme Allah (ﷻ) a dit dans ce verset:

﴾... L'âme est très incitatrice au mal, sauf ce que mon Seigneur préserve par miséricorde.﴿ *[Coran 12: 53]*

- L'âme désapprobatrice, comme Allah (ﷻ) a cité dans ce verset:

﴾Mais non! Je jure par l'âme qui ne cesse de se blâmer...﴿ *[Coran 75: 2]*

- Et l'âme confiante, comme dans le verset d'Allah (ﷻ):

﴾Ô toi, âme confiante! Retourne vers ton Seigneur, satisfaite et agréée. Entre donc parmi Mes serviteurs, et entre dans Mon Paradis.﴿ *[Coran 89: 27-30]*

Cela ne signifie pas que chaque être humain possède trois âmes, mais cela désigne des descriptions et des états d'une seule et même entité. Si les passions dominent l'âme par l'accomplissement de péchés, elle est alors l'âme incitatrice au mal. Si elle commet des péchés puis elle se repent, elle est alors l'âme désapprobatrice, car elle a des remords pour les péchés commis: elle hésite entre faire le bien et faire le mal. Quant à l'âme confiante, c'est celle qui aime le bien, les œuvres pieuses, qui les désire, et qui réprouve le mal et les péchés; cela devient pour elle un comportement, une habitude et une faculté.[18]

---

[18] Référez-vous à *Rissala El-'Aql wa Er-Roûh* dans *Majmou'e Er-Rassa'il El-Mouniriya*: vol. 2, p. 41.

Le commentateur de la *Tahawiya*, après avoir énuméré les trois sortes, a dit: la réalité est qu'il n'existe qu'une seule âme, ayant plusieurs descriptions: elle est incitatrice au mal, mais si la foi lui fait opposition, elle devient désapprobatrice: elle commet le péché puis elle se le reproche, hésitant entre commettre le péché et le délaisser. Puis, si sa foi augmente au point d'être forte, elle devient confiante.[19]

SECTION 8

LES AMES MEURENT-ELLES?

Ibn Taymiya a dit: sans aucun doute, les âmes sont créées, ne disparaissent pas, ne sont pas réduites à néant et leur mort est le fait d'être séparées du corps. Puis, au deuxième Son du Clairon, les âmes seront replacées dans leurs corps.[20]

Le commentateur de la *Tahawiya* a traité la question et a dit: les gens sont en divergence sur la question: l'âme meurt-elle ou non? Un groupe de savants a dit: elle meurt car chaque âme goûtera à la mort. Dès lors que les Anges meurent, les âmes humaines meurent, à plus forte raison. D'autres ont dit: les âmes ne meurent pas, car elles ont été créées pour l'Eternité. Ce sont seulement les corps qui meurent. Puis ils ont ajouté: cela a été prouvé par les Hadiths indiquant que l'âme jouit des faveurs ou subit un châtiment dans la tombe, après sa séparation et sa sortie du corps. Si on sous-entend sa mort dans ce sens, alors elle y goûtera, mais si l'on sous-entend qu'elle disparaît et est réduite à néant, alors cette expression ne signifie pas qu'elle meurt, car elle subsistera, soit dans le délice soit dans le châtiment. Allah (ﷻ) a informé au sujet des habitants du Paradis que:

---

[19] *Charh 'Aqida-Tahawiya,* p. 445.

[20] *Majmou'e El-Fatawa,* vol. 4, p. 279.

﴾Ils n'y goûteront pas la mort, sauf leur mort première.﴿

[Coran 44: 56]

Cette mort est la séparation de l'âme du corps, *conclut le commentateur.*[21]

SECTION 9

L'ETABLISSEMENT DES AMES DANS LE *BARZAKH*

Les âmes des serviteurs occupent des degrés différents dans le *Barzakh*. Nous avons examiné les Textes cités à ce sujet et nous en avons tiré la répartition suivante:

Premièrement: les âmes des Prophètes

Celles-ci se situent au meilleur degré: au lieu le plus élevé auprès des Compagnons aux degrés élevés. La noble Aïcha (ﵺ) a entendu le Messager d'Allah (ﷺ) choisir, au dernier instant de sa vie, en disant: *«Ô Allah!* [Je choisis] *le Compagnon Sublime!»*[22]

Deuxièmement: les martyrs

Ces derniers sont auprès de leur Seigneur qui les nourrit. Allah (ﷻ) a dit:

﴾Ne pense pas que ceux qui ont été tués pour la cause d'Allah soient morts, au contraire, ils sont vivants auprès de leur Seigneur, recevant leur subsistance.﴿ *[Coran 3: 169]*

Masrouq a questionné Abdallah Ibn Massoud (﵁) au sujet de ce verset, et Abdallah a répondu: nous avons interrogé le Prophète (ﷺ)

---

[21] *Charh 'Aqida-Tahawiya,* p. 446.

[22] *Sahih* de Boukhari, livre *Riqaq* - chapitre: celui qui aime rencontrer Allah; voir *Fat'hou El-Bâri,* vol. 11, p. 357.

à ce sujet, *[et il a dit]*: *«Leurs âmes sont dans des corps d'oiseaux verts. Elles ont des lampes* [en or] *suspendues* [à l'ombre] *du Trône. Elles se déplacent là où elles veulent dans le Paradis, puis elles se retirent dans ces lampes.»*[23]

Il s'agit là des âmes de certains martyrs et non de tous les martyrs, car les âmes de certains d'entre eux sont empêchés d'entrer au Paradis à cause d'une dette, comme cela a été rapporté dans le *Musned* d'après Abdallah Ibn Jahch: un homme est venu vers le Prophète (ﷺ) et a demandé: ô Messager d'Allah! Quelle est ma récompense si je suis tué dans le chemin d'Allah? - Il lui a répondu: *«Le Paradis»*. Puis, lorsqu'il s'en est allé, il a ajouté: *«Sauf l'*[Homme] *endetté. Gabriel me l'a confié antérieurement.»*[24]

Troisièmement: les âmes des croyants vertueux

Celles-ci sont des oiseaux qui se nourrissent des arbres du Paradis. On a rapporté d'après Abderrahman le fils de Ka'b Ibn Malik (رضي الله عنه) que le Prophète (ﷺ) a dit: *«L'âme du musulman est un oiseau qui mange des arbres du Paradis, jusqu'à ce qu'Allah la restitue à son corps au Jour de la Résurrection.»*[25]

La différence entre les âmes des croyants et celles des martyrs, est que celles des martyrs se trouvent dans des gosiers d'oiseaux verts

---

[23] Rapporté par Mouslim dans son *Sahih*, voir *Michkatou El-Massabih,* vol. 2, p. 351.

[24] Le cheikh El-Albani, dans son commentaire de *Charh 'Aqida-Tahawiya*, a dit: ce Hadith est authentique, p. 445. Nous avons déjà cité plus d'un Hadith allant dans ce sens.

[25] Ce Hadith a été rapporté par Ahmed. Le cheikh El-Albani l'a cité dans son livre *La Chaîne des Hadiths Authentiques,* vol. 2, p. 730, nº 995, et il a dit: ce Hadith est authentique selon les conditions établies par Boukhari et Mouslim. Il a été également rapporté par Ibn Majah dans ses *Sunan*, par Malik dans son *Mouwatta'* et par Nassaï avec les termes suivants: *«Les âmes des croyants sont dans des corps d'oiseaux verts qui mangent des arbres du Paradis.»*

qui se déplacent dans les jardins du Paradis pour s'alimenter, puis elles se retirent dans des lampes en or, leur servant de nid, suspendues à l'ombre du Trône d'Allah (ﷻ). Quant à celles des croyants, elles se trouvent dans des corps d'oiseaux qui mangent des arbres du Paradis.

Il n'y a pas d'ambiguïté entre le fait que les âmes des croyants sont des oiseaux se nourrissant des arbres du Paradis et l'autre Hadith d'Abou Houraïra (رضي الله عنه) où le Messager d'Allah (ﷺ) mentionne que *«les Anges enlèvent l'âme du serviteur croyant, qu'ils montent avec elle aux cieux et que les Anges disent:"Quelle est cette bonne odeur qui est venue de la terre?" Puis, ils n'arrivent pas à un ciel, sans qu'ils disent la même chose, jusqu'à ce qu'ils arrivent avec elle, auprès des âmes des croyants. Alors elles éprouvent une joie plus forte que celle des gens qui retrouvent leur absent. Elles disent:"Qu'est devenu untel?" Mais les Anges disent:"Laissez-le afin qu'il se repose, car il était dans les angoisses de la vie terrestre". Il répond:"Il est mort: ne vous est-il pas venu?" - Et les Anges disent:"Il est parti pour sa destination Hâwiya* [un des noms de l'Enfer]."»[26] Cela montre que les âmes des serviteurs croyants se rencontrent au Paradis.

Quatrièmement: les âmes des croyants désobéissants

J'ai cité, précédemment des Textes qui montraient ce que les musulmans désobéissants rencontraient comme châtiment, tel celui qui racontait un mensonge que l'on rapportait et qui parvenait aux *[autres]* régions: il est châtié avec des crochets en fer introduits dans sa bouche et qui lui déchirent les commissures des lèvres jusqu'à sa nuque, jusqu'au Jour de la Résurrection. Il y a aussi celui qui dort volontairement au moment des prières obligatoires à qui on fracasse et fend la tête avec un rocher jusqu'au Jour de la Résurrection. Les

---

[26] Ce Hadith a été rapporté par Nassaï dans ses *Sunan,* livre des funérailles - chapitre: ce que rencontre le croyant comme honneur au moment de la sortie de son âme, vol. 4, p. 8.

fornicateurs et les fornicatrices qui sont châtiés, jusqu'au Jour de la Résurrection, dans un trou *[dans un mur]* ressemblant à un four à pain, dont le haut est étroit et le bas large, en dessous duquel flambe un feu. L'usurier, aussi qui nage dans un fleuve de sang au bord duquel un autre homme lui jette une pierre dans la bouche, il est ainsi châtié jusqu'au Jour de la Résurrection.[27] Nous avons également cité les Hadiths qui montrent que celui qui ne se purifie pas et ne se préserve pas de l'urine, que celui qui colporte la médisance entre les gens, que celui qui dérobe une partie du butin, et d'autres encore, se font châtier.

Cinquièmement: les âmes des mécréants

Dans le Hadith d'Abou Houraïra (ﷺ) rapporté par Nassaï, après la description de la situation du croyant jusqu'à ce qu'il atteigne sa demeure au Paradis, est citée celle du mécréant et ce qu'il rencontre au moment de l'arrachement et après l'enlèvement de son âme: quand elle sort, elle dégage la pire odeur cadavérique. Puis, on l'emmène à la porte du premier ciel. Ils disent:"Qu'est mauvaise cette odeur!", jusqu'à ce qu'ils la conduisent auprès des âmes des mécréants.[28]

SECTION 10

UNE AMBIGUITE ET LA REPONSE Y CORRESPONDANT

On pourrait dire: vous avez mentionné des Textes qui montrent que les âmes sont restituées à leurs corps, puis questionnées, que le

---

[27] Voir ce Hadith au chapitre quatrième, quatrième étude, quatrième sujet: les causes du châtiment de la tombe, causes 4 à 7.

[28] *Sunan* de Nassaï, livre des funérailles - chapitre: ce que rencontre le croyant comme honneur au moment de la sortie de son âme, vol. 4, p. 8.

croyant jouit des faveurs et que le mécréant se fait châtier. Comment pouvez-vous affirmer, après cela que les âmes des croyants se trouvent au Paradis et celles des mécréants en Enfer si elles sont restituées à leurs corps dans la tombe?

Ibn Hazm a tenté de prouver que les Hadiths qui mentionnent la restitution de l'âme à son corps dans la tombe sont faibles, mais il n'en est pas ainsi, car ce qu'Ibn Hazm a tenté d'affaiblir est le Hadith rapporté d'après El-Bara' Ibn 'Azib (ﷺ) qui est authentique. De plus, il existe beaucoup de Hadiths authentiques (*moutawâtir)* qui indiquent la restitution de l'âme à son corps, comme l'a affirmé Ibn Taymiya.[29]

En ce qui concerne l'harmonisation des Textes, Ibn Taymiya a dit: les âmes des croyants sont au Paradis même si on les restitue à leurs corps, et parfois elles sont dans leurs corps, de la même manière que lorsqu'elle est montée au ciel pendant le sommeil de la personne. Quant au fait qu'elles sont au Paradis, il existe des Hadiths donnant ce sens général. L'imam Ahmed et d'autres savants ont déterminé cela. Ils ont pris comme arguments les Hadiths cités dans les livres de la Sunna et de ceux spécifiques au sommeil et autres.[30]

Puis il a mentionné certains Hadiths que nous avons cités, et a fait paraître celui d'Abou Houraïra (ﷺ) rapporté par Ibn Hibbane et d'autres, dans lequel est cité que le croyant voit sa place au Paradis après son interrogatoire par les deux Anges, et que le mécréant voit sa place en Enfer:

Le Messager d'Allah (ﷺ) a dit: «... *On lui élargit sa tombe de soixante-dix coudées, on la lui illumine, on rétablit son corps comme Allah l'a créé la première fois, on le place parmi les âmes bonnes qui sont placées dans des oiseaux qui mangent des arbres du Paradis.»*

---

[29] *Majmou'e El-Fatawa*, vol. 5, p. 446.
[30] *Idem,* p. 447

Dans une autre variante: *«Il est un oiseau qui mange des arbres du Paradis.»*

Dans une variante différente, il est cité: *«Puis son corps est rétabli comme Allah l'a créé la première fois.»*

L'âme, comme l'indique le Hadith, est restituée à son corps après son excursion au ciel, elle est questionnée, puis elle devient un oiseau qui se nourrit des arbres du Paradis jusqu'à ce qu'Allah (ﷻ) ressuscite les serviteurs. Même si elle se trouve au Paradis, elle garde un lien avec son corps, comme l'état de l'être humain durant le sommeil: son âme erre dans le royaume des cieux et de la terre tout en ayant un lien avec son corps. Cette jurisprudence est basée sur la définition que l'âme est différente du corps et de ce qui est connu des états des créatures terrestres.

Ibn Taymiya (رحمه الله), après avoir mentionné que les âmes des croyants sont établies dans le Paradis, a dit: malgré cela, elle est en relation avec son corps quand Allah (ﷻ) le veut. Elle est, à cet instant, semblable à l'Ange dans sa descente, à l'apparition des rayons du soleil sur la terre, ou à l'éveil du dormeur.[31]

SECTION 11

LE CHATIMENT DU CORPS, DE L'AME OU DES DEUX?

Les musulmans se sont divisés sur la question:

- Premièrement: *Ahl es-Sunna wa El-Jama'a* qui ont penché, d'après les Textes authentiques, pour le point de vue affirmant que l'âme est détachée de son corps tout en étant en relation avec lui.

---

[31] *Majmou'e El-Fatawa,* vol. 24, p. 365.

Cheikh El-Islam Ibn Taymiya a dit: le châtiment et les faveurs sont subis par le corps et l'âme réunis, selon l'unanimité d'*Ahl es-Sunna wa El-Jama'a*. Parfois, l'âme jouit des faveurs ou subit le châtiment, séparément du corps, et parfois, elle subit le châtiment tout en étant en relation avec son corps, ce dernier étant relié à elle. Le délice ou le châtiment est subi par les deux réunis, dans cette perspective, de la même façon que l'âme peut, parfois, être séparée du corps.

- Deuxièmement: Beaucoup de gens du *'ilm al-Kalam* ('parathéologie'), parmi les Mu'tazilites et d'autres, rejettent totalement les faveurs et le châtiment dans le *Barzakh*. L'origine de cela est leur rejet de l'existence de l'âme indépendante du corps, car pour eux, elle est la vie. A leurs yeux, l'âme ne subsiste pas après la mort,[32] et il n'y a ni délice, ni châtiment jusqu'à ce qu'Allah (ﷻ) ressuscite les serviteurs. Ce sont là les propos de certains Mu'tazilites et de certains Ach'arites, comme *El-Qâdhi* Abou Bakr. Or, il s'agit d'une opinion fausse et il n'y a aucun doute sur sa nullité. Il a été même contredit par Abou Ma'ali El-Jouweini. De plus, plusieurs personnes les gens de la Sunna ont rapporté le consensus des gens de la Sunna sur le fait que l'âme subsiste après sa séparation du corps, et qu'ensuite elle se trouve soit dans le délice, soit dans le châtiment.

- Troisièmement: Les philosophes pensent que les faveurs et le châtiment sont spécifiques, uniquement à l'âme, et que le corps ne jouit d'aucun délice et ne subit aucun châtiment.[33] C'est l'avis d'Ibn Meissara et d'Ibn Hazm qui sont des gens de la Sunna.

- Quatrièmement: Parmi les gens du *Kalam* ('parathéologie'), certains savants ont affirmé que c'est le corps uniquement qui jouit

[32] Ces gens-là, bien qu'ils rejettent le châtiment de la tombe, reconnaissent la Résurrection des corps.

[33] Ces gens-là, bien qu'ils aient reconnu les délices et le châtiment de l'âme après sa séparation de son corps, rejettent la Résurrection.

des faveurs ou subit le châtiment dans la tombe. Ceci est aussi le point de vue d'un groupe de savants du Hadith, dont Ibn Az-Za'ouni.[34]

SECTION 12

LE MORT EST-IL AU COURANT DES FAITS DE LA VIE?

Les Hadiths authentiques ont confirmé que le mort entend le battement des pas sur le sol de ses compagnons, après que ces derniers l'eurent placé dans sa tombe. D'après Anas Ibn Malik (ﷺ), le Messager d'Allah (ﷺ) a dit:

«Quand le serviteur est déposé dans sa tombe, et que ses compagnons s'éloignent de lui, il entend le battement de leurs chaussures sur le sol...»[35]

Trois jours après la bataille de Badr, le Messager d'Allah (ﷺ) s'est arrêté auprès des corps morts des idolâtres et a appelé certains d'entre eux en disant:

«Ô Abou Jahl Ibn Hicham! Ô Oumaya Ibn Khalaf! Ô 'Outba Ibn Rabi'a! Ô Chayba Ibn Rabi'a! N'avez-vous pas trouvé vrai ce que votre Seigneur vous a promis? Quant à moi, j'ai trouvé vrai ce que mon Seigneur m'a promis.»

Omar Ibn El-Khattab (ﷺ) dit alors: ô Messager d'Allah! Comment entendraient-ils alors qu'ils sont des cadavres dégageant une odeur

---

34 Pour ce qui concerne cette question, se référer à *Majmou'e El-Fatawa* de *cheikh El-Islam* Ibn Taymiya, vol. 4, pp. 262-282.

35 Rapporté par Mouslim dans son *Sahih*: livre du Paradis - chapitre: l'exposition au mort de sa place d'Enfer ou de Paradis, vol. 4, p. 2203, nº 2874.

fétide? - Il répondit (ﷺ): *«Ils entendent mieux que vous mes propos, mais ils ne peuvent répondre.»* Puis, il ordonna de les ramener et ils furent jetés dans le puits non façonné (ou ancien) de Badr.[36]

Ibn Taymiya a cité un nombre de Hadiths qui indiquent que les morts entendent, et il a dit: ces Textes et ceux qui leur sont semblables mettent en évidence que le mort entend, de manière générale, les paroles des vivants. Mais il n'est pas systématique qu'il entende toujours. Il se peut plutôt que dans un état il entende, et que dans d'autres, pas. Ceci peut se produire pour le vivant qui, certaines fois, entend les propos de celui qui s'adresse à lui, et, d'autres fois pas, en raison d'un empêchement.[37]

Cheikh El-Islam Ibn Taymiya a résolu l'ambiguïté de ceux qui ont dit: Allah (ﷻ) a écarté le fait que les morts entendent dans Sa Parole:

﴿Tu ne peux faire entendre les morts.﴾ *[Coran 27: 80]*

Alors, comment pouvez-vous prétendre que les morts entendent? Il y a répondu: cette audition citée désigne la compréhension pour laquelle aucune rétribution ne lui est accordée, et ce n'est pas l'ouïe qui est écartée dans la Parole d'Allah (ﷻ):

﴿Tu ne peux faire entendre les morts.﴾ *[Coran 27: 80]*

Ce que désigne l'audition, ici, est la réponse, car Allah (ﷻ) a assimilé le mécréant à un mort qui ne répond pas à celui qui l'appelle, comme l'animal qui entend les voix mais qui n'en comprend pas le sens. Le mort, même s'il entend les paroles et en comprend le sens, il

---

36 Voir *Sahih* de Boukhari: livre des funérailles - chapitre: ce qui a été raporté au sujet du châtiment de la tombe; *Sahih* de Mouslim: livre du Paradis - chapitre: l'exposition au mort de sa place d'Enfer ou de Paradis, vol. 4, p. 2200, nº 2870; il a été également rapporté par Abou Daoud et Nassaï; voir *Jami'e El-Ossole*, vol. 11, p. 180.

37 Voir *Majmou'e El-Fatawa,* vol. 5, p. 364.

lui est impossible de répondre à celui qui l'appelle, d'obéir à ses ordres, de s'écarter de ses interdictions dont il ne tire aucun profit. Il en est de même pour le mécréant, qui bien qu'il entende le discours et en comprend le sens, ne tire aucun profit des ordres et des interdictions, comme l'a affirmé le Très-Haut:

> ﴾Et si Allah avait su quelque bien en eux, Il les aurait fait entendre﴿ *[Coran 8: 23],*

conclut Ibn Taymiya.[38]

Les Textes sont venus indiquer également que le mort, en plus du fait qu'il entend, parle, car Mounker et Nakîr le questionnent: le croyant est guidé à la bonne réponse, quant au mécréant et à l'hypocrite, ils en sont égarés. Il parle aussi, en dehors de l'interrogatoire de Mounker et Nakîr. Seulement, tout cela est différent de l'habitude à la parole des habitants de la Terre. Ce que l'on interroge et qui parle, c'est l'âme, elle répond, s'assoit, est châtiée ou jouit des faveurs, tout en gardant un certain lien avec son corps. Nous avons précédemment présenté les propos sur le fait que certains entendent les morts hormis le Messager d'Allah (ﷺ) qui possédait cette faculté.

---

[38] *Majmou'e El-Fatawa,* vol. 5, p. 364.

DEUXIEME PARTIE

LES SIGNES AVANT-COUREURS DE L'HEURE

CHAPITRE PREMIER

LE MOMENT DE L'*HEURE*

SECTION PREMIERE

L'*HEURE* ARRIVERA CERTAINEMENT

Croire au Jour de la Résurrection est une des bases de la religion. La foi ne devient parfaite qu'avec la conviction que ce Jour existe réellement:

﴾La bonté pieuse ne consiste pas à tourner vos visages vers le levant ou le couchant, mais la bonté pieuse est de croire en Allah, au Jour Dernier, aux Anges, au Livre et aux Prophètes.﴿ *[Coran 2: 177]*

﴾Les croyants croient à ce qui t'a été descendu et à ce que l'on a fait descendre avant toi. Et quant à ceux qui accomplissent la prière, paient la *Zakate* et croient en Allah et au Jour Dernier, ceux-là Nous leur donnerons un énorme salaire.﴿ *[Coran 4: 162]*

Le Coran a exposé des genres de styles variés descriptifs et nobles, afin de confirmer l'arrivée de ce Jour dans les âmes des serviteurs:

﴿Il règle l'ordre *[de tout]* et expose en détail les signes afin que vous ayez la certitude de la rencontre de votre Seigneur.﴾ *[Coran 13: 2]*

Dans certains passages, le propos est une simple information:

﴿Allah commence la création, ensuite Il la refait, puis vers Lui vous serez ramenés.﴾ *[Coran 30: 11]*

﴿Et le jour où les hommes seront ramenés vers Lui, Il les informera alors de ce qu'ils ont fait.﴾ *[Coran 24: 64]*

Parfois, Allah (ﷻ) confirme son arrivée avec des particules de certitude - par exemple *inna*, en arabe -, comme dans Ses Paroles:

﴿L'Heure va certes arriver.﴾ *[Coran 20: 15]*

﴿Et l'Heure, sans aucun doute, arrivera! Pardonne-*[leur]* donc d'*[un]* beau pardon.﴾ *[Coran 15: 85]*

﴿Le terme fixé par Allah va certainement venir, et c'est Lui l'Audient, l'Omniscient.﴾ *[Coran 29: 5]*

﴿En vérité, l'Heure va arriver: pas de doute là-dessus, mais la plupart des gens n'y croient pas.﴾ *[Coran 40: 59]*

Dans certains passages, Allah (ﷻ) jure qu'elle est un signe qui aura lieu. De temps en temps, Il jure par Lui-Même:

﴿Allah! Pas de divinité que Lui! Très certainement Il vous rassemblera au Jour de la Résurrection qui ne fait l'objet d'aucun doute.﴾ *[Coran 4: 87]*

Souvent, Il jure par les merveilles de Sa création:

﴿Par les vents qui éparpillent! Par les nuages lourdement chargés ! Par les navires qui courent en toute aisance! Par les Anges qui répartissent *[les biens]* selon un Commandement!

Ce qui vous est promis est certainement vrai, et la Rétribution arrivera inévitablement.﴿ *[Coran 51: 1-6]*

﴾Par le mont At-Tôr! Par un Livre écrit, sur un parchemin déployé! Par la Maison Peuplée! Par le plafond élevé! Par la mer embrasée *[au Jour de la Résurrection]*! Le châtiment de ton Seigneur aura lieu inévitablement, nul ne pourra le repousser.﴿ *[Coran 52: 1-8]*

Dans certains passages encore, Allah (ﷻ) ordonne à son Messager (ﷺ), dans le domaine de l'argumentation et de la controverse avec les mécréants, de jurer par son Seigneur, en guise de confirmation de la venue de ce Jour:

﴾Et ils s'informent auprès de toi: est-ce vrai? - Dis: oui, par mon Seigneur, c'est bien vrai et vous ne pouvez vous soustraire *[à la Puissance d'Allah]*.﴿ *[Coran 10: 53]*

﴾Ceux qui ont mécru disent: l'Heure ne nous viendra pas! - Dis: par mon Seigneur! Très certainement elle vous viendra.﴿ *[Coran 34: 3]*

Dans certains versets, Il informe qu'elle est une vérité:

﴾La promesse d'Allah est une vérité: que la vie présente ne vous trompe donc pas!﴿ *[Coran 31: 33]*

Celui qui examine le style du Coran dans la certitude de la venue de ce Jour, trouvera de nombreux types d'informations. Quant à nous, nous en avons seulement cité une partie.[1]

---

[1] Il se peut que se réunissent, dans un seul verset, plus d'un style de certification. Si le lecteur médite sur ces versets que nous avons cités, ces styles lui apparaîtront et lui seront évidents.

SECTION 2

L'*HEURE* EST PROCHE

Le Seigneur (ﷻ) de la Puissance a annoncé à Ses serviteurs, dans Son Livre qui a été descendu il y a plus de quatorze siècles, que l'Heure est certes proche et que le moment de sa venue est là:

﴾L'Heure approche et la lune s'est fendue.﴿ *[Coran 54: 1]*

La fente de la lune est un des signes annonciateurs de sa venue. Dès lors que l'Heure s'est certes considérablement approchée, le Coran annonce qu'elle arrive:

﴾L'ordre d'Allah est arrivé, ne le hâtez donc pas.﴿ *[Coran 16: 1]*

Si les humains croyaient fermement en ce qu'Allah (ﷻ) a descendu, avec un cœur perspicace et un esprit prompt et sensé, cet ordre les aurait terrifiés et aurait envahi leurs esprits. C'est pour cela que leur état est surprenant: le danger est très proche, cependant ils sont insouciants à la terreur qui est sur le point de les couvrir et de les envelopper:

﴾*[L'échéance]* du jugement des humains approche, alors que dans leur insouciance ils s'en détournent. Aucun rappel [de révélation] récente de leur Seigneur ne leur parvient, sans qu'ils l'entendent en s'amusant, leurs cœurs distraits...﴿ *[Coran 21: 1-3]*

C'est pour cela que les mises en garde des serviteurs à l'égard de l'Heure sont nombreuses, de même que les ordres de s'y préparer. Allah (ﷻ) l'a nommée"Demain'':

﴾Que chaque âme voit bien ce qu'elle a avancé pour Demain.﴿ *[Coran 59: 18]*

Il se peut que l'on dise: comment peut être proche un événement dont l'information au sujet de son imminent avènement a vu s'écouler mille quatre cents ans?

La réponse est:"Dans la science et l'estimation d'Allah (ﷻ), sa venue est proche, même si les unités des humains la considèrent loin'':

﴿Ils le voient bien loin *[le Châtiment]*, et Nous le voyons bien proche.﴾ *[Coran 70: 6-7]*

Ce qu'il convient de remarquer, c'est que le restant de la durée du bas monde est minime par rapport à ce qui s'en est déjà écoulé. C'est comme si l'on fixait un long terme à un personnage endetté et que par exemple le délai de remboursement était de cinquante années: s'il s'écoule quarante-cinq années sur les cinquante, le terme échéant de l'acquittement de la dette est proche par rapport aux années qui se sont écoulées depuis la fixation de la date de remboursement.

Les nobles Hadiths prophétiques ont fait allusion à cette réalité que nous venons d'éclaircir. Dans le *Sahih* de Boukhari et celui de Mouslim, il a été rapporté d'après Abdallah Ibn Omar (رضي الله عنه), que le Messager d'Allah (ﷺ) a dit: *«Votre terme, par rapport aux communautés qui vécurent avant vous, est comparable seulement, au temps compris entre la prière du* 'Asr *et le coucher du soleil.»*

Dans une autre variante: *«Votre existence, par rapport aux communautés qui vous ont précédés, est comparable seulement, au temps compris entre la prière du* 'Asr *et le coucher du soleil.»*

Le Hadith assimile l'existence de l'Humanité à un des jours de la vie terrestre, où le début de l'existence de la communauté musulmane correspond à la prière du *'Asr:* la période qui s'est écoulée depuis le début de l'existence de l'Humanité est assimilée au temps qui s'est écoulé depuis l'aube jusqu'au *'Asr;* et le temps qui reste jusqu'à l'Heure est comparé au temps compris entre la prière du *'Asr* et le coucher du soleil. Et ce, car les Textes explicites indiquent que la communauté musulmane est la dernière à exister et que la fin de son existence se concrétisera par l'arrivée de l'Heure.

Il a été mentionné, dans un autre Hadith rapporté par Boukhari et Mouslim d'après Sahl (ﷺ), que le Messager d'Allah (ﷺ) a dit: *«Moi et l'Heure avons été envoyés comme ces deux doigts»* et le Prophète (ﷺ) a montré et tendu son index et son majeur *[en les joignant].»*

Mouslim l'a rapporté, d'après Sahl (ﷺ), avec les termes suivants: j'ai entendu le Messager d'Allah (ﷺ) dire, tout en montrant son index et son majeur (en les joignant): *«Moi et l'Heure avons été envoyés comme ceci.»*[2]

Cela signifie que si nous considérons que la longueur du majeur correspond à la durée totale de l'existence: ce qu'il en reste, au moment de l'envoi du Messager (ﷺ), correspond à la courte longueur du majeur dépassant l'index, et ce qui s'est déjà écoulé de l'existence correspond à celle de l'index. Le reste peut être perçu par les humains comme étant long, car leur compréhension et leur regard sont restreints et limités, mais dans la balance d'Allah (ﷻ), ce temps est proche et court:

﴾L'Ordre d'Allah est arrivé, ne le hâtez donc pas.﴿

[Coran 16: 1]

﴾L'Ordre *[concernant]* l'Heure ne sera que comme un clin d'œil, ou plus bref encore.﴿ *[Coran 16: 77]*

---

[2] Voir *Sahih* de Boukhari: livre *Riqaq* - chapitre: la parole du Prophète: *«Moi et l'Heure avons été envoyés comme ces deux* [doigts]*-là»*: *Fat'hou El-Bâri,* vol. 11, p. 347; *Sahih* de Mouslim: livre des discordes et des calamités - chapitre: l'approche de l'Heure, vol. 4, p. 2468, n° 2950; Boukhari et Mouslim l'ont également rapporté d'après Anas Ibn Malik.

L'imam Ahmed a rapporté que 'Outba Ibn Ghazwane (ﷺ) a dit: le Messager d'Allah (ﷺ) nous a tenu un sermon, il a loué et complimenté Allah (ﷻ), puis il a dit:

«Ensuite (...), la vie terrestre informe de sa disparition et s'en va rapidement. Ce qu'il en reste est seulement semblable à un fond d'eau dans un récipient que quelqu'un boit. Vous allez certes la quitter pour vous diriger vers une demeure impérissable. Dirigez-vous donc vers elle avec les meilleurs actes que vous pouvez accomplir...» Mouslim l'a également rapporté.[3]

SECTION 3

PERSONNE NE CONNAIT LE MOMENT EXACT DE L'*HEURE*

On a interrogé le Messager d'Allah (ﷺ) au sujet de l'Heure, et il a répondu: *«Celui qui en est interrogé n'en sait pas plus que celui qui interroge.»*

Celui qui l'avait questionné était l'Archange Gabriel venu sous l'apparence d'un être humain. Si Gabriel, qui occupe le degré le plus élevé parmi les Anges, et Mohammed (ﷺ) qui occupe le degré le plus élevé parmi les créatures, n'ont aucune connaissance du moment exact de l'arrivée de l'Heure, nul autre, parmi les créatures, n'en a la connaissance, à plus forte raison.

Le Coran a mis en évidence que le moment de son arrivée fait partie des particularités de la Science d'Allah (ﷻ). C'est pour cette raison que nul ne connaît ce moment-là: ni un Ange rapproché, ni un Prophète envoyé:

---

[3] Voir *Tafsir* d'Ibn Kathir, vol. 6, p. 468. Voir *Sahih* de Mouslim, nº 2967.

﴾Ils t'interrogent sur l'Heure: quand va-t-elle jeter l'ancre? - Dis: Seul mon Seigneur en a connaissance. Lui seul la manifestera en son temps. Elle sera lourde dans les cieux et sur la terre, et elle ne vous viendra qu'à l'improviste. Ils t'interrogent comme si tu en étais averti. Dis: Seul Allah en a connaissance. Mais la plupart des gens ne savent point.﴿ *[Coran 7: 187]*

﴾Les gens t'interrogent sur l'Heure. Dis: sa connaissance est exclusive à Allah. Qu'en sais-tu? Il se peut que l'Heure soit proche.﴿ *[Coran 33: 63]*

﴾Ils t'interrogent sur l'Heure: quand va-t-elle jeter l'ancre? Quelle *[science]* en as-tu pour le leur dire? Son terme est auprès de ton Seigneur.﴿ *[Coran 79: 42-44]*

Ces versets clairs indiquent que seul le Seigneur de la Puissance connaît le moment où l'Heure arrivera, qu'elle viendra soudainement et à l'improviste, et que le Messager d'Allah (ﷺ) ne sait pas quand elle viendra. Elle est l'une des cinq clés de l'Invisible qui font partie des sciences secrètes dont Seul Allah (سبحانه وتعالى) a connaissance:

﴾La connaissance de l'Heure est auprès d'Allah, c'est Lui qui fait tomber la pluie salvatrice, Il sait ce qu'il y a dans les matrices, personne ne sait ce qu'il acquerra demain, et personne ne sait dans quelle terre il mourra. Certes, Allah est Omniscient et parfaitement Connaisseur.﴿ *[Coran 31: 34]*

Dans le *Sahih* de Boukhari, il a été rapporté qu'Ibn Omar (رضي الله عنه) a dit: le Prophète (ﷺ) a dit: *«Les clés de l'Invisible sont au nombre de cinq, seul Allah en a connaissance.»* Puis, il a récité ce verset: ﴾La connaissance de l'Heure est auprès d'Allah...﴿ [4] *[Coran 31: 34].*

---

[4] Voir le livre d'Ibn Rajab, *Jami'e El-'Ouloum wa El-Hikam,* p. 37.

SECTION 4

POUR QUOI DISSIMULER LE MOMENT DE L'*HEURE*

Les humains peuvent avoir à s'interroger: quelle est la sagesse dans la dissimulation du moment où l'Heure arrivera et où la Résurrection aura lieu?

La réponse est: sa dissimulation est liée à la convenance de l'âme humaine. Le moment de sa venue est inconnu. L'événement important dont l'individu est certain de sa venue, tout en ignorant le moment exact, où il le surprendra et où arrivera sa mort, fait qu'il est constamment dans l'expectative.

Un paramètre inconnu est un élément fondamental dans la vie des humains et dans leur constitution spirituelle. Un paramètre inconnu qu'ils attentent, est nécessaire dans leur vie. Si tout leur était dévoilé et que cela était leur état naturel, leur activité cesserait et leur vie croupirait. Sous l'effet de cet événement fatal, ils s'activent, sont attentifs, ont des espoirs, apprennent des expériences de la vie, étudient. Ainsi, ils découvrent la face cachée de leurs potentiels et de celui du monde qui les entoure. Ce suspens dans leurs cœurs et leurs sens à l'égard de l'Heure promise et fixée les préserve de toute distraction. Ils ne savent pas quand cela se produira: ils sont donc en continuelle expectative de son arrivée, et ils se tiennent toujours prêts. Cela, seulement pour celui dont la nature est authentique et qui se tient sur le droit chemin. Quant au pervers qui est esclave de ses passions, il est distrait et ignorant et, finalement, voué à la perte: quelle bien fâcheuse destination!

SECTION 5

IL EST PROHIBE DE SE PREOCCUPER DE LA FIXATION DE SON AVENEMENT

Les interrogations des gens au sujet de l'Heure sont nombreuses. Ils ont adressé leurs questions à leur Messager (ﷺ). Mais la réponse a été donnée dans le Coran: l'Heure est certes inconnue et la connaissance du moment où elle se produira fait partie des particularités de la Science d'Allah (ﷻ):

> ﴾Les gens t'interrogent sur l'Heure. Dis: sa connaissance est exclusive à Allah. Qu'en sais-tu? Il se peut que l'Heure soit proche.﴿ *[Coran 33: 63]*

> ﴾Ils t'interrogent sur l'Heure: quand va-t-elle jeter l'ancre? Quelle *[science]* en as-tu pour le leur dire? Son terme est auprès de ton Seigneur. Tu n'es que l'annonciateur de celui qui la redoute.﴿ *[Coran 79: 42-45]*

Allah (ﷻ) n'a dévoilé à personne la connaissance de son arrivée - pas même à un Ange Rapproché ou un Prophète envoyé. C'est pour cela que le Messager d'Allah (ﷺ) a dit à Gabriel qui l'a questionné au sujet de l'Heure: *«Celui qui en est interrogé n'en sait pas plus que celui qui interroge.»*L'investigation dans cette question et la prétention que l'Heure va avoir lieu à une certaine année, c'est avancer des propos sur Allah sans science. Ceux qui débattent de cela s'opposent à la voie du Coran et de la Sunna qui a orienté les gens vers l'abandon des recherches dans ce sujet, en les invitant plutôt à se préparer à l'arrivée de ce jour, par la foi et les bonnes œuvres.

Ceux qui s'emploient dans ce domaine pensent qu'il leur est possible de savoir ce dont le Messager d'Allah (ﷺ) et Gabriel n'ont aucune connaissance. Cela suffit comme exhortation et dissuasion pour celui qui"possède'' un cœur ou tend l'oreille tout en étant témoin. Quant à nous, nous leur disons qu'il conviendrait qu'ils se limitent au contentement du Messager (ﷺ), de ses compagnons et des imams de cette communauté, tout au long de l'Histoire. S'il y avait, dans la connaissance de son moment, du bien ou une convenance quelconque pour les humains, Allah (ﷻ) les en aurait informés. Or, Il le leur a dissimulé. Donc, ce n'est que ce qui leur convient.

Il serait souhaitable que les contemporains tirent leçon des anciens qui ont abordé ce sujet et ont délimité un terme à l'Heure ou à certains des signes précurseurs de sa venue. Le terme qu'ils ont déterminé est passé, alors que rien ne s'est produit: ni l'Heure, ni les signes annonciateurs. Parmi ces anciens, il y a Tabari (رضي الله عنه) qui a déduit de certains Textes que la fin du monde aurait lieu cinq cents ans après l'envoi prophétique de Mohammed (ﷺ).[5] Or, voilà maintenant qu'environ mille ans se sont écoulés depuis le terme qu'il a fixé, et ce qu'il a avancé s'est assurément avéré faux.

Il y a aussi le très grand savant Suyuti (رضي الله عنه) qui a inscrit, dans une étude d'une vingtaine de pages qu'il a intitulée *El-Kechf* (dévoilement), que l'Heure aurait lieu au début de l'an 1.500 après l'envoi du Prophète (ﷺ).[6] Or, voilà maintenant que quelques années se sont écoulées depuis le terme qu'il a fixé et l'Heure n'a toujours pas eu lieu, plus encore, bon nombre de ses signes avant-coureurs n'ont pas encore eu lieu.

Souheili a rassemblé les lettres isolées en début des sourates du Coran, il a éliminé celles qui se répétaient, il a pris leur chiffre numéral correspondant, puis il les a additionnés. Et, en se basant sur ce calcul, il a déterminé un terme qui ne dépasse pas des centaines d'années.[7]

---

[5] Voir *El-Mouqadima* d'Ibn Khaldoun, p. 590.

[6] Voir *Lawami'e El-Anwar El-Bahiya,* p. vol. 2, p. 66.

[7] Voir *El-Mouqadima* d'Ibn Khaldoun, p. 591.

Beaucoup de personnes ont inventé à ce sujet, des propos dont ils n'avaient aucune preuve, et ont agit à l'aveuglette. Il s'agit seulement de suppositions et d'inventions mensongères. La dernière des choses, dont j'ai pris connaissance sur ce sujet, est ce qu'un certain docteur Baha'i a écrit: il a prétendu que l'Heure viendrait en l'an mil sept cent dix et qu'il a déduit cela à partir des chiffres correspondants à l'ordre alphabétique des lettres isolées au début des sourates coraniques. Nous disons: l'erreur de cette méthode a certes été confirmée. Certaines personnes ont déjà adopté cette méthode et ont déterminé des dates différentes de la sienne. Bien qu'ils aient tous procédé de la sorte, ils se sont contredits dans la détermination de ces dates. Puis, la fausseté de ce qu'ils ont avancé s'est confirmée.

Le très grand savant *cheikh El-Islam* Ibn Taymiya (qu'Allah lui fasse miséricorde et le comble de bienfaits) s'est opposé à ceux qui ont poussé leurs investigations dans ce domaine et qui ont traité ce sujet, puis ont déterminé des dates pour l'Heure. Il a dit: ceux qui se sont prononcés sur son moment exact - comme celui qui a composé un livre qu'il a «intitulé» *Ed-Dourr El-Mounadham fi Ma'rifati El-A'dham*, où il a cité des dizaines de preuves éclaircissant son moment, - ceux qui se sont basés sur les lettres alphabétiques, l'auteur du livre *'Anqaa Mughreb*[8], et d'autres encore qui leur sont semblables, malgré la grande importance et l'influence qu'ils avaient auprès de leurs adeptes, la plupart d'entre eux ne sont que des menteurs, de grands menteurs même.[9] Il est donc apparu à ces

---

[8] Il s'agit d'Ibn 'Arabi le proclamateur de l'unification de l'existence (monisme), qui est un concept inventé par certains soufis qui croient fermement qu'Allah est installé en Ses créatures, au point que cet Ibn 'Arabi, l'un des plus grands soufis, qui est enterré à Damas, a dit: "*Le serviteur est le Seigneur, et le Seigneur est le serviteur. Que je désire connaître qui est celui chargé de responsabilité* (religieuse)*!*" [*Trad.*]

[9] *Cheikh El-Islam* Ibn Taymiya a utilisé les termes"la plupart d'entre eux'', car certains de ceux qui ont poussé les investigations sur le moment exact de sa venue et qui se sont trompés, n'avaient pas pour intention d'égarer=

adeptes, à travers de nombreux cas, que ces hommes parlaient sans aucune science, même s'ils prétendaient posséder le *kechf* et la connaissance des mystères, alors qu'Allah (ﷻ) a dit:

> ﴾Dis: mon Seigneur n'a interdit que les turpitudes, ce qui en paraît et ce qui s'en cache, de même que le péché, l'agression sans droit et que vous associez à Allah ce dont Il n'a fait descendre aucune preuve, et que vous dites sur Allah ce que vous ne savez pas﴿[10] *[Coran 7: 33],*

conclut Ibn Taymiya.

Il n'y a aucun doute que la prétention de connaître son moment exact est un propos dénué de sens.

SECTION 6

AMBIGUITES AUTOUR DE LA DETERMINATION DE L'*HEURE*

Nous avons montré précédemment que l'instant de la Résurrection est inconnu et que seul Allah (ﷻ) en a la connaissance qui est rendue apparemment équivoque par des Hadiths qui, d'après certaines personnes, délimitent son terme exact.

Certains de ces Hadiths ne sont pas authentiques. Par conséquent, on ne doit leur prêter aucune attention et il est interdit de les opposer à des Textes dont l'authenticité et les arguments sont catégoriques. Mais d'autres, par contre, sont authentiques, cependant leurs arguments dans la détermination du Jour de la Résurrection ne sont pas clairs.

=les gens comme l'imam Tabari et le grand savant Suyuti.

10 *Majmou'e El-Fatawa* de *cheikh El-Islam* Ibn Taymiya, vol. 4, p. 342.

Parmi les faux Hadiths mensongers qui se sont avérés en contradiction avec le Coran explicite - comme l'a affirmé le très grand savant Ibn El-Qayim (qu'Allah lui fasse miséricorde) - celui détermine la durée du monde, où est cité: "... Elle est de sept mille années. Et nous, nous sommes dans le septième millénaire''

Ibn El-Qayim a dit: cela est le mensonge le plus évident, car si c'était vrai, tout le monde saurait qu'il ne nous reste plus que deux cent cinquante et une années *[à l'époque où Ibn El-Qayim a écrit son livre]*, tandis qu'Allah (ﷻ) a dit:

> ﴿Ils t'interrogent sur l'Heure: quand va-t-elle jeter l'ancre? - Dis: Seul mon Seigneur en a connaissance. Lui seul la manifestera en son temps. Elle sera lourde dans les cieux et sur la terre, et elle ne vous viendra qu'à l'improviste. Ils t'interrogent, comme si tu en étais averti. Dis: Seul Allah en a connaissance.﴾[11] *[Coran 7: 187]*

Je dis: parmi ce qui prouve, sans aucun doute, le mensonge de ce *[faux]* Hadith, c'est que le septième millénaire est révolu et achevé depuis quatre cents ans, tandis que des signes de l'Heure n'ont pas encore eu lieu.

Parmi les Hadiths authentiques qui indiquent la détermination du Jour de la Résurrection, figure celui rapporté par Mouslim d'après Jabir Ibn Abdallah (ﷺ) qui a dit: j'ai entendu le Messager d'Allah (ﷺ) dire, un mois avant sa mort: *«Vous me questionnez au sujet de l'Heure, or seul Allah en a connaissance. Je jure par Allah qu'il n'y a aucun être vivant sur terre, aujourd'hui, qui, dans cent ans, sera encore vivant.»*[12]

Dans le *Sahih* de Boukhari et celui de Mouslim, on a rapporté qu'Ibn Omar (ﷺ) a dit: le Messager d'Allah (ﷺ), à la fin de sa vie,

---

[11] *El-Manar El-Mounif* d'Ibn El-Qayim, p. 80.

[12] Voir *Jami'e El-Ossole,* vol. 10, p. 387, nº 7890.

nous a dirigés en prière, une certaine nuit, pour la prière du *'Icha*. Lorsqu'il a fait le salut final, il a dit: *«Informez-moi de quel jour nous sommes, car dans cent ans, il ne restera pas une personne, présente aujourd'hui, sur terre.»*[13]

En effet, en méditant sur ces deux Hadiths, une preuve claire apparaît sur le fait que le Messager d'Allah (ﷺ) ne désigne pas la venue de l'Heure, mais qu'il désignait la fin de la génération à laquelle il appartenait: c'est-à-dire qu'après cent ans, tous ceux qui étaient présents à l'époque où le Messager d'Allah (ﷺ) a tenu ces propos, ne seraient pas vivants. Ibn Omar (رضي الله عنه) a certes compris ce sens et l'a enseigné aux gens qui ont adopté diverses opinions dans la compréhension des propos du Messager d'Allah (ﷺ):

Il a été rapporté, dans les *Sunan* de Tirmidhi et dans les *Sunan* d'Abou Daoud, qu'après sa narration du précédent Hadith du Prophète (ﷺ), Abdallah Ibn Omar (رضي الله عنه) a dit: «Les gens se sont certes trompés sur les propos du Messager d'Allah (ﷺ) en se prononçant sur les Hadiths citant les cent années, car le Messager d'Allah (ﷺ) a seulement dit qu'il ne restera pas une personne présente, aujourd'hui, sur terre et que, par cela, il signifiait la fin de la génération *[de ses compagnons]*».[14]

Dans le *Sahih* de Boukhari et celui de Mouslim, il a été rapporté qu'Aïcha (رضي الله عنها) a dit: lorsque des Bédouins sont venus chez le Messager d'Allah (ﷺ), ils l'ont questionné au sujet de l'Heure: quand l'Heure arrivera-t-elle? Alors il a regardé le plus jeune d'entre eux et a dit: *«Si celui-ci vit, la vieillesse extrême ne l'atteindra pas avant que vous ne mouriez* - ou *que votre génération meure.»*[15]

Dans le *Sahih* de Mouslim, il a été rapporté d'après Anas Ibn Malik (رضي الله عنه) qu'un homme a demandé au Messager d'Allah (ﷺ):

---

[13] *Idem*, n° 7891.

[14] *Ibid.*

[15] *Idem*, n° 7892.

quand l'Heure va-t-elle avoir lieu? Alors le Messager d'Allah (ﷺ) a gardé le silence un court instant, puis il a regardé un enfant de la tribu d'Azdechenoua' qui se tenait devant lui, et il a dit: *«Si cet enfant vit, la vieillesse extrême ne l'atteindra pas avant que* [votre génération] *ne meure.»* Puis Anas Ibn Malik (رضي الله عنه) a dit: cet enfant avait mon âge, à cette époque.[16]

Le sens visé par le Messager d'Allah (ﷺ), dans les deux Hadiths, est donc bien la mort de ceux à qui il s'adressait, comme l'a expliqué Hicham, un des rapporteurs de la chaîne de transmission du premier Hadith. Cette réponse que le Messager d'Allah (ﷺ) a donnée est connue sous le nom de"la réponse du Sage'', car il leur a conseillé de se préparer à affronter la mort, puisqu'elle est proche...

SECTION 7

DEFINITION DES SIGNES AVANT-COUREURS DE L'*HEURE*

Si Allah (سبحانه وتعالى) a dissimulé à Ses serviteurs le moment de la venue de l'Heure, Il leur a néanmoins fait connaître des signes indiquant son arrivée imminente. Le Très-Haut a dit:

> ﴿Attendent-ils absolument, que l'Heure leur vienne à l'improviste? Or, ses signes avant-coureurs sont certes déjà venus.﴾ *[Coran 47: 18]*

Dans *Fat'hou El-Bâri*, Ibn Hajar a dit: ce qui est signifié par *ses signes avant-coureurs*, ce sont les indications qui seront immédiatement suivies par l'arrivée de l'Heure.[17]

---

[16] *Jami'e El-Ossole*, vol. 10, p. 388, n° 7893.

[17] *Fat'hou El-Bâri,* vol. 13, p. 79.

Les signes sont les indices indiquant une chose: comme les indices plantés dans le désert pour indiquer le chemin, ou comme les indications hissées en bord de mer afin de guider les bateaux agités par les vagues, ou encore comme les signalisations mises à l'approche des villes pour indiquer aux voyageurs qu'ils y sont presque arrivés.

Teibi a dit: les signes sont des indices concernant soit l'imminence de l'Heure, soit sa venue. En ce qui concerne son imminence, on citera: l'Antéchrist *(ad-dajjâl),* la descente de Jésus, la sortie de *Yâjoûj* et *Mâjoûj* (Gog et Magog), l'engloutissement de personnes dans le sol... Quant à sa venue, on se limitera à: la fumée, le lever du soleil de son couchant, la sortie de la bête, et le feu qui rassemblera les gens (en Syrie)...[18]

SECTION 8

DE L'INTERET DE L'ETUDE DE CES SIGNES PRECURSEURS

Il se peut que l'on dise: vous vous êtes fatigués à effectuer des recherches à l'égard de ce qui a un intérêt minime. Il aurait été préférable que vous vous soyez préoccupés des affaires et des problèmes des musulmans, au lieu de passer un temps considérable dans la recherche des faits et événements qui se produiront dans le futur.

Certains ont aussi dit: vous fuyez la réalité dans laquelle vous vivez vers un autre monde où vous espérez vivre ou dont vous craignez la venue. C'est à dire, fuir la confrontation des réalités et des difficultés.

---

[18] *Idem,* vol. 11, p. 352.

Nous leur répondons: nous n'avons pas le choix dans l'étude ou la négligence des événements futurs dont le moment nous est inconnu. Ceci n'est pas notre affaire. Prendre connaissance de ces faits et les déclarer véridiques font partie des bases principales de la religion révélée à notre Messager (ﷺ). Le Coran nous a informés d'une partie de ces faits, et une autre partie nous est venue dans la Sunna. Les Compagnons connaissaient tout cela, ils s'en sont préoccupés et y ont prêté une grande attention, car la foi dans l'Invisible est la première description avec laquelle Allah (ﷻ) a fait l'éloge des *[gens]* pieux, guidés et victorieux:

> ﴿*Alif, lâm, mîm.* Voilà le Livre au sujet duquel il n'y a point de doute, c'est un guide pour les *[gens]* pieux, qui croient à l'Invisible et accomplissent la prière, et dépensent *[dans l'obéissance à Allah]* de ce que Nous leur avons attribué.﴾
>
> *[Coran 2: 1-3]*

Il est vrai que beaucoup de musulmans se sont préoccupés des informations concernant l'Invisible, au sujet desquelles il n'existe aucune preuve dans le Coran et dans la Sunna. Certains de ceux qui s'imputent à la science se sont noyés dans cela, au lieu de se préoccuper des Textes authentiques, partie intégrante de cette religion révélée par l'Omniscient, le Parfaitement Informé. Nous pouvons blâmer les musulmans qui ont été découragés à travailler parce qu'ils attendaient que se produisent les événements dont le Messager d'Allah (ﷺ) nous a informés: comme ceux qui abandonnent le djihad - attendant la venue du *Mahdi*.

Mais cela est une erreur qui nécessite d'être corrigée et qui n'exige pas l'abandon des Textes authentiques, car nos vertueux prédécesseurs, avec leur véridique foi en l'Invisible, n'ont pas cessé le djihad ni les bonnes œuvres.

Un blâme peut être attribué à ceux qui donnent aux informations concernant l'Invisible, rapportées par le Messager d'Allah (ﷺ), une interprétation qui n'est pas conforme à leurs réalités, et qui donnent aux Textes un sens qui n'est pas le leur, en revendiquant des prétentions avec lesquelles ils égarent les gens, comme ceux qui, tout au long de l'Histoire, ont prétendu être le *Mahdi*, alors que ce ne fut de leur part qu'une erreur qui doit - et peut être corrigée. Mais ceci ne doit pas nous conduire à démentir les Textes qui se sont avérés authentiques, car ce qui est vrai ne peut être faux et vice versa. Nous ne devons pas repousser, pour autant, ce qui est faux, en démentant ce qui est vrai.

Nous orientons le regard de ceux qui nous reprochent notre préoccupation des Textes authentiques concernant ce domaine, sur les énormes efforts que les scientifiques contemporains fournissent pour dévoiler l'Invisible du passé lointain, l'Invisible des prochaines catastrophes, l'Invisible de l'univers qui nous entoure. C'est pour cela que nous les voyons prospecter les vestiges des anciens dans ce qu'ils ont laissé comme inscriptions, fabrications, et ruines.

Nous voyons également les gens attacher une grande importance à ce que disent les devins, les astrologues et les voyants, alors que ce que disent ces derniers n'est que mensonge dans lequel il est presque impossible de trouver une place pour la vérité.

Nous les voyons aussi fabriquer des lunettes astronomiques, de gigantesques observatoires, et ils envoient même des satellites pour explorer l'espace, afin de connaître ce qu'ils ignorent. Si telle est la situation de l'Humanité qui désire toujours s'informer sur ce qu'elle n'embrasse pas de sa science à propos du passé, l'avenir et l'univers qui l'entoure, alors la connaissance des événements réels dont les informations proviennent d'une source qui ne peut être en aucun cas démentie, n'est-elle pas plus digne? De plus, les informations présentées dans les Textes concernant ce domaine sont d'une valeur inestimable. Mais, l'Humanité s'enorgueillit grandement, en refusant de prendre l'information provenant de la Révélation Divine véridique, et de ce fait, elle perd beaucoup en se détournant de ces belles sciences. Puis, certains voudraient que nous nous écartions de l'étude de ce sujet à travers les Textes de la Révélation, tandis qu'eux sont avides d'informations leur venant des scientifiques de l'Occident dans le domaine de l'Invisible, même si celles-ci contiennent beaucoup de sottises et de mensonges.

Nous pouvons résumer, dans les points suivants, les intérêts qui découlent des informations concernant les signes avant-coureurs de l'Heure et les faits futurs dont le moment nous est inconnu:

1- La foi en ces informations - si nous sommes assurés de leur authenticité - fait partie de la foi en Allah (ﷻ) et en Son Messager (ﷺ), car comment peut-on croire en Allah (ﷻ) et en Son Messager (ﷺ) et ne pas croire à leurs informations!

﴾*Alif, lâm, mîm.* Voilà le Livre au sujet duquel il n'y a point de doute, c'est un guide pour les *[gens]* pieux, qui croient à l'Invisible...﴿ *[Coran 2: 1-3]*

2- La venue de ces événements de l'Invisible, de la manière contée par les Hadiths, confirme et renforce la foi. A toute époque, les musulmans ont témoigné de l'arrivée d'événements conformément à ce qu'avaient informé les Textes véridiques:

- Les Compagnons ont témoigné de la victoire des Byzantins sur les Perses, puis les musulmans ont vaincu les Byzantins et les Perses.

- L'Islam a pris le dessus sur les autres religions.

- Ils ont témoigné de la division de la communauté musulmane au cours de l'année indiquée par le Messager d'Allah (ﷺ).

- Ils ont témoigné de nombreux événements survenus, et ce, conformément à ce qui a été annoncé dans les Hadiths.

Il en a été ainsi à chaque époque: les musulmans ont témoigné des faits et événements que les Hadiths avaient annoncés. Il n'y a aucun doute que ceci produit un grand effet sur la confirmation de la foi du croyant, et que ceci peut être un prélude à l'invitation des autres à cette vérité qui nous est venue de notre Seigneur (ﷻ).

3- La confirmation de la foi au Jour de la Résurrection et à ses terreurs qui font partie de l'Invisible dont Allah (ﷻ) et son Messager (ﷺ) nous ont informés. La foi en la Résurrection et ses terreurs est un pilier de la foi. La concrétisation des événements dans la vie présente conformément aux Textes est une preuve évidente et claire de la véracité de toutes les informations, dont celles concernant l'Heure, le tout provenant d'Allah (ﷻ).

4- Allah (ﷻ) a envoyé son Messager (ﷺ) pour exhorter au bien et mettre en garde contre le mal: le Messager d'Allah (ﷺ) a certes indiqué à ses Compagnons la voie exemplaire à laquelle ils devaient se conformer face aux événements qui allaient avoir lieu à son époque. Dans son information sur l'arrivée des événements futurs, il y a une directive pour ceux de sa communauté qui allaient venir après lui, afin qu'ils sachent comment se comporter face à ces événements où l'aspect de la vérité peut être caché à eux.

Abdallah Ibn 'Amr Ibn Al-'As (رضي الله عنه) a dit: nous étions en voyage avec le Messager d'Allah (ﷺ), puis nous avons fait halte dans un lieu. Certains d'entre nous arrangeaient leurs tentes en tissu de laine à trois piquets, d'autres parmi eux *[s'entraînaient]* au tir de flèches, et d'autres étaient parmi les bestiaux qui paissaient. Puis le crieur du Messager d'Allah (ﷺ) a appelé *[au rassemblement]*, alors nous nous sommes rassemblés autour du Messager d'Allah (ﷺ) qui a dit:

«Certes, il n'y a pas eu un Prophète avant moi sans qu'il ait eu le devoir d'indiquer à sa communauté ce qu'il savait être le mieux pour elle, et de la mettre en garde contre ce qu'il savait être mauvais pour elle. Le salut de votre communauté a été placé à son début, quant à sa fin, elle subira des malheurs et des choses que vous allez réprouver. Les épreuves se succéderont et donneront l'impression que la précédente était plus paisible et plus modérée. Puis l'épreuve

viendra où le croyant dira: celle-ci est mon anéantissement. Puis elle se dissipera. Puis viendra l'épreuve où le croyant dira: c'est celle-ci, c'est celle-ci. Celui qui voudra être écarté de l'Enfer et introduit au Paradis, qu'il meure en ayant foi en Allah et au Jour Dernier, et qu'il se comporte avec les gens comme il aimerait que l'on se comporte avec lui. Que celui qui a prêté serment d'allégeance à un chef en lui serrant la main et qui s'est engagé à lui obéir, lui obéisse autant qu'il le peut. Si un autre vient à s'insurger contre lui pour lui prendre sa place, alors coupez-lui la tête.» Les termes de ce Hadith sont ceux que Mouslim a rapportés. Il a été également rapporté par Nassaï, Ibn Majah et Ahmed.[19]

Parmi ces directives données par le Prophète (ﷺ), et qui ont eu un effet considérable sur l'orientation des musulmans vers la vérité, son annonce à Othmane (رضي الله عنه) qu'il irait au Paradis après qu'une épreuve l'aura atteint, son information que 'Amar (رضي الله عنه) allait être tué par le groupe injuste et insurgé, et son ordre à Abou Dherr (رضي الله عنه) de s'éloigner de la discorde et de ne pas combattre, même s'il venait à être tué.

On peut déduire ce sens directement du Hadith de Houdhayfa (رضي الله عنه) qui a questionné le Messager d'Allah (ﷺ) au sujet du mal de peur qu'il ne l'atteigne, tandis que les Compagnons le questionnaient au sujet du bien. Parmi ces directives, il y a aussi son interdiction aux musulmans de prendre quelque bien que ce soit de la montagne d'or qui apparaîtra lorsque l'eau de l'Euphrate se retirera à la fin des temps, ainsi que son information sur la réalité de l'Antéchrist *(ad-dajjâl)*, (...) et sur d'autres événements parmi ceux qui auront lieu, et à propos desquels le Messager d'Allah (ﷺ) a avisé sa communauté sur la conduite exemplaire à adopter face à ceux-ci.

5- Les musulmans peuvent vivre des événements dans les prochaines époques, qui nécessitent l'éclaircissement du jugement de

---

[19] Voir *La Chaîne des Hadiths Authentiques,* n° 241.

la *Chari'a* sur ces faits. Si les musulmans étaient livrés à leur effort d'interprétation, ils pourraient diverger et ne pas être guidés vers la vérité. Il se peut plutôt que l'éclaircissement du jugement de la *Chari'a* sur ces faits soit impératif et nécessaire. Son «non-éclaircissement» serait une défaillance dont la *Chari'a* s'est abstenue. Parmi ces éclaircissements, il y a l'information du Messager d'Allah (ﷺ) que l'Antéchrist *(ad-dajjâl)* va demeurer sur terre pendant quarante jours: l'un de ces jours sera équivalent à une année, un autre jour à un mois, le jour suivant à une semaine, et les jours suivants seront semblables aux jours normaux. Les Compagnons ont assurément interrogé le Messager d'Allah (ﷺ) au sujet de ces longues journées: y suffira-t-il d'accomplir les cinq prières d'une journée ordinaire? Le Messager d'Allah (ﷺ) a répondu: *«Non, mais estimez le nombre de jours normaux dans ces jours spéciaux, puis, pour chaque jour normal estimé, accomplissez les cinq prières à intervalle de temps correspondant aux heures des prières normales».*

Si les gens avaient été livrés à leur effort d'interprétation, ils se seraient contentés d'accomplir seulement cinq prières aux heures connues durant les jours normaux.

Le Messager d'Allah (ﷺ) a aussi informé de la descente du ciel de Jésus fils de Marie, que le tribut, payé par les juifs et les chrétiens habitants en terre musulmane, ne devra plus être accepté à ce moment-là, seule la foi sera acceptée d'eux. Ces éclaircissements du Messager d'Allah (ﷺ) sont nécessaires, étant donné que Jésus (عليه السلام) va juger selon les Lois de l'Islam, et que celles-ci stipulent l'acceptation du tribut de celui qui doit la verser jusqu'à ce que Jésus fils de Marie descende. Puis, à ce moment-là, le tribut sera refusé et tous ceux qui refuseront la foi seront tués, même s'ils versent le tribut.

6- L'aspiration à connaître ce qui se passera dans le futur est un état naturel. L'être humain trouve en lui un ardent désir de connaître les faits et événements qui peuvent arriver à la race humaine ou à la communauté dont il est issu, ou qui peuvent lui arriver à titre individuel. C'est pour cela que les chefs d'Etat et les leaders, de même que les particuliers, recourent aux sorciers, aux devins et aux astrologues afin de connaître tout cela, alors qu'Allah (ﷻ) leur a apporté la vérité qui permet de se passer de ce recours, qui est amplement suffisant, et qui assouvit la soif de savoir.

Ibn Khaldoun, dans son livre *El-Mouqadima*, a abordé ce sujet et a dit: sache que le désir de connaître les conséquences de ce qui les concerne, de connaître ce qui va leur arriver par rapport à leur vie, à leur mort, au bien et au mal, et surtout par rapport aux événements, en général, comme connaître le reste de temps de la durée du monde terrestre, connaître la durée de vie des Etats et leur fin, font partie des particularités des âmes des humains.

Vouloir connaître ces choses est un tempérament naturel de l'être humain avec lequel il a été créé. C'est pour cela que l'on trouve bon nombre de gens analyser ceci dans leurs songes. Les informations provenant des devins, pour ceux qui se rendent chez eux, pour les mêmes raisons d'ailleurs, parmi les gouverneurs et les gouvernés, sont chose connue. En effet, l'on trouve dans les villes une catégorie de gens dont cela est le métier, parce qu'ils connaissent l'avidité des gens à l'égard de ce savoir. Alors ils se dressent sur les chemins, devant les commerces, et se présentent à celui qui les questionne à son sujet. Les femmes de la ville avec leurs enfants se rendent auprès d'eux le matin pour en repartir le soir, ainsi que bon nombre de faibles d'esprit qui désirent découvrir les conséquences de leurs affaires dans les acquisitions, l'honneur, les moyens de subsistance, les relations amicales ou hostiles... Il en existe qui voient à travers un trait tracé sur le sable, qui interprètent les percussions des cailloux ou des graines, ou encore qui regardent dans la glace et la surface de l'eau. Or, tout cela fait partie des choses blâmables répandues dans tous les pays, que la *Chari'a* a tenu à réprimer. De plus, l'Invisible a été voilé aux humains, excepté celui qu'Allah (ﷻ) informe dans un songe ou celui qui est du nombre de Ses bien-aimés *(...), conclut Ibn Khaldoun.*[20]

SECTION 9

LES DIFFERENTES CATEGORIES DES SIGNES DE L'*HEURE*

Beaucoup de Hadiths ont été rapportés, dans lesquels le Messager d'Allah (ﷺ) a énuméré un ensemble de signes avant-coureurs de l'Heure. Boukhari et Mouslim ont rapporté, dans leurs *Sahih*, d'après Abou Houraïra (رضي الله عنه), que le Messager d'Allah (ﷺ) a dit:

«L'Heure ne se lèvera pas avant que deux grands groupes ne se combattent et entre lesquels il y aura une grande tuerie, alors qu'ils sont tous deux musulmans[21]; avant que ne se manifestent une trentaine d'imposteurs, très grands menteurs, chacun prétendant être le Messager d'Allah. [L'Heure ne se lèvera pas] *avant que la science ne disparaisse par la mort des savants* - ou *par le délaissement de la science -; avant que ne se multiplient les tremblements de terre; avant qu'il n'y ait plus de bénédiction dans le temps; avant que n'abondent les discordes; avant que le meurtre n'accroisse; avant que l'argent n'abonde parmi vous: il sera tellement abondant que celui qui en possédera se préoccupera de qui acceptera son aumône, puis il la proposera à quelqu'un qui dira: je n'en ai aucunement besoin; avant que les gens rivalisent dans l'édification de constructions élevées; avant que l'homme ne passe auprès de la*

---

[20] *El-Mouqadima* d'Ibn Khaldoun, pp. 587-588.

[21] Il s'agit du groupe de 'Ali Ibn Abi Taleb et de celui de Mou'awiya Ibn Abi Soufiane. [*Trad.*]

tombe d'un autre et dise: que j'aimerais être à sa place; avant que le soleil ne se lève de son couchant: quand il se sera levé de son couchant, les gens le verront, ils auront tous la foi, mais à ce moment, elle ne sera profitable à aucune âme qui n'avait pas cru auparavant ou qui n'avait acquis aucun mérite de sa croyance.»[22]

Dans le *Sahih* de Boukhari, il a été rapporté que 'Awf Ibn Malik (ﷺ) a dit: je suis allé chez le Prophète (ﷺ) durant l'expédition de Tabouk alors qu'il était sous une tente en peau. Il a dit:

«Je compte six signes indiquant l'arrivée de l'Heure: ma mort, puis la conquête de Jérusalem, puis une épidémie mortelle qui s'abattra sur vous comme la peste du mouton, puis une abondance d'argent telle que celui à qui l'on donnera cent dinars sera outré; puis une discorde entre les Arabes qui n'épargnera aucune maison, puis une trêve entre vous et les Byzantins qui vous trahiront par la suite et vous viendront sous quatre-vingts étendards, dénombrant chacun douze mille hommes.»[23]

D'après Anas Ibn Malik (ﷺ), le Messager d'Allah (ﷺ) a dit: *«Parmi les signes avant-coureurs de l'Heure, il y a: l'obscénité* [dans le langage] - *tout en l'étalant -; la rupture des liens de sang; on prendra celui qui est digne de confiance pour un traître, et le traître pour quelqu'un de digne de confiance.»* Hadith rapporté par El-Bazzar, Tabarani dans *El-Awsate* d'après Anas (ﷺ). Il a également été rapporté par Ahmed et El-Bazzar, d'après Ibn 'Amr (ﷺ).[24]

---

[22] Voir *Sahih* de Boukhari, livre des discordes et des calamités (Hadith n° 7120); *Fat'hou El-Bâri,* vol. 13, p. 81; Mouslim l'a rapporté dans son *Sahih* de manière séparée en plusieurs Hadiths, et Ibn El-Athir a réuni les différentes variantes de ce Hadith dans son livre *Jami'e El-Ossole*, vol. 10, p. 404, n° 7920.

[23] Rapporté par Boukhari dans son *Sahih*; voir *Jami'e El-Ossole,* vol. 10, p. 411, n° 7927.

[24] *Sahih El-Jami'e,* vol. 5, p. 213.

D'après Abdallah Ibn Massoud (رضي الله عنه), le Messager d'Allah (ﷺ) a dit: *«Parmi les signes avant-coureurs de l'Heure: l'homme traversera la mosquée sans y prier deux* rak'a, *et l'homme ne saluera que celui qu'il connaît.»* Hadith rapporté par Tabarani.[25]

D'après Anas Ibn Malik (رضي الله عنه), le Messager d'Allah (ﷺ) a dit: *«Parmi les signes avant-coureurs de l'Heure: les gens se vanteront entre eux sur leurs mosquées.»* Rapporté par Abou Daoud, Ahmed dans son *Musned*, Darimi et Ibn Khouzeima.[26]

Les signes avant-coureurs de l'Heure cités par le Messager d'Allah (ﷺ) dans de tels Hadiths et d'autres sont nombreux.

Les savants les ont divisés en deux catégories: des *petits signes* et *des grands signes.*

Il est possible de diviser les petits signes en deux catégories: l'une englobant les signes qui ont déjà eu lieu et sont révolus, et l'autre englobant les signes qui n'ont pas encore eu lieu.

Il se peut que les signes de la première catégorie se soient produits et soient révolus, et qu'ils se manifestent également à maintes reprises, se déclarant au fur et à mesure. Ils peuvent survenir et se réaliser à répétition. Il se peut aussi qu'ils se produisent dans le futur plus souvent qu'ils n'ont eu lieu dans le passé.

En fonction de ceci, nous allons consacrer quatre chapitres concernant les signes de l'Heure:

- Un chapitre concernant les petits signes qui se sont produits et qui sont révolus.

- Un chapitre concernant les petits signes qui se sont produits, qui ne cessent de se produire et qui peuvent se répéter.

---

[25] Voir *Sahih El-Jami'e,* vol. 5, p. 213.

[26] *Ibid.*

- Un chapitre concernant les petits signes qui ne se sont pas encore produits.

- Un chapitre, le dernier, concernant les grands signes.

CHAPITRE 2

LES SIGNES DE L'*HEURE* QUI ONT DEJA EU LIEU

Nous signifions, par ce titre, les signes qui ont déjà eu lieu, qui sont révolus et qui ne se reproduiront plus. Ces signes-là sont nombreux et nous allons en citer certains.

SECTION PREMIERE:

L'ENVOI DU MESSAGER (ﷺ) ET SA MORT

Parmi les signes avant-coureurs de l'Heure, il y a la mission prophétique du Messager d'Allah (ﷺ) et sa mort. Dans le Hadith rapporté par Boukhari et Mouslim, il est cité que Sahl Ibn Sa'd (رضي الله عنه) a dit: j'ai vu le Messager d'Allah (ﷺ) dire, en accolant son index à son majeur: *«Moi et l'Heure avons été envoyés comme ceci.»* Dans une autre variante, il a dit:

«Moi et l'Heure avons été envoyés comme ces deux doigts», puis il montra et tendit son index et son majeur.[1]

---

1 *Jami'e El-Oussoul*, vol. 10, p. 384.

Dans le *Sahih* de Boukhari, dans celui de Mouslim et dans les *Sunan* de Tirmidhi, il a été rapporté qu'Anas Ibn Malik (رضي الله عنه) a dit: le Messager d'Allah (ﷺ) a dit:

«Moi et l'Heure avons été envoyés comme la distance du majeur dépassant l'index», puis il a joint son index et son majeur.[2]

On cite, dans les livres retraçant la biographie du Prophète (ﷺ), que les juifs s'entretenaient sur le fait que le Messager d'Allah (ﷺ) allait être envoyé avec l'Heure.

Nous avons cité, auparavant, le Hadith de 'Awf Ibn Malik (رضي الله عنه) rapporté par Boukhari, dans lequel est cité que le Messager d'Allah (ﷺ) a dit: *«Je compte six signes indiquant l'arrivée de l'Heure: ma mort...»*

L'imam Ahmed a rapporté dans son *Musned*, selon une chaîne de transmission authentique d'après Abou Jabira (رضي الله عنه), que le Messager d'Allah (ﷺ) a dit:

«J'ai été envoyé dans la période des premiers signes avant-coureurs de l'Heure.»[3]

SECTION 2

LA FENTE DE LA LUNE

Les savants sont unanimes à affirmer que la lune s'est déjà fendue à l'époque du Messager d'Allah (ﷺ), et que ceci était l'un des miracles éclatants qui lui ont été donnés.[4] Le Coran a éclairci ce fait dans la Parole du Très-Haut:

---

2 *Ibid.*

3 Voir *La Chaîne des Hadiths Authentiques,* vol. 2, p. 467, n° 808.

4 Voir *Tafsir* d'Ibn Kathir, vol. 6, p. 469.

﴾L'Heure approche et la lune s'est fendue, et s'ils voient un signe, ils s'en détournent et disent: une magie persistante.﴿

[Coran 54: 1-2]

Nawawi a dit: *El-Qâdhi* a dit: la fente de la lune est l'un des miracles majeurs donnés à notre Prophète (ﷺ). Ce fait a été rapporté par plusieurs Compagnons, outre le sens manifeste du noble verset et de sa suite. Ez-Zajjaj a dit: certains innovateurs qui adaptent les Textes à leur raisonnement qui s'opposent à la religion, ont nié cela, car Allah (ﷻ) a rendu leurs cœurs aveugles. Cependant il n'y a pas lieu à ce que la raison renie ce fait, car la lune est une création d'Allah (ﷻ): Il en fait ce qu'Il veut, tout comme Il la détruira, puis la transformera en taureau enroulé qu'Il jettera dans l'Enfer à la fin...[5]

Ibn Kathir a certes fait mention des Hadiths se rapportant à la fente de la lune dans l'interprétation de la sourate *El-Qamar* [Coran 54], et la majorité de ces Hadiths sont authentiques: voir son *Tafsir* (vol. 6, p. 469).

Mouslim les a rapportés dans son *Sahih*. On y trouve le Hadith d'Anas Ibn Malik (رضي الله عنه), dans lequel est cité que les habitants de La Mecque ont demandé au Messager d'Allah (ﷺ) de leur montrer un signe. Il leur a donc montré la fente en deux parties égales, de la lune.[6]

Il y a également le Hadith de Abdallah Ibn Massoud (رضي الله عنه) qui a dit: la lune s'est fendue en deux parties égales à l'époque du Messager d'Allah (ﷺ) qui a dit: *«Témoignez! Témoignez!»*

Dans une variante de Abdallah Ibn Massoud (رضي الله عنه), il est cité: tandis que nous étions avec le Messager d'Allah (ﷺ) à Mina, voilà que la lune s'est fendue en deux parties égales: un morceau se

5 Explication du *Sahih* de Mouslim par Nawawi, vol. 17, p. 143.

6 *Sahih* de Mouslim, chapitre: la fente de la lune, vol. 4, p. 2159, nº 2802.

trouvait au-delà de la montagne Hira, et l'autre morceau se trouvait devant. Alors, le Messager d'Allah (ﷺ) a dit: *«Témoignez!»*[7]

SECTION 3

LE FEU DU HIDJAZ AYANT ECLAIRE A BOSRA...

D'après Abou Houraïra (ﷻ), le Messager d'Allah (ﷺ) a dit: *«L'Heure ne se lèvera pas avant que ne jaillisse un feu du sol du Hijaz, dont la lumière éclairera les cous des chameaux de Bosra.»*[8]

Ce grand signe, dont le futur avènement fut annoncé par le Messager (ﷺ) reconnu véridique, s'est produit exactement comme annoncé. Ce feu s'est déclaré en l'an 654 de l'Hégire.

Le très grand savant et historien Ibn Kathir a évoqué cet événement parmi ceux de l'année 654 de l'Hégire. Au sujet de ce feu, il a dit: parmi ces événements, il y a le jaillissement d'un feu du sol du Hijaz qui, par sa lumière, a éclairé les cous des chameaux de Bosra, comme en fait mention le Hadith rapporté par Boukhari et Mouslim.

---

7 *Sahih* de Mouslim, chapitre: la fente de la lune, vol. 4, p. 2158, nº 2800.

8 *Sahih* de Boukhari: livre des discordes et des calamités - chapitre: le jaillissement du feu; *Fat'hou El-Bâri* (vol. 13, p. 78); *Sahih* de Mouslim: livre des discordes et des calamités - chapitre: l'Heure ne se lèvera pas avant que ne jaillissse un feu du sol du Hijaz, vol. 4, p. 2227, nº 2902.

Le Hijaz est une contrée de la Péninsule arabique, comprenant: Médine, la Mecque et Taëf.

Nawawi a dit, dans son Explication du *Sahih* de Mouslim: Bosra est une ville de Syrie, connue sous le nom de Hawaran. Entre elle et Damas il y a quarante kilomètres. Les historiens ont mentionné que l'événement s'est réalisé tel que l'avait annoncé le Messager d'Allah: il a éclairé, par sa lumière, les cous des chameaux de Bosra, et beaucoup d'étudiants lisaient à sa lumière dans de nombreuses régions, aux alentours de la ville.

Le très grand savant Chihab Eddine Abou Châma El-Maqdissi s'est étendu sur ce sujet dans son livre *Adhayl wa Charhouhou*, où il a évoqué de nombreux témoignages écrits parvenus successivement à Damas, en provenance du Hijaz, décrivant ce feu qui a été clairement vu par des gens, ainsi que la manière dont il a jailli et ses caractéristiques. Voici le résumé de ce qu'a mentionné le grand savant Abou Châma, un contemporain de cet événement:

"Sont parvenus, à Damas, des témoignages écrits provenant de Médine, la ville du Prophète (ﷺ), concernant le jaillissement d'un feu dans leur contrée, le 5 du mois de *Joumada El-Akhera* de cette année-ci. Ces témoignages ont été écrits le 5 du mois de *Rajab*, tandis que le feu était encore présent. Ces témoignages écrits nous sont parvenus le 10 du mois de *Cha'bane*."

Puis, il a dit: au nom d'Allah le Tout Miséricordieux, le Très Miséricordieux. Des témoignages écrits qui sont parvenus à Damas, au début du mois de *Cha'bane* de l'année 654 de l'Hégire, en provenance de Médine, la ville du Messager d'Allah (ﷺ), renferment l'explication d'un important événement qui s'y est produit, confirmant le Hadith d'Abou Houraïra (رضي الله عنه) rapporté dans les deux *Sahih*, où est cité que le Messager d'Allah (ﷺ) a dit: *«L'Heure ne se lèvera pas avant que ne jaillisse un feu du sol du Hijaz, dont la lumière éclairera les cous des chameaux de Bosra.»*

Une personne en qui j'ai confiance, parmi ceux qui en ont témoigné, m'a informé qu'il lui était parvenu que des livres ont pu être rédigés à sa lumière, à Teima.[9]

Il m'a dit: nous étions dans nos maisons ces nuits-là. C'est comme si, dans la maison de chacun d'entre nous, se trouvait une

---

9 Tayma est une petite région aux abords de la Syrie: entre la Syrie et Wadi El-Qoura qui se situe entre la Mecque et Médine (*Mou'jam El-Bouldane*, vol. 2, p. 67). [*Trad.*]

lampe ne dégageant aucune chaleur malgré sa grande luminosité: il s'agissait seulement d'un des signes d'Allah (ﷻ).

Abou Châma a dit: voilà une description unique que je n'ai pas rencontrée dans tous les témoignages écrits à ce sujet.

Au cours de la nuit du mercredi 3 du mois de *Joumada El-Akhera,* l'année 654 de l'Hégire, un grondement énorme a retenti à Médine, la ville du Prophète (ﷺ), suivi d'un séisme qui a fait trembler la terre, les murs, les toits, les piliers en bois, et les portes, d'heure en heure jusqu'au vendredi 15, du mois cité. Puis un gigantesque feu a jailli à El-Harra près de Qouraydha. Nous le voyions de nos maisons situées au cœur même de Médine. C'était comme si ce feu se trouvait chez nous. C'était un feu immense dont les flammes étaient plus élevées que la hauteur de trois minarets. Des coulées de lave ont afflué jusqu'à Wadi Chadha le cours d'eau qui a été obstrué et qui n'a plus coulé ensuite. Par Allah! Nous sommes allés en groupe le voir. Et voilà que les montagnes faisaient couler de la lave qui a bloqué un chemin à El-Harra. Ces coulées de lave se sont répandues jusqu'à parvenir à El-Harra. Puis elles se sont immobilisées avant qu'elles nous atteignent, dissipant ainsi notre crainte. Puis, elles se sont mises à couler en direction de l'Est. Il s'en est formé, au milieu, des petits terrains plats et des monticules de feu qui consumaient les pierres. Pour illustrer cet événement, l'on peut citer la Parole du Très-Haut:

﴾... Car elle jette des étincelles volumineuses comme des châteaux, et que l'on prendrait pour des chameaux jaunes.﴿

[Coran 77: 32-33]

Ces feux ont certes corrodé le sol. J'écris ce témoignage le 5 du mois de *Rajab* de l'année 654 de l'Hégire, tandis que ces feux augmentent d'intensité sans varier. A Qouraydha et jusqu'à El-Harra, les feux ont repris de plus belle: tout n'est que flammes embrasées, visibles de nuit à Médine, semblables aux torches des pèlerins. Quant au foyer de cet immense feu, c'est une montagne rouge en feu d'où se déversent des laves, à proximité de Qouraydha. Ces coulées augmentent encore et les gens ne savent pas ce qui va arriver. Qu'Allah fasse que cela se finisse bien. Je ne suis d'ailleurs plus en mesure de décrire ce feu.

Abou Châma a dit: dans un autre témoignage écrit, il est cité: le premier vendredi du mois de *Joumada El-Akhera* de l'année 654 de l'Hégire, est apparu un immense feu qui s'est déclaré du côté oriental de la noble Médine. Entre ce feu et Médine, il y a une distance d'une demi-journée. Il a jailli du sol, puis s'en est écoulé un fleuve de laves jusqu'à arriver à hauteur de la montagne d'Ouhoud. Puis, il s'est définitivement arrêté. Nous ne savions que faire. Au moment où ce feu s'est dégagé, les habitants de Médine sont entrés dans la mosquée du Prophète (ﷺ), pour se repentir et demander pardon à leur Seigneur le Très-Haut. Ce sont assurément les signes de la Résurrection!

Abou Châma a dit: dans un autre témoignage écrit, il a été cité: au cours du premier lundi du mois de *Joumada El-Akhera* de l'année 654 de l'Hégire, un bruit semblable au bruit lointain du tonnerre retentissait de temps à autre à Médine. Ces bruits se sont fait entendre pendant deux jours. Puis, au cours de la nuit du mercredi 3 du mois cité, des tremblements de terre ont suivi les grondements que nous entendions.

Puis, au cours du vendredi 5 du mois cité, un immense feu a jailli à El-Harra, dont la taille était égale à celle de la Mosquée du Messager d'Allah (ﷺ). Il était visible de Médine à l'œil nu. Nous le voyions en train de jeter des étincelles volumineuses semblables à des châteaux, comme l'a dit Allah le Très-Haut. Ce feu se situait à un endroit nommé Ajilein. Il s'en répandait un fleuve de laves d'une longueur d'une vingtaine de kilomètres, d'une largeur de six kilomètres et demi, et dont la profondeur était d'environ deux mètres et demi. Il s'écoulait à la surface du sol, puis il s'en formait des petits terrains plats et des buttes. Il se répandait à la surface du sol rocailleux qui fondait au point de devenir comme du plomb. Lorsqu'il se figeait, il devenait noir, alors qu'auparavant, il était rouge. De ce feu, il a résulté le renoncement aux péchés et le rapprochement d'Allah le Très-Haut en Lui obéissant. L'émir de Médine s'est acquitté des nombreuses injustices qu'il avait commises envers les gens.

Le cheikh Chihab Eddine Abou Châma a encore dit: parmi les témoignages écrits de Chams Eddine Ibn Sinane Ibn Abdelwahab Ibn Namila El-Husseyni, le cadi de Médine, qu'il a rédigés pour certains de ses compagnons, il y a le récit suivant: au cours de la nuit du mercredi 3 du mois de *Joumada El-Akhera*, 654 de l'Hégire, s'est produit à Médine, dans le troisième tiers de la nuit, un énorme tremblement de terre qui nous a effrayés. La terre n'a cessé de trembler tout le restant de cette nuit-là, puis tous les jours, ensuite toutes les nuits. Environ dix secousses. Par Allah! Une fois, elle a tremblé pendant que nous nous trouvions dans la mosquée, à proximité de l'ancien appartement de Aïcha, où est enterré le Prophète (ﷺ), la chaire a tellement vacillé que nous avons été effrayés à l'audition des tintements intérieurs du fer. Les torches de l'enceinte sacrée se sont même agitées. La secousse n'a pris fin qu'au cours de la matinée du vendredi. Son grondement était semblable à celui du tonnerre assourdissant. Puis, le même jour, sur le chemin d'El-Harra à la hauteur de Ras Ajilein, un gigantesque feu, de la taille de la grande Médine a surgi. Le feu nous est seulement apparu la nuit du samedi. Nous en étions extrêmement effrayés et épouvantés. Je suis monté parler à l'émir pour lui dire: repens-toi à Allah! Le châtiment nous a certes cernés! Alors, il a affranchi tous ses esclaves et il a restitué à un groupe de gens leurs biens. Lorsqu'il a fait cela, je lui ai dit: descends maintenant avec nous dans la mosquée du Prophète (ﷺ)! Alors, il est descendu en notre compagnie et nous y avons passé la nuit du samedi, de même que l'ensemble des gens avec leurs femmes et enfants. Il ne restait plus personne ni dans les palmeraies ni dans la ville: ils se trouvaient tous dans la mosquée du Prophète (ﷺ).

Puis il s'est dégagé de ce feu un fleuve de laves qui s'est dirigé vers le cours d'eau d'Ajilein dont il a obstrué le passage. *(...)* Ce fleuve de feu, ou plus exactement cette mer en mouvement au-dessus de laquelle il y avait des braises, s'est répandu jusqu'à traverser Wadi Chadha où l'eau ne coule plus à présent, car elle a été recouverte d'une hauteur d'environ quatre mètres d'environ de laves. Par Allah, mon frère, notre vie aujourd'hui est bouleversée. L'ensemble des habitants de Médine s'est repenti. Désormais, on n'y entend plus ni rebab ni tambourin - et d'ailleurs, point de vin. Le fleuve de laves s'est arrêté de couler lorsqu'il a obstrué une partie de deux chemins. Puis, une partie de ce fleuve de laves s'est acheminée dans notre direction en empruntant le cours de l'oued Chadha. Nous avons eu peur qu'il ne vienne complètement sur nous. C'est alors que tous les gens se sont réunis et sont entrés dans la mosquée du Prophète (ﷺ). Ils s'y sont repentis la nuit du vendredi. Quant à la partie du feu qui se trouvait à notre proximité, elle s'est éteinte par la puissance d'Allah (سبحانه وتعالى). A présent, il n'a pas diminué, au point que tu peux même voir des pierres de la taille de chameaux jaillir, émettant un bruit qui ne nous laisse ni dormir, ni manger, ni boire. Je ne suis plus en mesure de décrire son immensité, ni les effrois que ce feu contient.

Les habitants de Yanbou'e l'ont vu, alors ils ont envoyé leur cadi Ibn As'ad qui s'y est rendu précipitamment. En raison de son immensité, il n'a pas été en mesure de le décrire. Il a écrit son témoignage le 5 du mois de *Rajab*, alors que le feu était toujours aussi immense. Les gens en étaient épouvantés. Depuis le jaillissement de ce feu, le soleil et la lune n'apparaissent qu'éclipsés. Nous demandons à Allah le salut.

Abou Châma a dit ensuite: de notre côté, à Damas, les effets d'éclipse de la lune apparaissaient par la faiblesse de sa lumière sur les murs. Nous étions perplexes à cet égard: quelle était cette chose? -

jusqu'à ce que l'information de ce feu gigantesque nous soit parvenue.

Je dis *[c'est-à-dire Ibn Kathir]:* Abou Châma a écrit l'histoire de ce feu, avant que ne lui arrivent ces témoignages informant de ce feu. Il a dit: durant cette nuit, au début de la nuit du lundi 16 du mois de *Joumada El-Akhera*, la lune s'est éclipsée: elle était très rouge, puis elle s'est éclaircie. Et le lendemain, le soleil s'est à son tour éclipsé: il devenait rouge au lever et au coucher. Il est resté ainsi plusieurs jours, changeant de couleur tout en étant de faible luminosité. Allah a le pouvoir sur toute chose.

Il a dit plus loin: il s'est enfin éclairci ce que Chafi'i a dépeint au sujet de l'éclipse le jour de l'Aïd, alors que les astronomes l'avaient exclu.

Puis Abou Châma a ajouté: dans un autre témoignage écrit de certaines personnes de la tribu Bani El-Fachani de Médine, figurent les propos suivants:

Au cours du mois de *Joumada El-Akhera*, des délégations d'Irak sont venues à nous, et ils nous ont informés que Bagdad avait été atteinte d'une grave inondation, au point que l'eau était passée par-dessus les remparts de Bagdad. Une grande partie de la ville a été submergée. L'eau est entrée dans la maison du calife au centre de la ville. La maison du ministre et quatre-vingts autres maisons ont été détruites. Le dépôt du calife a été détruit, et une grande partie de l'arsenal a été ravagée. Les gens ont failli périr. Les bateaux se sont même mis à pénétrer au centre de la ville, empruntant les ruelles de Bagdad.

Il a dit: quant à nous, une chose grave s'est produite chez nous, à Médine, la nuit du mercredi 3 du mois de *Joumada El-Akhera.* Avant qu'elle ne survienne de deux jours, les gens entendaient un grondement semblable à celui du tonnerre. Tout le monde en était tourmenté. Ils sortaient de leurs lits et se mettaient à demander pardon à Allah (ﷻ). Puis, ils se réfugiaient dans la mosquée et priaient. Les gens en tremblaient, d'heure en heure, jusqu'au matin. Cela s'est produit toute cette journée, puis la journée du mercredi, la nuit du jeudi tout entière, et la nuit du vendredi. Puis, le vendredi matin, la terre a tremblé violemment, au point que les minarets de la mosquée se sont entrechoqués. Puis, un grondement terrible, en provenance du toit, s'est fait entendre. Alors les gens ont été pris de peur à cause de leurs péchés. Ensuite, le tremblement s'est apaisé, après la matinée du vendredi jusqu'au *Dhoh'r*.

Puis, un gigantesque feu jaillissant du sol est apparu chez nous, à El-Harra derrière Qouraydha, sur le chemin de Sawariqiya séparé d'El-Maqa'id d'une distance d'une demi-journée. Les gens en ont été extrêmement effrayés. Puis, il s'en est dégagé une immense fumée se propageant dans le ciel et s'accumulant, jusqu'à devenir une sorte de nuage blanc. Il a persisté jusqu'au coucher du soleil du vendredi. Puis, a jailli un feu aux flammes s'élevant dans les airs jusqu'au ciel devenu rouge, comme s'il formait une forteresse. Le feu a encore augmenté d'intensité, alors les gens se sont réfugiés dans la mosquée du Prophète (ﷺ) et dans l'ancien appartement d'Aïcha, où le Prophète (ﷺ) est enterré... Les gens ont reconnu leurs péchés et ont imploré Allah (ﷻ). Des palmeraies et de tous les côtés, les gens se dirigeaient vers la mosquée. Les femmes et les enfants sortaient des maisons pour se réunir dans la mosquée. Les gens, en ces moments difficiles, ont tous voué un culte exclusivement sincère à Allah (ﷻ). La rougeur du feu avait couvert le ciel tout entier, à tel point que les gens se sont trouvés enveloppés d'une lueur semblable à celle de la lune. Puis, le ciel ressemblait à un caillot de sang. Les gens ont eu alors la certitude de l'anéantissement ou du châtiment. Cette nuit-là, les gens ont veillé: certains priaient, quelques-un récitaient le Coran, d'autres s'inclinaient et invoquaient Allah. Ils s'excusaient de leurs péchés et imploraient Son pardon, tout en se repentant à Lui. Puis, ce feu s'est immobilisé. Son intensité et ses flammes ont diminué.

Le jurisconsulte et le cadi sont montés exhorter l'émir, qui a annulé l'impôt commercial et a affranchi tous ses esclaves hommes et femmes. Il nous a rendu nos biens qu'il gardait en sa possession, de même qu'à d'autres. Ce feu est resté tel quel, s'embrasant de flammes de la hauteur d'une grande montagne, et de la largeur de Médine. Il en jaillissait des pierres qui montaient et s'élançaient dans le ciel. Une montagne gigantesque de feu lançait des étincelles comme des éclairs. Le feu est resté ainsi pendant des jours, puis il s'en est écoulé des laves jusqu'à l'oued Ajilein *(...)*. Les pierres se déplaçaient et circulaient avec celles-ci jusqu'à faillir s'approcher de Harra El-'Aridh. Puis, le feu s'est apaisé et s'est immobilisé quelques jours. Ensuite, il s'est remis à lancer des pierres en avant et en arrière, si bien que deux montagnes se sont formées. Il n'en a plus jailli de flammes pendant des jours. A présent, le feu a repris d'intensité et de hauteur, et il s'enflamme de plus belle. Tous les jours, de la fin de la nuit jusqu'au milieu de la matinée, il émet un bruit terrible. Il possède des caractéristiques que je suis incapable de te décrire parfaitement. Ce petit bout de description doit être suffisant: c'est comme si la lune et le soleil étaient, jusqu'à présent, éclipsés. Ce témoignage a été écrit, alors que cela fait un mois que le feu ne bouge pas: il ne progresse pas, ni d'ailleurs ne diminue.

Voici quelques vers que quelqu'un a composés à ce sujet:

Ô Celui qui dissipe le mal, pardonne nos péchés,
Car, ô Seigneur, une adversité nous a certes encerclés
C'est à Toi que nous nous adressons pour ce que nous ne pouvons supporter
Mais, elle est assurément, pour nous, une adversité méritée...

Je dis *[c'est-à-dire Ibn Kathir]:* le Hadith faisant mention de ce feu a été rapporté dans les deux *Sahih*, par la voie de Zouhri d'après Sa'd Ibn El-Mousseyib (ﷺ) d'après Abou Houraïra (ﷺ) qui a dit: le

Messager d'Allah (ﷺ) a dit: *«L'Heure ne se lèvera pas avant que ne jaillisse un feu du sol du Hijaz, dont la lumière éclairera les cous des chameaux de Bosra.»* Les termes de ce Hadith sont ceux que Boukhari a rapportés.

Ce feu s'est donc produit au cours de cette année - je signifie l'année 654 de l'Hégire - comme nous l'avons précédemment mentionné. Il y a quelques jours, le juge en chef Sadr Eddine Ali Ibn Abi El-Qassim Et-Tamimi El-Hanafi, juge de Damas, au cours des révisions dans lesquelles a été évoqué ce Hadith et ce que ce feu a produit cette année-là, a dit: j'ai entendu un bédouin informer mon père, qu'ils avaient vu à Bosra, au cours de ces nuits, les cous des chameaux à la lumière de ce feu qui a jailli du sol du Hijaz.

Je dis *[c'est-à-dire Ibn Kathir]*: ce juge est né en l'année 642 de l'Hégire. Son père était professeur à l'Ecole Hanafiya de Bassorah, de même que son grand-père; puis lui-même y a aussi enseigné. Puis il est allé à Damas où il a enseigné à Sâdiriya... Puis, il a occupé le siège de juge en chef à Hanafiya. Il était félicité pour la conduite qu'il observait dans les jugements. Il était âgé de douze ans lorsque le feu du Hijaz a jailli. C'est assurément un âge où l'on retient ce que l'on entend. C'est pour cela qu'il a retenu l'information du bédouin à son père au cours de ces nuits. Et que les prières d'Allah et Son salut soient sur Son Prophète (ﷺ), sa famille et ses compagnons.

Parmi ce que certains poètes ont composé sur le feu du Hijaz et l'inondation de Bagdad, les quelques vers suivants:

Gloire à Celui dont la Volonté
S'accomplit parmi les gens avec justesse,
De façon qu'Il a noyé Bagdad sous les eaux
Et brûlé le sol du Hijaz par le feu.

Abou Châma a aussi dit: il serait plus juste de dire qu'au cours d'une année, Il a noyé l'Irak et brûlé le sol du Hijaz par le feu.

Ibn Sa'i a dit, dans la chronique de l'année 654 de l'Hégire: le vendredi 18 du mois de *Rajab* - c'est-à-dire de cette année-ci - j'étais assis auprès du ministre, lorsque lui est arrivée une lettre de Médine, la ville du Messager d'Allah (ﷺ), portée par celui qui est plus connu sous le nom de Qimâz El-'Alawi El-Hassani le Médinois. Il lui a donné la lettre qu'il lit.

En voici le contenu: la ville du Prophète (ﷺ) a tellement tremblé, le mardi 2 du mois de *Joumada El-Akhera,* que la sainte tombe du Prophète (ﷺ) a vibré. On a même entendu le bruit aigu du fer. Les chaînes se sont agitées. Puis un feu a jailli à une vingtaine de kilomètres de Médine. Celui-ci jetait des projectiles semblables aux pics des montagnes. Il a duré quinze jours.

Puis, Qimâz lui a dit: je suis venu et il ne s'est toujours pas éteint, il est tel qu'il était. Puis, le ministre a demandé de quel côté il s'orientait. Qimâz a répondu: il se dirige vers l'est. Des délégations du Yémen et moi-même sommes passés près de ce feu. Nous y avons jeté une branche de palmier qui n'a pas brûlé, mais il embrasait plutôt les pierres et les faisait fondre. Puis Qimâz a tiré un morceau de rocher calciné qui ressemblait au charbon tant en couleur qu'en légèreté.

Il a dit: a été cité dans le témoignage écrit rédigé par le juge de Médine: lorsque le tremblement s'est fait ressentir, les gens sont entrés dans la mosquée sacrée, ont découvert leurs têtes, et ont demandé pardon à Allah (ﷻ). Le vice-émir a affranchi l'ensemble de ses esclaves et s'est acquitté de l'ensemble des injustices qu'il avait commises envers les gens. Ils n'ont pas cessé de demander pardon à Allah (ﷻ) jusqu'à ce que le tremblement s'apaise, sauf que le feu qui avait jailli ne s'était pas éteint. Qimâz - celui précédemment cité - est venu, alors que le feu s'était embrasé depuis quinze jours.

Ibn Sa'i a dit: j'ai lu des témoignages écrits de Mahmoud Ibn Youssouf El-Am'ani, le cheikh de la mosquée sacrée de Médine, dont les propos sont les suivants: certes, ce feu qui a jailli dans le Hijaz est un grand signe et une indication authentique que l'Heure approche. Heureux sera celui qui aura saisi l'occasion de se repentir avant sa mort et qui aura remédié à son état en améliorant sa position par rapport à son Seigneur. Ce feu, sur une terre pierreuse dénuée d'arbres et de végétation, s'entrechoque lorsqu'il ne trouve rien à brûler. C'est un feu qui brûle les pierres et les fait fondre jusqu'à ce qu'elles deviennent semblables à de la boue malléable qui, sous l'effet du vent, ressemble à l'impureté du fer éjectée par le soufflet du forgeron. Qu'Allah fasse de ce feu une leçon pour les musulmans et une miséricorde pour l'univers, *conclut Ibn Kathir dans son livre relatif à ce feu.*[10]

Parmi les grands savants contemporains qui ont cité cet événement, l'imam Nawawi (qu'Allah lui fasse miséricorde). Il l'a mentionné dans son Explication du *Sahih* de Mouslim, en disant: un feu a jailli à notre époque à Médine, en l'an 654 de l'Hégire. C'était un feu immense qui s'est déclaré dans le côté Est de Médine, au-delà d'El-Harra. La nouvelle de son jaillissement s'est propagée successivement dans toute la Syrie et dans le restant des contrées. C'est un habitant de Médine, témoin de ce feu, qui m'en a informé.[11]

Il est évident, d'après les traits de ceux qui ont vu ce feu, qu'il s'agissait d'un gigantesque volcan en éruption, accompagné de gigantesques tremblements de terre.

Ce qui reste à retenir, enfin, c'est que ce feu a jailli de la manière dont a fait état le Messager véridique déclaré véridique (ﷺ).

[10] Voir *El-Bidaya wa En-Nihaya* d'Ibn Kathir, vol. 13, pp. 187-192.
[11] Explication du *Sahih* de Mouslim par Nawawi, vol. 18, p. 28.

SECTION 4

LA CESSATION DU PAIEMENT DU TRIBUT ET DE LA REDEVANCE FONCIERE

Le tribut que versaient les gens du Livre habitant en terre musulmane, et la redevance sur la récolte de ceux qui exploitaient les terres conquises par les musulmans, faisaient partie des plus importantes ressources du trésor public des musulmans. Le Messager d'Allah (ﷺ) a annoncé que ces versements cesseraient, et que par conséquent, les musulmans perdraient une importante ressource. Dans le *Sahih* de Mouslim, on a rapporté qu'Abou Houraïra (ﷺ) a dit: le Messager d'Allah (ﷺ) a dit: *«L'Irak cessera de donner ses dirhams et ses* qafiz*, la Syrie cessera de donner ses* moud *et ses dinars, l'Egypte cessera de donner ses* irdab *et ses dinars.*[12] Puis, vous redeviendrez comme auparavant, puis vous redeviendrez comme auparavant!» Et Abou Houraïra a certes témoigné de ce fait en personne.[13]

Le *qafiz*, le *moud* et *l'irdab* sont des mesures de grain qui étaient à cette époque-là utilisées par les habitants de ces pays. Certaines d'entre elles sont encore connues de nos jours. Quant au dirham et au dinar, il s'agit de monnaies connues à ces époques. La cessation du paiement du tribut et des redevances sur la récolte citée dans le Hadith a été causée par l'occupation de ces pays par les mécréants durant ces époques-là. Les Byzantins, ainsi que les Tartares ont occupé la majorité des pays musulmans. Et à notre époque, ils

---

[12] Le *qafiz* est une mesure de grain équivalente à 30 kg, le *moud* est une mesure de grain équivalente à 57,5 kg et l'*irdab* est une mesure de grain équivalente à 60 kg. [*Trad.*]

[13] *Sahih* de Mouslim, livre des discordes et des calamités, vol. 4, p. 2220, n° 2896.

occupent encore les territoires musulmans. Ils ont aboli le califat musulman et éloigné la *Chari'a* du système de gouvernement.

En commentant ce Hadith, Nawawi a dit:"Le sens le plus connu est que, à la fin des temps, les 'non-Arabes' et les Byzantins occuperont les pays, et priveront les musulmans de ces ressources. Et Mouslim, quelques pages plus loin, a rapporté ce sens d'après Jabir (ﷺ):

«Le califat musulman sera sur le point de ne plus percevoir ni qafiz, *ni dirhams.»* Nous avons demandé: d'où cela proviendra-t-il? - Il a répondu: *«De la part de non-Arabes* ('ajem) *qui feront cesser ces versements.»*

Nawawi a dit: il a également évoqué que les Byzantins feront cesser ces versements en provenance de Syrie. C'est ce qui se passe de nos jours en Irak et se produit à l'heure actuelle. Certains disaient que c'est parce qu'ils vont apostasier et refuser, à la fin des temps, de verser la *Zakate* et autres. D'autres disent que cela signifie que la puissance des mécréants, qui sont soumis au tribut, s'accroîtra à la fin des temps, et refuseront de s'acquitter de ce qu'ils doivent payer comme tribut, redevances sur les récoltes et autres.''[14]

Toutes ces explications des causes de la cessation de ces ressources pour le trésor public des musulmans évoquées par Nawawi ont eu lieu, outre la chute de l'Etat musulman qui avait établi son économie en fonction de la *Chari'a*. Et c'est à Allah (ﷻ) qu'il faut se plaindre.

---

[14] Explication du *Sahih* de Mouslim par Nawawi, vol. 18, p. 20.

CHAPITRE 3

LES SIGNES AYANT EU LIEU ET QUI LE CONTINUENT, ET CEUX QUI PEUVENT SE REPRODUIRE

SECTION PREMIERE

LES CONQUETES ET LES GUERRES

Allah (ﷻ) a envoyé Son Messager (ﷺ) avec la guidée et la religion de la Vérité, afin qu'elle triomphe de toutes les autres. Les missionnaires de cette religion allaient d'Est en Ouest conquérir les pays et propager l'Islam. Ils ont vaincu les grands états de ces époques et ont mis fin à leur existence. Ce comportement des musulmans n'a pas cessé au fil des temps, et il durera jusqu'à ce que les derniers de cette communauté combattent l'Antéchrist *(ad-dajjâl).*

Le Messager d'Allah (ﷺ) informait ses compagnons sur les conquêtes et les victoires qu'Allah (ﷻ) allait réaliser par leurs mains ou par celles de ceux qui viendront après eux. Il les a informés de cela lorsqu'ils étaient en position de faiblesse à la Mecque ou assiégés à Médine, vivant dans la crainte continuelle d'une attaque ennemie.

Boukhari a rapporté que Khabbab Ibn El-Aratte (ﷺ) a dit: nous nous sommes plaints au Messager d'Allah (ﷺ) qui était allongé, se servant de son vêtement comme oreiller, à l'ombre de la Ka'ba. Nous lui avons dit: ne demanderais-tu pas à Allah de nous secourir? N'invoquerais-tu pas Allah en notre faveur? - Il a répondu: *«Il y avait un homme, parmi ceux qui vécurent avant vous, à qui l'on a creusé un trou dans le sol. On l'y a placé, puis on a apporté une scie qu'on a placée sur sa tête, et on l'a coupé en deux: et cela ne l'a pas détourné de sa religion. On le peignait avec des peignes en fer* [qui pénétraient] *sous sa chair et qui atteignaient ses os ou ses nerfs: et cela ne l'a pas détourné de sa religion. Par Allah! Allah répandra l'Islam de telle sorte que le cavalier qui se rendra de Sanaa à Hadhramawte*[1] *ne craindra qu'Allah ou que le loup s'attaque à ses moutons. Mais vous, vous vous empressez!»*[2]

En effet, la sécurité était inexistante dans la Péninsule arabique: la loi qui régnait était celle de la jungle. Beaucoup de Hadiths ont informé de l'établissement de la sécurité dans la Péninsule, en raison de l'apparition de l'Islam. Le Messager d'Allah (ﷺ) nous a également informés que l'Islam franchirait les frontières de la Péninsule Arabique et mettrait fin aux grandes puissances de cette époque-là, comme le royaume de Perse de Chosroês *(Kisrâ)* et l'empire byzantin de César.

Dans le *Sahih* de Mouslim, il a été rapporté que Nafi' Ibn 'Outba (ﷺ) a entendu le Messager d'Allah (ﷺ) dire: *«Vous conquerrez la Péninsule arabique, et Allah vous en donnera la victoire. Puis vous conquerrez la Perse, et Allah vous en donnera la victoire. Puis vous conquerrez l'empire byzantin, et Allah vous en donnera la victoire.*

---

1 Quant à San'a, il s'agit de la capitale du Yémen. Et Hadhramawte est une vaste région à l'Est de Aden. Voir *Mou'jam El-Amkina,* p. 190. [*Trad.*]

2 *Sahih* de Boukhari, livre des vertus, nº 3612; voir *Fat'hou El-Bâri,* vol. 6, p. 619.

Puis vous combattrez l'Antéchrist (ad-ajjâl) *et Allah vous donnera la victoire.»*[3]

Boukhari a rapporté que 'Adi Ibn Hatim (ﷺ) a dit: tandis que j'étais chez le Messager d'Allah (ﷺ), un homme est venu à lui se plaindre de la pauvreté, et un autre des bandits de grands chemins. Le Messager d'Allah (ﷺ) a dit: *«Ô 'Adi! T'es-tu déjà rendu à El-Harra?»* [4] - J'ai répondu: je n'y suis jamais allé, mais j'en ai déjà entendu parler. Le Prophète (ﷺ) a continué en disant: *«Si tu vis assez longtemps, tu verras certes la femme à dos de chameau dans une litière voyager d'El-Harra pour aller tourner autour de la Ka'ba, ne craignant nul autre qu'Allah.»*

Je me suis alors demandé en mon for intérieur: où seront les bandits de grands chemins de la tribu Tâ'i [5] qui ont semé le mal et la discorde dans le pays? Puis le Prophète (ﷺ) a dit: *«Si tu vis assez longtemps, tu verras que vous conquerrez assurément les trésors de Chosroês.»* - J'ai demandé: Chosroês, fils de Hormouz? - Il a répondu: *«Oui, les trésors de Chosroês, fils de Hormouz. Et si tu vis assez longtemps, tu verras certes l'homme sortir une poignée d'or ou d'argent, cherchant quelqu'un qui l'accepte de lui, mais il ne trouvera personne. Chacun d'entre vous rencontrera certes Allah le jour où il Le trouvera, et il n'y aura pas d'interprète qui traduira ses propos. Allah lui dira: "Ne t'ai-Je pas envoyé un Messager pour te transmettre?" - Alors il répondra: oui, certes. - Allah lui dira: "Ne t'ai-Je pas accordé des biens et favorisé?" - Il répondra: oui, certes.*

---

3 *Sahih* de Mouslim: livre des discordes et des calamités - chapitre, les conquêtes des musulmans avant la venue de l'Antéchrist, vol. 4, p. 2225, nº 2900.

4 Une ville qui se situait au nord de l'Irak. [*Trad.*]

5 C'est la tribu de laquelle 'Adi Ibn Hatim est issu. Leur contrée se situait entre l'Irak et le Hijaz. Ils pillaient tous ceux qui traversaient leur contrée. C'est pour cela que 'Adi s'est étonné qu'une femme puisse traverser leur contrée sans crainte. [*Trad.*]

Puis, il regardera à sa droite, et il verra l'Enfer, puis il regardera à sa gauche, et il verra l'Enfer!»

'Adi a dit: ensuite, j'ai entendu le Messager d'Allah (ﷺ) dire: *«Préservez-vous de l'Enfer, ne serait-ce qu'avec une moitié de datte, et celui qui ne possède pas une moitié de datte, alors avec une bonne parole.»*

'Adi a dit: j'ai certes vu la femme voyager à dos de chameau dans une litière de El-Harra à la Mecque pour aller tourner autour de la Ka'ba, ne craignant nul autre qu'Allah. Et j'ai été parmi ceux qui ont conquis les trésors de Chosroês, fils de Hormouz. Et si vous vivez assez longtemps, vous témoignerez certes de ce dont a informé le Prophète Abou El-Qâssim (ﷺ): *«... L'homme sorti*[ra] *une poignée d'or ou d'argent, cherchant quelqu'un qui l'accepte de lui, mais il ne trouvera personne.»*[6]

Le Messager d'Allah (ﷺ) a certes informé, dans un autre Hadith, que les musulmans mettraient fin au règne de Chosroês et au règne de César, et qu'ils dépenseraient de leurs trésors pour la cause d'Allah.

Dans le *Sahih* de Boukhari, il a été rapporté qu'Abou Houraïra (رضي الله عنه) a dit: le Messager d'Allah (ﷺ) a dit: *«Lorsque Chosroês fils de Hourmouz mourra, il n'y aura plus, après lui, un roi de Perse qui possédera autant qu'il a possédé. Lorsque César mourra, il n'y aura plus, après lui, un roi de l'empire byzantin qui possédera autant qu'il a possédé. Par Celui qui tient l'âme de Mohammed dans Sa Main, vous dépenserez certes de leurs trésors pour la cause d'Allah.»*[7]

Dans le *Sahih* de Mouslim, on a rapporté que Thawbane (رضي الله عنه) a dit: le Messager d'Allah (ﷺ) a dit: *«Allah m'a montré la terre*

---

6 *Sahih* de Boukhari, livre des vertus, n° 3595; voir *Fat'hou El-Bâri,* vol. 6, p. 610.

7 *Sahih* de Boukhari, livre des vertus, n° 3618; voir *Fat'hou El-Bâri,* vol. 6, p. 625.

rapetissée, et j'en ai vu l'orient et l'occident, et l'empire de ma communauté atteindra certes ce qu'il m'en a été montré rapetissé: il m'a été donné l'or et l'argent.»[8]

Cela s'est réalisé, comme l'a annoncé le Messager d'Allah (ﷺ): l'empire de cette communauté a certes atteint l'étendu de la terre qui a été rapetissée au Prophète (ﷺ). La plus grande partie de l'empire de la communauté musulmane s'étendait plus d'Est en Ouest que du Nord au Sud dont l'étendu était moins importante.

Notre Messager (ﷺ) nous a informés que les musulmans conquerront l'Inde. Dans le Hadith authentique, d'après Thawbane (رضي الله عنه), il est rapporté que le Messager d'Allah (ﷺ) a dit: *«Allah préservera du Feu deux groupes de ma communauté: un groupe qui conquerra l'Inde et un groupe qui sera avec Jésus fils de Marie (عليه السلام).»*[9]

Le Messager d'Allah (ﷺ) nous a annoncé la conquête de Constantinople, la capitale de l'empire byzantin Est, comme il a annoncé la conquête de Rome le siège du Vatican.

Dans ce Hadith authentique, il est rapporté qu'Abou Qabil a dit: nous étions assis chez Abdallah Ibn 'Amr Ibn Al-'As (رضي الله عنه) et nous lui avons demandé laquelle des deux villes sera-t-elle conquise la première: Constantinople ou Rome?

Alors Abdallah a demandé qu'on lui apporte un coffret avec des anneaux. Il en a sorti un livre, et il a dit: tandis que nous étions autour du Messager d'Allah (ﷺ) en train d'écrire, le Messager d'Allah (ﷺ) a été questionné: laquelle des deux villes sera conquise la première:

---

[8] *Sahih* de Mouslim: livre des discordes et des calamités, chapitre de l'anéantissement de cette communauté les uns par les autres, vol. 4, p. 2215 et p. 2889.

[9] Ce Hadith a été rapporté par Nassaï, Ahmed et d'autres. Sa chaîne de transmission est forte: voir *La Chaîne des Hadiths Authentiques* du cheikh El-Albani, vol. 4, p. 570, nº 1934.

Constantinople ou Rome? - Il a répondu: *«La ville de César sera conquise la première...»*[10]

La Perse et l'empire byzantin ont été conquis. Le règne de Chroês et le règne de César ont été anéantis. Les musulmans ont conquis l'Inde et Constantinople. Ils auront donc, dans le futur, un grand empire où l'Islam sera propagé, où l'idolâtrie sera avilie et qui conquerra Rome, en confirmation du Hadith du Messager d'Allah (ﷺ) qui a dit:

«L'Islam parviendra certes là où le jour et la nuit parviennent. Allah ne laissera ni une demeure citadine, ni une demeure nomade, sans qu'Il y introduise cette religion, honorant le croyant et humiliant le mécréant. Un honneur par lequel Allah honorera l'Islam, et une humiliation par laquelle Il humiliera la mécréance.»[11]

Le Messager d'Allah (ﷺ) a informé que les musulmans combattraient les Tartares. Dans le *Sahih* de Boukhari et celui de Mouslim, on a rapporté qu'Abou Houraïra (رضي الله عنه) a dit: le Prophète (ﷺ) a dit: *«Parmi les signes avant-coureurs de l'Heure: vous combattrez un peuple qui porte des chaussures de poils. Parmi les signes avant-coureurs de l'Heure: vous combattrez un peuple aux visages larges comparables aux boucliers forgés.»*

Dans une autre variante rapportée également par Boukhari et Mouslim d'après Abou Houraïra (رضي الله عنه): *«L'Heure ne se lèvera pas avant que vous ne combattiez les Tartares dont les yeux sont petits, dont les visages sont blancs et écarlates, dont les nez sont petits et*

---

[10] Ce Hadith a été rapporté par Ahmed, Darimi, Ibn Abi Chayba et El-Hâkim qui l'a authentifié, et Dhahabi l'a approuvé. Voir *La Chaîne des Hadiths Authentiques,* vol. 1, p. 8, nº 4.

[11] Ce Hadith a été rapporté par Ibn Hibbane dans son *Sahih,* et par Ibn 'Arouba dans son livre *Mountaqa min Tabaqate*. Le cheikh Nasser Eddine El-Albani l'a menionné dans *La Chaîne des Hadiths Authentiques,* vol. 1, p. 7, nº 3.

écrasés: leurs visages sont comparables aux boucliers forgés. L'Heure ne se lèvera pas avant que vous ne combattiez un peuple dont les chaussures seront faites de poils.» Les termes de ce Hadith-ci sont ceux que Boukhari a rapportés.[12]

Ceci s'est réalisé tel que le Messager d'Allah (ﷺ) l'avait annoncé: les musulmans ont combattu les Tartares plus d'une fois.

Nawawi a dit, à propos des Tartares qui ont envahi le monde musulman: les Tartares dont a parlé le Messager d'Allah (ﷺ) sont présents à notre époque... avec l'ensemble des descriptions que le Prophète (ﷺ) a données: ils ont des petits yeux, leurs visages sont blancs et écarlates sur les joues, leurs nez sont petits et écrasés, leurs visages sont larges comme des boucliers forgés, et ils portent effectivement des chaussures de poils. Nous les rencontrons à notre époque, tels qu'ils ont été décrits. Les musulmans les ont combattus plusieurs fois et les combattent encore. Nous demandons à Allah le Généreux, un aboutissement favorable pour les affaires des musulmans et des autres, pour le restant de leurs situations, et une permanente bienveillance et protection contre eux. Que la Prière d'Allah et Son Salut soient sur Son messager (ﷺ) qui ne prononce rien sous l'effet de la passion, car ce n'est rien d'autre qu'une Révélation inspirée, *conclut Nawawi.*[13]

---

[12] Voir *Sahih* de Boukhari, livre du djihad - chapitre des Tartares; voir *Fat'hou El-Bâri,* vol. 6, p. 103; *Sahih* de Mouslim, livre des discordes et des calamités, vol. 4, p. 2233, n° 2912. Le Prophète a comparé leurs visages à des boucliers forgés, car leurs visages sont larges et ronds, et leurs joues sont écarlates.

[13] Voir Explication du *Sahih* de Mouslim par Nawawi, vol. 18, p. 38. Il est évident que Nawawi a suivi de près la prophétie annoncée par le Messager d'Allah, car il expliquait le Hadith, tandis que la bataille était embrasée entre les musulmans et ceux dont parlait le Messager d'Allah, et il a certes vu leurs descriptions de ses propres yeux.

SECTION 2

L'APPARITION D'IMPOSTEURS PRETENDANT A LA PROPHETIE

Le Messager d'Allah (ﷺ) a informé que des imposteurs prétendant être des Prophètes se manifesteront dans la communauté musulmane. Le Messager d'Allah (ﷺ) a informé que leur nombre était d'environ trente ou de vingt-sept, selon les Hadiths. La signification de la prétention à la prophétie de ces personnes-là est qu'ils provoqueront la discorde, que les gens les suivront, et qu'ils se feront leurrer par leurs mensonges. Quant à ceux qui l'ont prétendue sans que les gens se soient préoccupés d'eux, ils ont été nombreux.

Dans le *Sahih* de Boukhari et le *Sahih* de Mouslim, il a été rapporté d'après Abou Houraïra (ﷺ) que le Messager d'Allah (ﷺ) a dit: *«L'Heure ne se lèvera pas avant que ne se manifestent environ trente imposteurs, très grands menteurs, prétendant chacun être le Messager d'Allah.»*[14]

Dans le *Sahih* de Mouslim, on a rapporté que Thawbane (ﷺ) a dit: le Messager d'Allah (ﷺ) a dit: *«Certes, il y aura dans ma communauté trente grands menteurs qui prétendront chacun être prophète. Or, je suis le dernier des Prophètes, et il n'y aura pas de Prophète après moi.»*[15]

Dans le *Musned* d'Ahmed, dans le *Mouchkel El-Athaar* de Tahawi, dans le *Mou'jame El-Kabir* et *El-Awsate* de Tabarani, il a été rapporté, selon une chaîne de transmission authentique d'après Houdhayfa (ﷺ), que le Prophète (ﷺ) a dit: *«Parmi les gens de ma*

---

[14] *Sahih* de Boukhari: livre des discordes et des calamités; *Fat'hou El-Bâri,* vol. 13, p. 81.

[15] Ce Hadith a été rapporté par Mouslim dans son *Sahih.* Voir également *Jami'e El-Oussoul,* vol. 10, p. 404.

communauté, il y aura des grands menteurs et des imposteurs au nombre de vingt-sept, dont quatre femmes. Or, je suis le dernier des Prophètes, et il n'y aura pas de prophète après moi.»[16]

Un grand nombre de ces grands menteurs-là s'est déjà manifesté dans le passé. A l'époque des Compagnons, il y a eu: Mousseilema le grand menteur, El-Aswad El-'Ansi et Sajah El-Kahina. A l'époque de la génération suivant celle des Compagnons, il y eut: Mokhtar El-Thaqafi qui a prétendu à la prophétie. Puis, il y a plus d'un siècle, il y eut Hussayn Ibn 'Ali Ibn Mirza Abbas, en Iran, qui a prétendu être prophète.[17] Il a été surnommé *Baha'ou-allahi* et ses adeptes. Le dernier duquel nous avons entendu se prétendre prophète est Mahmoud Mohammed Taha le Soudanais qui a égaré bon nombre de gens par ses écrits et ses articles. Il a été exécuté au début de cette année *[c'est-à-dire en 1985]*, par l'Etat soudanais à cause de ses égarements, de sa mécréance et de son apostasie. Que la malédiction d'Allah (ﷻ) soit sur les injustes! Mais le grand Imposteur est celui qui se manifestera à la fin des temps. C'est alors qu'Allah (ﷻ) fera descendre du ciel Jésus fils de Marie pour mettre fin à son épreuve.

SECTION 3

LES DISCORDES, LES CALAMITES ET LES EPREUVES

§ 1er - La mise en garde contre cela

L'homme vertueux est le musulman qui fait preuve de rectitude dans la religion qu'Allah (ﷻ) a fait descendre. La communauté

[16] Voir *La Chaîne des Hadiths Authentiques,* vol. 4, p. 654, n° 1999.

[17] Cet homme est né à Téhéran en 1233 de l'Hégire. Il est mort à 'Aka en Palestine, en l'an 1309 de l'Hégire.

pieuse est celle qui adopte cette religion et qui s'y conforme. D'autre part, l'individu musulman et la communauté musulmane sont tous éprouvés par différentes sortes d'épreuves. L'épreuve peut provenir de l'intérieur même de la communauté à cause des passions, de la désunion et de la rivalité. Elle peut être aussi représentée par un ennemi rancunier qui envahit cette communauté et l'humilie.

Quant à l'épreuve qui découle de la désunion et de la rivalité, elle peut aboutir à ce que les uns prennent les armes contre les autres: alors des âmes périssent, le sang est versé, les interdits sont transgressés, et les biens sont pillés. Allah (سبحانه وتعالى) a certes montré à Son messager (ﷺ) de nombreuses épreuves et discordes par lesquelles la communauté musulmane sera éprouvée dans le futur. C'est en rapport à cela que le Messager d'Allah (ﷺ) a longuement entretenu les Compagnons de ces discordes et calamités, et leur en a indiqué l'issue favorable.

Abou Zeyd 'Amr Ibn Akhtab (رضي الله عنه) a dit: *[un certain jour]*, le Messager d'Allah (ﷺ) a dirigé la prière du *Fajr*. Puis il est monté sur la chaire et nous a tenu un sermon jusqu'à la prière du *Dhoh'r*. Après quoi, il en est descendu et a prié. Puis il est remonté sur la chaire et nous a tenu un sermon jusqu'à la prière du *'Asr*. Puis, il est remonté sur la chaire et nous a tenu un sermon jusqu'au coucher du soleil. Il nous a informés de ce qui allait se produire comme grands événements et discordes. Le plus informé d'entre nous est celui qui a le plus retenu.[18]

Il se peut que cette situation soit celle qu'a évoquée Houdhayfa Ibn El-Yamêne (رضي الله عنه). Il a été confirmé que ce dernier a dit: le Messager d'Allah (ﷺ) nous a tenu un sermon dans lequel il n'a rien négligé de tout ce qui allait se produire jusqu'à l'arrivée de l'Heure, Il

---

[18] Ce Hadith a été rapporté par Mouslim dans son *Sahih*, livre des discordes et des calamités - chapitre: l'information du Prophète sur ce qui se produira jusqu'à l'arrivée de l'Heure: vol. 4, p. 2217, nº 2892.

y a, sans doute, ceux qui ont retenu et d'autres qui ont oublié. Mes compagnons en ont certes pris connaissance. Si j'ai pu oublier une partie de ces événements, *[je sais que]* dès que je les verrai, je me les rappellerai, de la même manière que l'homme oublie le visage d'un autre qui s'est absenté, puis lorsqu'il le revoit, il le reconnaît.[19]

Certaines de ces épreuves sont sévères et sombres, d'autres plus modérées. Dans le *Sahih* de Mouslim, d'après Houdhayfa (ﷺ): *«Trois de ces épreuves n'épargneront rien.*[20] *Certaines sont semblables aux vents d'été.*[21] *Certaines seront minimes et d'autres seront graves.»*[22]

La dureté de ces épreuves peut aboutir à ce que le musulman sorte de sa religion. D'après Abou Houraïra (ﷺ), le Prophète (ﷺ) a dit: *«Empressez-vous d'accomplir des œuvres pieuses, avant que ne se manifestent des épreuves semblables aux parties de la nuit obscure.*[23] *Le matin, l'individu sera croyant, et au soir il sera mécréant. Le soir, il sera croyant, et au matin il sera mécréant. L'un d'entre vous vendra même sa religion contre un bien infime du bas monde.»* [24]

D'après Anas Ibn Malik (ﷺ), le Messager d'Allah (ﷺ) a dit: *«Se manifesteront, avant l'Heure, des épreuves semblables aux parties*

---

[19] Voir *Sahih* de Mouslim, livre des discordes et des calamités, chapitre del'information du Prophète sur ce qui se produira jusqu'à l'arrivée de l'Heure, vol. 4, p. 2217, nº 2892.

[20] C'est-à-dire qu'elles seront universelles, touchant la totalité des gens, et se rapportant aux affaires religieuses et non religieuses. [*Trad.*]

[21] C'est-à-dire qu'elles viendront, s'en iront, ne s'établiront pas, sans persister. [*Trad.*]

[22] *Sahih* de Mouslim: vol. 4, p. 2216, 2891.

[23] C'est-à-dire: des épreuves obscures s'accumuleront les unes après les autres, comme s'accumulent les ténèbres de la nuit. Il fera si noir, que l'on ne discernera pas le bien du mal. [*Trad.*].

[24] Ce Hadith a été rapporté par Mouslim, Ahmed et Tirmidhi. Voir *Sahih El-Jami'e*, vol. 3, p. 4.

ténébreuses de la nuit: au matin l'homme sera croyant, et au soir il sera mécréant. Au soir il sera croyant, et le matin il sera mécréant. Des gens vendront même leur religion contre les biens du bas monde.» Ce Hadith a été rapporté par Tirmidhi, dans ses *Sunan*, qui a dit: ce Hadith est bon et authentique.[25]

La lourdeur et la dureté de ces épreuves atteindront un point tel que le musulman souhaitera et voudra mourir, afin d'en être délivré. D'après Abou Houraïra (ﷺ), le Prophète (ﷺ) a dit: *«L'Heure ne se lèvera pas avant que l'homme, en passant auprès de la tombe d'un homme, dise: ah! Si je pouvais être à sa place...»*[26]

Dans la variante rapportée par Mouslim, les termes sont les suivants: *«Par Celui qui tient mon âme en Sa Main, la vie terrestre ne s'en ira pas avant que l'homme, passant auprès d'une tombe, ne se vautre dessus en disant: ah! Si je pouvais être à la place de celui qui occupe cette tombe, alors qu'il n'est pas endetté, mais à cause des épreuves* [qu'il subit].»

Parmi les plus importantes causes qui conduiront aux discordes, aux épreuves et aux calamités, il y aura le peu de science, une grande ignorance, l'abandon de l'Islam, la perpétration des péchés, et la transgression des interdits. D'après Abdallah Ibn Massoud (ﷺ) et Abou Moussa Al-Ach'ari (ﷺ), le Messager d'Allah (ﷺ) a dit: *«Avant l'Heure, il y aura une époque où apparaîtra l'ignorance, la science disparaîtra* [par la disparition des savants] *et le meurtre sera abondant.»*[27] Ce Hadith a été rapporté par Boukhari et Mouslim.

---

[25] Voir *Jami'e El-Oussoul,* vol. 10, p. 383.

[26] Voir *Sahih* de Boukhari, livre des discordes et des calamités - chapitre: l'Heure ne se lèvera pas avant que ceux qui sont dans les tombes ne soient enviés; voir *Fat'hou El-Bâri,* vol. 13, p. 75; *Sahih* de Mouslim, vol. 4, p. 2231.

[27] Voir *Jami'e El-Oussoul,* vol. 11, p. 408, n° 7924.

Il a été rapporté qu'Anas Ibn Malik (ﷺ) a dit: j'ai entendu le Messager d'Allah (ﷺ) dire: *«Parmi les signes avant-coureurs de l'Heure; il y a la disparition de la science* [par la disparition des savants], *le foisonnement de l'ignorance, de l'adultère, de la consommation d'alcool, une quantité faible d'hommes et un grand nombre de femmes, au point qu'il y aura un régisseur pour cinquante femmes»*. Dans une autre variante: *«La science se raréfiera et l'ignorance se manifestera.»* Ce Hadith a été rapporté par Boukhari et Mouslim.[28]

Le faible nombre d'hommes et la grande quantité de femmes - comme cela a été clarifié dans certains Hadiths - seront dus aux guerres qui éclateront à ces époques. Les informations du Messager d'Allah (ﷺ) au sujet de la multiplication des tueries, à la fin des temps, sont nombreuses dans les Hadiths. Cela ne signifie pas que les musulmans combattront les mécréants, mais que les musulmans s'entre-tueront. La plupart du temps, les raisons et les objectifs de ces guerres sont inconnus.

D'après Abou Moussa Al-Acha'ari (ﷺ), le Prophète (ﷺ) a dit: *«Avant l'Heure, il y aura* [un foisonnement] *du meurtre.»* - Ils ont demandé: c'est quoi le meurtre? - Il a répondu: *«Il ne s'agit pas du meurtre des idolâtres, mais celui d'entre vous, au point que l'homme tuera son voisin, son frère, son oncle paternel, et son cousin paternel.»* - Ils ont demandé: serons-nous doués de discernement à cette époque-là? - Il a répondu: *«Les gens, à cette époque, n'en seront pas doués. Cette absence de discernement se matérialisera par la présence de personnes viles. La plupart croiront qu'ils tiennent sur quelque chose, alors qu'ils ne tiendront sur rien.»*[29]

---

[28] Voir *Michkatou El-Massabih,* vol. 3, p. 21.

[29] Ce Hadith a été rapporté par Ahmed selon une chaîne de transmission authentique. Voir *La Chaîne des Hadiths Authentiques* de cheikh Nasser Eddine El-Albani, vol. 4, p. 248.

D'après Abou Houraïra (ﷺ), le Messager d'Allah (ﷺ) a dit: *«Par Celui qui tient mon âme en Sa Main, il viendra certes un temps où celui qui tuera ne saura pas pourquoi il tue, et celui qui sera tué ne saura pas pourquoi il a été tué.»*[30]

§ 2 - Exemples de discordes, calamités et épreuves

Premièrement: L'assassinat du calife Othmane (ﷺ) qui se tenait dans la bonne voie, et la désunion de la communauté:

Parmi les plus grandes discordes que le Messager d'Allah (ﷺ) a annoncées, il y a celle qui a abouti à l'assassinat du calife bien guidé Othmane Ibn 'Affan (ﷺ) et à la désunion de la communauté musulmane. De là, a résulté la guerre au sein des rangs de la communauté, et les uns ont pris les armes contre les autres, le sang propre et pur des deux groupes musulmans en divergence a coulé. La description la plus véridique de cette discorde est qu'elle était comparable à l'agitation des vagues de la mer.

Houdhayfa (ﷺ) était assis auprès d'Omar Ibn El-Khattab (ﷺ). Ce dernier a demandé: «Lequel d'entre vous a retenu les propos du Prophète (ﷺ) au sujet des discordes et des calamités?» - Houdhayfa a répondu: «Les péchés de l'homme par rapport à ses épouses, ses biens et sa progéniture, qui sont expiés par la prière, la *Zakate*, ordonner le bien et interdire le répréhensible.» - Omar a dit: «Ce n'est pas au sujet de celles-ci que je te questionne, mais au sujet de la discorde semblable à l'agitation des vagues de la mer.»[31]

- Alors Houdhayfa a dit: «Elle ne t'atteindra en rien, ô émir des croyants, car il y a entre toi et elle une porte fermée.»[32]

---

[30] Ce Hadith a été rapporté par Mouslim dans son *Sahih,* livre des discordes et des calamités, chapitre: l'Heure ne se lèvera pas avant que l'homme ne passe auprès de la tombe d'un homme..., vol. 4, p. 2231, n° 2908.

[31] C'est-à-dire: la discorde où les gens s'agiteront à la manière des animaux ayant perdu la raison. Voir *Fat'hou El-Bâri,* vol. 14, p. 549. [*Trad.*]

[32] C'est-à-dire: tant que tu seras en vie, la porte des discordes sera tenue fermée. [*Trad.*]

- Omar a dit: «Cette porte sera-t-elle brisée ou ouverte?»[33]

- Houdhayfa a dit: «Elle sera plutôt brisée.»

- Omar a répliqué: «Dans ce cas-là, cette porte ne sera plus jamais tenue fermée.»

- Houdhayfa a dit: «En effet...»

[Ceux à qui Houdhayfa racontait le Hadith ont dit]: nous avons demandé à Houdhayfa: Omar avait-il connaissance de ce qu'était la porte? Houdhayfa a répondu: «Oui, il l'a su par nécessité, comme l'on sait que le jour est précédé par la nuit, et parce que je lui ai raconté un Hadith et non des paroles mensongères...» Nous avons craint de le questionner au sujet de la porte, alors nous avons demandé à Masrouq de le faire. Il a dit: qui servait de porte? - Houdhayfa a répondu: «C'est Omar.»[34]

Le Messager d'Allah (ﷺ) a certes indiqué l'année où allait se produire cette discorde. D'après Abdallah Ibn Massoud (رضي الله عنه), le Messager d'Allah (ﷺ) a dit:

«La meule de l'Islam tournera pendant trente-cinq ans.[35] *Puis, si les musulmans sont anéantis, alors leur devenir sera celui de ceux qui ont été anéantis. Puis si leur pouvoir établit leur religion, alors il durera soixante-dix ans.»*

J'ai dit - dans une autre variante, Omar a dit -: ô Prophète d'Allah! Soixante-dix ans à partir de la fin des trente-cinq années ou

---

[33] C'est-à-dire: serai-je assassiné ou mourrai-je de mort naturelle? [*Trad.*]

[34] Voir *Sahih* de Boukhari, livre des discordes et des calamités, chapitre: la discorde semblable à l'agitation des vagues de la mer; *Fat'hou El-Bâri,* vol. 13, p. 48; *Sahih* de Mouslim, livre des discordes et des calamités, chapitre: la discorde semblale à l'agitation des vagues de la mer, vol. 4, p. 2218. Les termes de ce Hadith sont ceux que Boukhari a rapportés.

[35] C'est-à-dire: la durée du règne des quatre califes: Abou Bakr, Omar, Othman et Ali.

soixante-dix ans incluant les trente-cinq années? - Il a répondu: *«Soixante-dix ans incluant les trente-cinq années»*.[36]

Par la meule, le Prophète (ﷺ) a signifié la rectitude et la constance dans la religion, et la persistance dans ce qu'a apporté la prophétie et le califat.

A été mise en évidence, dans d'autres variantes de ce Hadith, la situation de la communauté musulmane qui allait découler de l'assassinat de Othmane (رضي الله عنه). D'après Abou Houraïra (رضي الله عنه), le Messager d'Allah (ﷺ) a dit: *«L'Heure ne se lèvera pas avant que deux grands groupes ne se combattent et entre lesquels il y aura une grande tuerie, alors qu'ils sont tous deux musulmans...»*[37]

Deuxièmement: La discorde des Kharijites

Parmi les conséquences des discordes et des calamités: la désunion et la divergence. Le Messager d'Allah (ﷺ) nous a informés de l'apparition de groupes de gens, à la fin des temps, qui auront un grand rôle dans la désunion de la communauté musulmane. Ceux-là prétendront avoir de la science, ils se surchargeront de pratiques religieuses, ils appelleront à suivre le Livre d'Allah, mais en réalité, ils seront des ignorants, leurs jugements seront injustes, leurs avis seront imparfaits, ils verseront le sang de ceux qui vont à leur encontre parmi les musulmans, et ils accuseront les Compagnons et les savants d'être des ignorants.

---

[36] Ce Hadith a été rapporté par Abou Daoud, par Tahawi dans son livre *Mouchkel El-Athaar*, par El-Hâkim, par Ahmed et d'autres. El-Hâkim l'a authentifié, et Dhahabi l'a approuvé. Voir *La Chaîne des Hadiths Authentiques*, vol. 2, p. 70, n° 976.

[37] Ce Hadith a été précédemment cité à la neuvième étude du chapitre premier: le moment de l'Heure. Il a été rapporté par Boukhari dans son *Sahih,* livre des vertus, Hadiths n° 3608 et n° 3609, voir *Fat'hou El-Bâri,* vol. 6, p. 516; voir également *Sahih* de Mouslim:livre des discordes et des calamités - chapitre: lorsque deux musulmans se font face avec leurs armes. Les termes de ce Hadith sont ceux que Mouslim a rapportés.

Dans le Hadith rapporté par Boukhari et Mouslim d'après 'Ali Ibn Abi Taleb (ﷺ), le Messager d'Allah (ﷺ) a dit: *«A la fin des temps, apparaîtront des jeunes gens qui auront des esprits faibles et bêtes, qui tiendront certains propos du Prophète (ﷺ), qui réciteront le Coran, mais leur récitation ne dépassera pas leur larynx.*[38] *Ils entreront dans la religion et en sortiront aussitôt, de la même manière que la flèche traverse le gibier de part en part. Si vous les rencontrez, tuez-les, car il y a pour celui qui les tuera une récompense auprès d'Allah, au Jour de la Résurrection.»*[39]

Dans les *Sunan* d'Abou Daoud, dans celui d'Ibn Majah, dans le *Moustadrak* d'El-Hâkim, et dans le *Musned* d'Ahmed, il a été rapporté qu'Anas Ibn Malik (ﷺ) a dit que le Messager d'Allah (ﷺ) a dit: *«Il y aura, dans ma communauté, des gens qui provoqueront la divergence et la désunion: ils auront de belles paroles mais agiront mal. Ils réciteront le Coran, mais leur récitation ne dépassera pas leurs clavicules. Ils entreront dans la religion et en sortiront aussitôt, de la même manière que la flèche traverse le gibier de part en part, ils n'y reviendront que quand la flèche retournera à son coche. Ce sont les plus mauvais des hommes et les plus mauvais des animaux. Félicitations à celui qui les tuera et à celui qui se fera tuer par ces gens. Ils appelleront à suivre le Livre d'Allah, mais ils ne font partie en rien des gens qui appliquent ses Prescriptions. Celui qui les tuera sera prioritaire auprès d'Allah par rapport au restant de ma communauté. Leur signe est le rasage des têtes.»*[40]

Cette secte s'est déjà manifestée à l'époque des Compagnons qu'elle a accusés de mécréants. Elle a rendu licite l'écoulement du sang des musulmans et elle a provoqué un grand malheur au sein de la communauté.

---

[38] C'est-à-dire qu'Allah n'acceptera pas leur récitation, ni l'adoration qu'ils voueront. [*Trad.*]

[39] Voir *Sahih El-Jami'e,* vol. 3, p. 213.

[40] *Idem*, p. 217.

§ 3 - *La manière de se délivrer des calamités, des discordes et des épreuves*

Beaucoup de Compagnons se sont efforcés à reconnaître les discordes et les calamités qui allaient s'abattre sur la communauté musulmane, et à indiquer la manière d'en échapper et de s'en délivrer. Parmi ces Compagnons, plus exactement celui qui se trouve à leurs têtes, Houdhayfa Ibn El-Yémêne (ﷺ). Il a été authentifié que ce dernier a dit: «Parmi les gens, je suis assurément celui qui a le plus de connaissance au sujet de toutes les calamités, discordes et épreuves qui se produiront dans la communauté, jusqu'à l'arrivée de l'Heure.»[41]

Houdhayfa questionnait beaucoup le Messager d'Allah (ﷺ) au sujet des discordes, calamités et épreuves, afin de les éviter. Dans le *Sahih* de Boukhari, il a été rapporté que Houdhayfa (ﷺ) a dit: Les gens questionnaient le Messager d'Allah (ﷺ) au sujet du bien. Quant à moi, je le questionnais au sujet du mal, de crainte qu'il ne m'atteigne.

[Un jour], j'ai dit: ô Messager d'Allah! Nous étions dans l'Ignorance *(jâhiliya)* et dans le mal. Puis, Allah nous a apporté ce bien. Va-t-il y avoir un mal après ce bien?[42]

- Le Prophète (ﷺ) a répondu: *«Oui».*[43]

- J'ai demandé: va-t-il y avoir un bien après ce mal?

---

[41] *Sahih* de Mouslim, livre des calamités et des discordes, chapitre de l'information du Messager au sujet de ce qui se produira comme discordes dans la communauté musulmane, jusqu'à l'arrivée de l'Heure, vol. 4, p. 2216, nº 2891.

[42] C'est-à-dire: va-t-il y avoir, après cette union apportée par la foi et l'Islam, désunion et tuerie entre les musulmans? [*Trad.*]

[43] C'est-à-dire: la discorde qui surviendra entre 'Ali et Mou'awiya. [*Trad.*]

- Il a répondu: «*Oui, mais il sera marqué par une tache* (dakhène)?»[44]

- J'ai demandé: en quoi consistera cette tache?

- Il a répondu: «*Des émirs qui ne suivront pas ma voie. Tu reconnaîtras du bien dans certains de leurs agissements, et tu en réprouveras certains.*»

- J'ai demandé: va-t-il y avoir un mal après ce bien?

- Il a répondu: «*Oui, des prêcheurs qui inviteront à des agissements qui entraîneront en Enfer. Celui qui les suivra, sera précipité dedans.*»

- J'ai dit: ô Messager d'Allah! Décris-les-moi.

- Il a répondu: «*Ils sont de la communauté arabe et professent l'attestation de foi.*»

- J'ai demandé: que m'ordonnes-tu de faire, si je suis contemporain de ces faits?

- Il a dit: «*Rattache-toi à la communauté des musulmans et à leur émir.*»

- J'ai dit: et s'ils n'ont ni groupe, ni émir?

- Le Messager d'Allah (ﷺ) a dit: «*Ecarte-toi de toutes ces sectes*[45]*, même si cela doit te conduire à te nourrir de la racine d'un arbre jusqu'à ce que la mort te vienne, tandis que tu tiens toujours ta position*».[46]

---

[44] C'est-à-dire: cette unification aura lieu sous le règne de Mou'awiya. [*Trad.*]

[45] C'est-à-dire: celles qui invitent à instaurer des gouvernements en leurs noms. Cela indique qu'il est obligatoire de s'écarter des partis politiques islamiques qui invitent à s'insurger contre les gouverneurs musulmans. [*Trad.*]

[46] *Sahih* de Boukhari: livre des calamités et des discordes - chapitre: que=

Dans le Hadith d'Al-'Irbâdh Ibn Sâriya (ﷺ), il a été rapporté que le Messager d'Allah (ﷺ) a ordonné de s'accrocher à l'Islam et d'obéir à l'émir, de se tenir à sa Sunna et à celle des califes bien guidés qui se tiennent sur la bonne voie, après lui.

Abderrahman Ibn 'Amr (ﷺ) rapporte qu'il a entendu Al-'Irbâdh Ibn Sâriya (ﷺ) dire: le Messager d'Allah (ﷺ) nous a tenu un sermon, où il a approfondi l'intimidation et la mise en garde, si bien que nos yeux ont pleuré et nos cœurs ont frémi. Nous avons alors dit: ô Messager d'Allah! Serait-ce un sermon d'adieu? Donne-nous donc des recommandations?

Il a répondu: *«Je vous laisse assurément sur une direction exemplaire blanche,*[47] *sa nuit comme son jour, et celui qui s'en écartera sera damné. Celui, parmi vous, qui vivra après moi verra de nombreuses divergences. Tenez-vous donc fermement à ma Sunna et à celle des califes qui se tiennent dans la bonne voie et qui sont bien guidés, et tenez-y avec vos molaires. Obéissez à tout émir, même si celui-ci est un esclave d'Ethiopie, car le croyant est comparable à un chameau docile, où qu'il soit guidé, il se laisse guider.»*[48]

Comment le musulman doit-il se comporter dans les guerres entre Musulmans?

Le Messager d'Allah (ﷺ) a indiqué à sa communauté la manière d'agir face à de telles discordes et calamités qui éclatent entre Musulmans, dès lors que la vérité y sera cachée et que les choses seront confuses. Le Messager d'Allah (ﷺ) a appelé à éviter la lutte et

=faire s'il n'y a pas de groupe musulman auquel se rattacher, *Fat'hou El-Bâri,* vol. 13, p. 35.

[47] C'est-à-dire: la religion pure de tout égarement, de passion et d'innovation. [*Trad.*]

[48] Ce Hadith est authentique. Il a été rapporté par Ibn Majah, Tirmidhi, et Ahmed. Voir *La Chaîne des Hadiths Authentiques* de cheikh El-Albani, vol. 2, p. 647, nº 937.

le combat dans une telle situation, à se retirer dans un endroit lointain comme celui où l'homme emmène paître ses moutons aux sommets des montagnes ou à combattre les ennemis aux frontières de l'Etat musulman. S'il vient à être confronté aux armes des musulmans, il lui est ordonné de ne pas se défendre, même si cela doit le conduire à la mort.

Abou Bakra (رضي الله عنه) a rapporté que le Messager d'Allah (ﷺ) a dit: *«Des discordes vont arriver. En vérité, des discordes vont arriver durant lesquelles celui qui se tiendra à sa place sera mieux que celui qui s'y dirigera en marchant; celui qui s'y dirigera en marchant sera mieux que celui qui s'y empressera. En vérité, lorsqu'elles se produiront ou lorsqu'elles arriveront, que celui qui possède des chameaux aille à ses chameaux. Que celui qui possède des moutons, aille à ses moutons, et que celui qui possède une terre, aille à sa terre.»* - Un homme a demandé: ô Messager d'Allah! Que penses-tu de celui qui n'aura ni chameau, ni mouton, ni terre? - Il a répondu:

«Qu'il se dirige, alors, vers son épée et brise son tranchant avec une pierre, puis qu'il se sauve, s'il est en mesure [de le faire]... *Ô Allah! Ai-je bien transmis? Ô Allah! Ai-je bien transmis?»* -

Un homme a encore demandé: ô Messager d'Allah! Que penses-tu si l'on me contraint à rejoindre une des deux armées belligérantes, puis qu'un homme me frappe de son épée ou qu'une flèche m'atteigne et me tue? - Il a répondu:

«Il emportera alors son péché [de t'avoir tué] *et te*[s] *péché*[s], *et il sera du nombre des gens de l'Enfer.»*[49]

D'après Abou Sa'id El-Khoudri (رضي الله عنه), le Messager d'Allah (ﷺ) a dit: *«Bientôt, les meilleurs biens du musulman seront des moutons*

[49] Voir *Sahih* de Mouslim, livre des calamités et des discordes, chapitre de l'arrivé des discordes et des calamitées, vol. 4, p. 2212, nº 2887.

avec lesquels il sillonnera les sommets des montagnes et les pâturages, se sauvant ainsi des discordes, [avec] *sa religion».*[50]

Dans le Hadith d'Abou Houraïra (ﷺ), rapporté par El-Hâkim, le Messager d'Allah (ﷺ) a dit: *«Il vous arrivera des discordes qui vous envelopperont, semblables aux parties de la nuit obscure. Celui qui en sera le plus en sécurité sera celui qui habitera la montagne, se nourrissant du lait de ses brebis, ou un homme vivant au-delà des gorges des montagnes, tenant les rênes de son cheval, se nourrissant* [du gibier qu'il aura tué] *avec sa lance.»*[51]

Le Messager d'Allah (ﷺ) a éclairci à Abou Dherr (ﷺ) l'attitude à adopter en cas de discordes et de calamités, lorsque ce dernier lui a demandé: informe-moi de ce que je ferai, si les gens s'entre-tuent, au point que Hijârete ez-Zeit[52] soit noyée dans le sang? - Il a répondu: *«Reste chez toi, et enferme-toi à clé!»* - Abou Dherr a dit: et si l'on ne me laisse pas? - Il a répondu: *«Va alors auprès de celui à qui tu as prêté serment d'allégeance, et reste parmi ceux qui lui ont aussi prêté serment.»* Abou Dherr a dit: devrai-je prendre mon arme? - Il a répondu:

«Tu seras associé à eux. Et si tu crains d'être aveuglé par les éclats des épées,[53] *alors couvre-toi le visage avec l'extrémité de ton vêtement,*[54] *afin que* [celui qui te tuera] *porte son péché* [de t'avoir tué] *et te*[s] *péché*[s], *et qu'il soit parmi les gens de l'Enfer.»*[55]

---

50 Voir *Sahih* de Boukhari, livre: fuir la discorde, *Fat'hou El-Bâri,* vol. 13, p. 40.

51 Ce Hadith a été rapporté par El-Hâkim qui l'a authentifié, et Dhahabi l'a approuvé. Voir *La Chaîne des Hadiths Authentiques*, vol. 3, p. 466 et vol. 4, p. 642.

52 Un endroit situé à Médine.

53 C'est-à-dire: d'être présent au combat. [*Trad.*]

54 C'est-à-dire: pour ne pas combattre. [*Trad.*]

55 Ce Hadith est authentique. Il a été rapporté par Ahmed, Abou Daoud, Ibn Hibbane et El-Hâkim. Voir *Sahih El-Jami'e,* vol. 6, p. 258.

Les Hadiths que nous avons cités et d'autres renferment le même sens sont les arguments de ceux, parmi les Compagnons, qui n'approuvent pas le combat en cas de discordes.

Ce sont ceux qui ont délaissé le combat aux côtés de Ali Ibn Abi Taleb (ﷺ) dans les affrontements qu'il a entrepris malgré lui. Parmi ces Compagnons, Sa'd Ibn Abi Waqas (ﷺ), Abdallah Ibn Omar (ﷺ), Mohammed Ibn Muslema (ﷺ), Abou Bakrata (ﷺ) et d'autres. Ils ont dit: «Il est obligatoire de s'abstenir, de telle sorte que, si l'un tente de tuer l'autre, ce dernier ne doit pas se défendre».

D'autres Compagnons ont dit: «Le musulman ne doit pas participer à la discorde, mais si quelqu'un a l'intention de le tuer, alors qu'il se défende».

La majorité des Compagnons et des *Tabi'i* - leurs successeurs - ont adopté l'avis de l'obligation de soutenir la vérité et de combattre les injustes insurgés. Ces derniers ont porté le sens des Hadiths cités à ce sujet, à celui qui est incapable de combattre ou qui ne peut distinguer le détenant de la vérité.[56]

Tabari a dit: le principe de la discorde est l'épreuve. Réprouver le mal est une obligation pour celui qui en a la possibilité. Quiconque donc soutient le détenant de la vérité a vu juste. Quiconque soutient celui qui a tort s'est certes trompé. Mais l'interdiction de combattre concerne les cas où la situation est ambiguë.[57]

Il n'y a aucun doute que l'éclaircissement de la vérité, dans de tels cas où il y a discorde et où chacun manifeste sa passion, est une chose très ardue. Le plus sûr est de s'éloigner et de s'isoler, afin que le musulman ne verse pas le sang illicitement et qu'il ne cause aucun préjudice à un autre musulman. Mais Allah (ﷻ) est le plus savant au sujet de la vérité.

---

[56] Voir *Fat'hou El-Bâri,* vol. 13, p. 33.

[57] Voir *Fat'hou El-Bâri,* vol. 13, p. 31.

§ 4 - Le foyer et la provenance des calamités, des discordes et des épreuves

Le Messager d'Allah (ﷺ) nous a informés de quelle contrée proviendra les vents des discordes en terre d'islam. Dans le *Sahih* de Boukhari, dans celui de Mouslim, et dans le *Mouwatta'* de l'imam Malik, il a été rapporté d'après Abou Houraïra (رضي الله عنه) que le Messager d'Allah (ﷺ) a dit: «*La source de la mécréance provient de l'Irak. La fierté, l'orgueil et le mépris se trouvent chez les éleveurs de chevaux et de chameaux. Ceux qui possèdent beaucoup de chameaux et de bétail sont les nomades. La quiétude se trouve chez les éleveurs de moutons.*»[58]

On a rapporté d'après Abdallah Ibn Omar (رضي الله عنه), que le Prophète (ﷺ) s'est mis debout à côté de la chaire et a dit: «*La discorde proviendra de là-bas: du côté où montera la corne du diable*»[59] - *ou il a dit: «la corne du soleil»*. Ce Hadith a été rapporté par Boukhari et Mouslim. Dans la variante de Mouslim d'après Aïcha (رضي الله عنها), ont été rapportés les termes suivants: «*La source de la mécréance proviendra de ce côté-là: du côté où montera la corne du diable.*»[60]

A été rapporté dans un autre Hadith d'après Ibn Omar (رضي الله عنه), que le Messager d'Allah (ﷺ) a dit: «*Ô Allah! Bénis pour nous notre Syrie et notre Yémen.*» Ils ont dit: ô Messager d'Allah! Et notre Nejd? Je crois qu'à la troisième fois, il a dit: «*Là-bas, se produiront les*

---

[58] Voir *Jami'e El-Oussoul,* vol. 10, p. 61, nº 7528.

[59] C'est-à-dire: où naîtront les grandes discordes et où le diable prendra fortement possession de cette région par son égarement des habitants dans leurs affaires religieuses et non religieuses: alors, les gens prendront part à ces discordes. [*Trad.*]

[60] Voir *Sahih* de Boukhari, livre des calamités et des discordes - chapitre: la parole du Prophète: «*La discorde provient du côté de l'Irak*», *Fat'hou El-Bâri,* vol. 13, p. 45; voir aussi *Sahih* de Mouslim, livre des calamités et des discordes, chapitre de la discorde provient d'Irak, vol. 4, p. 2229, nº 2905.

tremblements de terre et les discordes. Là-bas, montera la corne du diable.»[61]

Al-Khattabi a dit: Nejd se situe à l'Est. Pour celui qui se trouve à Médine, Nejd est le désert d'Irak et ses alentours: c'est l'Est pour les habitants de Médine. A l'origine, *nejd* désigne les terrains surélevés; c'est l'opposé des terrains encaissés. Quant à Tihama[62], c'est une région aux terrains encaissés, et la Mecque en fait partie.[63]

Sans aucun doute, l'Irak est à l'Est. Il est considéré comme étant le *nejd* de Médine. C'est ce qu'a compris Salem, le fils de Abdallah Ibn Omar (ﷺ). Lorsque les habitants d'Irak commettaient des atrocités et questionnaient au sujet de choses futiles, Salem leur a dit: ô habitants d'Irak! Que vos questions sont mesquines, tandis que vous commettez les grands péchés![64] J'ai entendu mon père dire: j'ai entendu le Messager d'Allah (ﷺ) dire: *«La discorde proviendra de là-bas»* et il avait tendu sa main vers l'Irak, *«où montera la corne du diable»*. Et vous, vous vous entre-tuerez![65]

Celui qui étudie l'Histoire apprend que les vents des calamités et des discordes sur la communauté et le monde musulmans, soufflaient de l'Irak. C'est de là qu'a jailli la discorde qui a abouti à l'assassinat d'Othmane (ﷺ) le calife qui se tenait dans la bonne voie. C'est de là que s'est manifestée la secte hérétique Harouriya[66] appartenant à la

[61] Voir *Sahih* de Boukhari, livre des calamités et des discordes - chapitre: la parole du Prophète: *«La discorde provient du côté de l'Irak»*, *Fat'hou El-Bâri,* vol. 13, p. 45.

[62] C'est le désert compris entre la chaîne montagneuse Sarawat (s'étendant du Yémen à la Syrie) et la mer Rouge. [*Mou'jam El-Amkina,* p. 112]. [*Trad.*]

[63] *Fat'hou El-Bâri,* vol. 13, p. 47.

[64] Il a été questionné au sujet du statut du sang du moustique atteignant les vêtements, alors qu'ils avaient versé le sang d'El-Hussayn le fils de Ali (qu'Allah les agrée tous les deux). [*Trad.*]

[65] Ceci a été rapporté par Mouslim dans son *Sahih*, livre des discordes et des calamités, chapitre de la discorde provient d'Irak, vol. 4, p. 2229, nº 2905.

[66] Haroura est une ville proche de Koufa en Irak.

secte des Kharijites. En effet, les vents des Kharijites n'ont pas cessé de souffler sur la communauté musulmane jusqu'à l'époque des Omeyyades. C'est de là également que la révolte des *Zinj* à Bassora, en Irak, a éclaté en 255 de l'Hégire. C'est de là, au cours de l'année 278 de l'Hégire qu'a émané le mouvement des Qarmates. Puis, celui qui prendra connaissance de ce que la révolte des *Zinj* et le mouvement des Qarmates ont causé dans la communauté musulmane, sera stupéfait des atrocités qu'ils ont commises.

C'est de l'Orient que les vents des Tartares ont soufflé, et il en sera ainsi jusqu'à ce que viennent de Khorassane[67] les étendards de l'Antéchrist *(ad-dajjâl),* comme nous en a informés le Messager d'Allah (ﷺ).

Il n'y a pas de contradiction entre les Hadiths délimitant le foyer des calamités et des discordes qui jailliront dans la communauté, et le Hadith du Messager d'Allah (ﷺ) rapporté d'après Oussama Ibn Zeyd (ﷺ) où est cité que le Prophète (ﷺ) est monté sur une citadelle de Médine et a dit: *«Voyez-vous ce que je vois?»* Ils ont répondu: non. Il a dit: *«Je vois des discordes s'abattre à proximité de vos demeures, comme s'abat la pluie.»*[68] Ce Hadith a été rapporté par Boukhari.

Ibn Hajar, en expliquant ce Hadith, a dit: ce Hadith concerne seulement Médine, car c'est là qu'a eu lieu l'assassinat de Othmane (ﷺ). Puis, après cet événement, les discordes se sont répandues dans le pays. Les batailles du *Chameau* et de Siffine ont découlé de cet assassinat. Quant à la bataille de Nahrawane, elle a été causée par le fait que le groupe de Mou'awiya (ﷺ) et le groupe d'Ali (ﷺ) ont

---

[67] Khorassan est une vaste région d'Iran. [*Trad.*]

[68] Le Messager d'Allah fait allusion, dans ce Hadith, à l'abondance de discordes qui toucheront les gens, sans épargner un seul groupe, de la même manière que la pluie tombe de partout dans les régions où elle s'abat. Celui qui étudie l'Histoire et ce qui s'est produit après l'assassinat de Othman et d'El-Hussayn, se rend compte de la véracité des propos du Prophète.

voulu trancher entre eux d'après les Lois d'Allah, à Siffine, là où s'est formé le groupe de Kharijites. Tous les affrontements qui ont eu lieu, à cette époque, étaient le résultat de ces batailles-ci ou d'un fait qui en a dérivé. Mais, certes, la cause la plus grave de l'assassinat de Othmane (ﷺ) était la diffamation faite à l'encontre de ses émirs, puis à son encontre parce qu'il les avait nommés à cette fonction. Cette diffamation a d'abord eu lieu en Irak, qui se situe à l'Est. Il n'y a donc pas d'incompatibilité entre le Hadith du chapitre et celui qui va suivre où est mentionné que les calamités et les discordes proviennent de l'Est, *conclut Ibn Hajar*.[69]

SECTION 4

L'ATTRIBUTION DE L'AUTORITE A CEUX QUI N'EN SONT PAS DIGNES

Nommer la personne adéquate au poste adéquat est l'une des règles essentielles, sans laquelle la vie des hommes ne peut seoir. C'est pour cela que les époques durant lesquelles gouvernaient des hommes aux grandes compétences, parmi les gens dotés de bonté et de piété, étaient lumineuses et resplendissantes dans l'Histoire de la communauté musulmane. Le plus grand crime qui altère l'organisation de la vie est celui où les incompétents gouvernent, occupent les hautes fonctions et dirigent la vie en suivant leurs passions, tandis que sont mis de coté les meilleurs: ceux qui sont aptes à gérer les affaires de la meilleure et exemplaire manière.

En effet, le Messager d'Allah (ﷺ) a informé que, parmi les signes avant-coureurs de l'Heure, viendront des personnes à qui l'on confiera l'Autorité, alors qu'elles ne le mériteront pas.

---

[69] *Fat'hou El-Bâri,* vol. 13, p. 13.

Dans le *Sahih* de Boukhari, on a rapporté qu'Abou Houraïra (رضي الله عنه) a dit: tandis que le Messager d'Allah (ﷺ) se tenait au milieu d'une assemblée, en train de tenir un discours aux gens, un bédouin est venu à lui et a demandé: quand l'Heure viendra-t-elle? Le Messager d'Allah (ﷺ) a poursuivi son discours. Certains ont dit: il a entendu ce qu'il a dit, mais il a répugné ce qu'il a dit. D'autres ont dit: non, il n'a pas entendu. Puis, une fois qu'il eut achevé son discours, le Messager d'Allah (ﷺ) demanda: *«Où est celui qui a interrogé au sujet de l'Heure?»* - Le bédouin a dit: me voilà, ô Messager d'Allah! - Le Messager d'Allah (ﷺ) a alors dit: *«Lorsque le Dépôt sera négligé, alors attends-toi à l'Heure.»* - Il a demandé: de quelle manière sera-t-il négligé? - Il a répondu: *«Lorsque l'autorité sera confiée à ceux qui n'en sont pas dignes, alors attends-toi à l'Heure!»*[70]

Tahawi a rapporté, dans son livre *Mouchkel El-Athaar*, que le Messager d'Allah (ﷺ) a dit: *«Bientôt, le monde sera gouverné par un homme vil fils d'un père vil, et la meilleure personne sera le croyant entouré de ses deux généreux parents*[71]*».*[72]

Celui qui étudie l'Histoire de la communauté musulmane se rend compte que le mal auquel fait allusion le Messager d'Allah (ﷺ) est un des grands malheurs qui ont sévèrement touché les musulmans. Certes, la communauté a été dirigée par des hommes tyranniques qui

---

70 Voir ce Hadith dans *Jami'e El-Oussoul*: vol. 10, p. 396, nº 7904.

71 C'est-à-dire: le croyant qui héritera de la foi et de la générosité de ses parents croyants, tandis que l'idiot aura seulement hérité de la vilenie de ses parents. [*Faydhou El-Qadir,* vol. 2, p. 51]. [*Trad.*]

72 Voir *La Chaîne des Hadiths Authentiques* du cheikh Nassser Eddine El-Albani, vol. 4, p. 9, nº 1505. Dans la chaîne de transmission de ce Hadith remontant jusqu'au Prophète, il y a une faiblesse, cependant, il a été rapporté selon une voie authentique *mawquf.* Et par convention, le *mawquf* a le même statut qu'un Hadith dont la chaîne de transmission remonte jusqu'au Prophète, dans un tel cas.

ne supportaient pas d'entendre un avis contraire aux leurs. D'après Mou'awiya (ﷺ), on a rapporté que le Messager d'Allah (ﷺ) a dit: *«Après moi, des dirigeants viendront et imposeront un avis sans que l'on puisse les contredire. Ils se rueront en Enfer les uns à la suite des autres comme des singes.»*[73]

Certains de ces dirigeants sont détournés de la gestion des affaires des musulmans par l'amour des choses qu'ils désirent et par les biens éphémères du bas monde. Certains d'entre eux ne connaissent pas la vérité; ainsi, ils entraînent les gens vers ce qu'ils n'embrassent pas de leur savoir, en répandant parmi eux, des innovations et des actes répréhensibles, comme ceci a été mentionné dans le Hadith de 'Oubada Ibn Samit (ﷺ), où il est rapporté que le Messager d'Allah (ﷺ) a dit: *«Viendront des émirs qui seront distraits par les biens, et ils différeront la prière de son temps. Faites donc en sorte que votre prière, en leur compagnie, soit surérogatoire.»*[74]

Mouslim et Abou Daoud ont rapporté, d'après Oum Salama (ﷺ), que le Messager d'Allah (ﷺ) a dit: *«Viendront des émirs dont vous reconnaîtrez du bien dans certains de leurs agissements*[75] *et dont vous réprouverez certains. Celui qui répugnera sera innocenté. Celui qui réprouvera sera préservé. Par contre, celui qui sera satisfait et agira de la sorte, il ne sera pas innocenté.»*[76]

Dans le *Musned* de l'imam Ahmed, dans le *Mou'jame* de Tabarani, et dans les *Sunan* d'Ibn Majah, il a été rapporté d'après Ibn Massoud (ﷺ), que Messager d'Allah (ﷺ) a dit: *«Il vous viendront*

---

[73] Ce Hadith a été rapporté par Tabarani dans son *Mou'jam El-Kabir* et *El-Awsat*, et par Abou Ya'la. Voir *La Chaîne des Hadiths Authentiques*: vol. 4, p. 398, n° 1790.

[74] Ce Hadith a été rapporté par Abou Daoud, Ahmed et Ibn Majah selon une chaîne de transmission authentique: voir *Sahih El-Jami'e,* vol. 3, p. 205.

[75] C'est-à-dire: dont les agissements sont conformes au Coran et à la Sunna authentique. [*Trad.*]

[76] Voir *Sahih El-Jami'e,* vol. 3, p. 205.

des émirs qui différeront les prières de leurs temps et innoveront [dans la religion].» - Ibn Massoud a demandé: que devrai-je faire? - Il a répondu: *«Ô fils de la mère d'un serviteur, tu me demandes comment tu devras agir? Eh bien, aucune obéissance à celui qui désobéit à Allah.»*[77]

Nous remarquons bien que le Messager d'Allah (ﷺ) n'a pas permis de s'insurger contre les dirigeants désobéissants, en considérant ce qui en résulterait contre eux comme calamités, discordes et écoulement illicite de sang.

De plus, il a été rapporté, dans les *Sunan* de Nassaï et dans le *Sahih* d'Ibn Hibbane, selon une chaîne de transmission authentique d'après Arfaja (ﷺ), que le Messager d'Allah (ﷺ) a dit: *«Après moi, viendront le mal et la perversité. Celui que vous verrez semer la désunion sur ce en quoi la communauté a été unanime ou qui veut semer la désunion sur ce en quoi la communauté de Mohammed a été unanime,*[78] *quel qu'il soit: tuez-le, car Allah protège et aide la communauté musulmane lorsqu'elle est unanime, et le diable est avec celui qui sème la désunion sur ce en quoi la communauté a été unanime.»*[79]

SECTION 5

LA PERVERSION DES MUSULMANS

Le progrès et la souveraineté se concrétisent dans la communauté uniquement par rapport à son nombre de gens vertueux - représentant, en eux-mêmes, les valeurs vertueuses et les comportements dignes - qui s'empressent de faire régner la justice

---

[77] Idem, p. 206.
[78] C'est-à-dire: celui que la communauté a reconnu comme émir. [*Trad.*]
[79] Voir *Sahih El-Jami'e*, vol. 3, p. 206.

dans le monde actuel, de redresser ce qui est tordu, et de réformer le comportement pervers. Ce sont eux qui ont pris en charge le Dépôt que les cieux et la terre ont refusé d'assumer et qu'ils ont craint:

> ﴾Nous avons proposé aux cieux, à la terre, et aux montagnes le Dépôt. Ils ont refusé de le porter et ont eu peur, alors que l'homme s'en est chargé, car il est très injuste et très ignorant.﴿ *[Coran 33: 72]*

Le Dépôt désigne ce qu'Allah (ﷻ) a confié à Ses serviteurs comme foi et obligations religieuses, dans lequel est comprise la restitution des droits et des biens d'autrui.

Le Messager d'Allah (ﷺ) a informé que ce Dépôt disparaîtra et que cette disparition sera progressive. A l'époque de Houdhayfa (رضي الله عنه) l'on a constaté une légère partie de cela. Mais, à notre époque, cela est plus fréquent, puis une période viendra, sans doute où ce fléau sera encore plus courant qu'aujourd'hui.

Mouslim a rapporté, dans son *Sahih*, que Houdhayfa (رضي الله عنه) a dit: le Messager d'Allah (ﷺ) nous a fait part de deux Hadiths dont j'ai vu le premier se produire, tout en étant dans l'attente de voir arriver le second.

[Dans le premier Hadith], il nous a fait part que le Dépôt est descendu et s'est ancré au plus profond des cœurs des hommes. Puis le Coran est descendu. Ils ont appris *[la foi et la religion]* dans le Coran, puis ils ont appris *[la foi et la religion]* dans la Sunna. *[Dans le deuxième Hadith]*, il nous a parlé de la disparition de ce Dépôt, en disant:

«L'homme dort, puis le Dépôt est retiré de son cœur: alors sa trace subsiste comme une infime tache noire. Puis il dort une autre fois, et le Dépôt est retiré de son cœur: alors sa trace subsiste comme une boursouflure: [comme celle survenue] *après le roulement d'une braise sur ton pied qui se boursoufle: tu le vois enflé, mais il n'y a*

rien à l'intérieur.» Ensuite, le Messager d'Allah (ﷺ) *a saisi une pierre et l'a fait rouler sur son pied...* Puis il a dit: *«Alors les gens se mettront à conclure des transactions entre eux. Il n'y aura presque plus personne qui restituera le Dépôt, au point que l'on dira: il y a dans la tribu d'untel un homme digne de confiance; au point où l'on dira de l'homme: comme il est fin d'esprit, comme il est doué de bon sens, alors que dans son cœur il n'y a pas le poids d'une graine de moutarde de foi.»*

Ensuite Houdhayfa (رضي الله عنه) a dit: «J'ai vécu une époque durant laquelle je ne me souciais pas à qui d'entre vous j'ai fait acte d'allégeance. S'il s'agissait d'un musulman, sa religion l'empêcherait de me trahir; si c'était un juif ou un chrétien, son chef responsable l'en empêcherait. Tandis qu'aujourd'hui, je ne ferais acte d'allégeance parmi vous qu'à untel et untel.»[80]

SECTION 6

L'ENFANTEMENT PAR L'ESCLAVE DE SA MAITRESSE, LA RIVALITE DANS L'EDIFICATION DES CONSTRUCTIONS SURELEVEES...

Mouslim a rapporté, dans son *Sahih*, d'après Omar Ibn El-Khattab (رضي الله عنه) la venue de Gabriel vers le Messager d'Allah (ﷺ), sous l'apparence d'un homme vêtu de vêtements d'une blancheur éclatante, aux cheveux d'une intense noirceur qui a questionné le Messager d'Allah (ﷺ) au sujet de l'Islam, de la foi et de l'excellence. Le Messager d'Allah (ﷺ) a répondu à ces questions, puis Gabriel l'a interrogé au sujet de l'Heure, alors le Messager d'Allah (ﷺ) a dit:

---

[80] Ce Hadith a été rapporté par Mouslim dans son *Sahih*, livre de la foi, chapitre de la disparition du Dépôt, vol. 1, p. 126, nº 143.

«Celui qui en est interrogé n'en sait pas plus que celui qui interroge.» Gabriel a dit: informe-moi alors au sujet de ses indices. - Le Messager d'Allah (ﷺ) a répondu: *«Lorsque la servante enfantera sa maîtresse et que tu verras les va-nu-pieds, les bergers de moutons rivaliser dans l'édification de constructions surélevées.»*[81]

On a rapporté, d'après Ibn Abbas (رضي الله عنه) la réponse donnée par le Messager d'Allah (ﷺ) à cette même question: *«Lorsque tu verras la servante enfanter sa maîtresse ou son maître, et les bergers de moutons rivaliser dans l'édification de constructions élevées, et lorsque tu* verras les va-nu-pieds, affamés, pauvres venir à la tête des gens. Cela fait partie des indices et des signes avant-coureurs de l'Heure.» - Il a dit: ô Messager d'Allah! Qui sont les bergers de moutons et les va-nu-pieds, affamés pauvres? - Il a répondu: *«Ce sont les Arabes».*[82]

Ibn Rajab, en commentant ce Hadith, a dit: le sens de ce qui a été évoqué comme signes avant-coureurs de l'Heure, dans ce Hadith, revient au fait que l'Autorité sera confiée à ceux qui n'en sont pas dignes, comme l'a affirmé, dans un autre Hadith, le Prophète (ﷺ) à celui qui l'a interrogé au sujet de l'Heure: *«Lorsque l'Autorité sera confiée à ceux qui n'en sont pas dignes, alors attends-toi à l'Heure.»* Lorsque les va-nu-pieds, bergers de moutons - qui sont des personnes dures et ignorantes - viendront à tenir les rênes de l'Autorité et à détenir les richesses et les biens, de telle sorte qu'ils se mettront à rivaliser dans l'édification de constructions élevées, il n'y a aucun doute que cela causera la dégradation du régime religieux et de l'organisation de la vie (...), *poursuivit Ibn Rajab.*[83]

---

[81] Rapporté par Mouslim dans son *Sahih,* et voir *Jami'e El-'Ouloum wa El-Hikam,* p. 21.

[82] Ce Hadith a été rapporté par Ahmed dans son *Musned,* vol. 1, p. 318-319. Le cheikh El-Albani, après avoir cité sa chaîne de transmission, a dit: c'est une chaîne de transmission sans mal, d'après l'apport de Hadiths *chahids*''. Voir *La Chaîne des Hadiths Authentiques,* vol. 3, p. 332, nº 1345.

[83] Voir le livre d'Ibn Rajab, *Jami'e El-'Ouloum wa El-Hikam,* p. 39.

Quant au sens de la parole du Prophète (ﷺ): *«Lorsque la servante enfantera sa maîtresse»*, les savants ont dit: «C'est une information communiquant le grand nombre de captives et de leurs enfants. L'enfant que la captive aura eu de son maître est à l'égal de ce dernier, car les biens de l'homme sont destinés à son fils. Il se peut que l'enfant en dispose en tant que propriétaire soit par la permission de son père, soit parce qu'il sait qu'il en a l'autorisation par un indice de circonstance ou par convention. On a dit: ceci signifie qu'elle donnera naissance à un roi: elle sera donc sa mère et du nombre de ses sujets. Il sera son maître comme pour, le restant de ses sujets.»[84]

Il est connu, d'un point de vue de la *Chari'a*, que les enfants issus de captives sont libres. C'est pourquoi l'on dit que la servante enfantera sa maîtresse. De plus, certaines de ces progénitures sont arrivées à la royauté.

SECTION 7

L'APPEL MUTUEL DES COMMUNAUTES AFIN DE COMBATTRE LES MUSULMANS

Parmi les signes de l'Heure, les communautés mécréantes se rueront sur la communauté musulmane pour la combattre. Dans le Hadith de Thawbane (رضي الله عنه), il a été rapporté que le Messager d'Allah (ﷺ) a dit:

«Bientôt, les communautés s'appelleront les unes les autres [en se rassemblant contre vous], *tout comme les mangeurs se réunissent autour d'un plat de nourriture.»*[85] - *Quelqu'un a demandé: ceci*

---

[84] Explication du *Sahih* de Mouslim par Nawawi, vol. 1, p. 158.

[85] C'est-à-dire: ce groupe mangera sereinement de la gamelle sans opposition, et sans conteste. C'est de cette façon que les mécréants s'empareront de vos biens sans fatigue et sans que vous ne leur causiez du tort. [*Trad.*]

sera-t-il dû à notre faible nombre ce jour-là? - Il a répondu: «Non, au contraire, vous serez nombreux à ce jour, mais vous serez semblables à l'écume et aux débris transportés par un torrent. Allah retirera certes des cœurs de vos ennemis la crainte qu'ils éprouvaient à votre égard, et jettera dans vos cœurs la faiblesse.» - Quelqu'un a encore dit: ô Messager d'Allah! Quelle sera la cause de cette faiblesse? - Il a répondu: *«L'amour de la vie terrestre et la répugnance de la mort.»*[86]

Cela s'est produit maintes fois au cours de l'Histoire: au moment où les Croisés se sont appelés pour combattre cette communauté, et une autre fois lors de l'invasion par les Tartares du monde musulman. Mais, au cours de ce siècle, cette prophétie est plus évidente qu'au cours du siècle dernier. En effet, les Croisés, les juifs, et les athées se sont mis en accord pour mettre fin au califat musulman. Puis, ils ont fractionné en Etats tout ce que ce califat avait sous sa direction. Puis, ils se les sont partagés, en donnant la Palestine aux juifs. Les musulmans sont devenus plus égarés que des orphelins à un banquet de canailles. Les forces du mal s'appellent encore, à ce jour, les unes les autres, pour détruire cette communauté afin d'absorber ses biens, piller ses richesses et avilir ses hommes. La communauté musulmane est abaissée et humiliée. Son grand nombre ne lui est d'aucune utilité, elle est semblable à l'écume d'un liquide. La cause de ceci est, comme nous en a fait part le Messager d'Allah (ﷺ), la faiblesse *(wahène)*: *[c'est-à-dire] «l'amour de la vie terrestre et la répugnance de la mort».»*

---

[86] Par l'ensemble de ses voies, le Hadith est authentique, comme l'a affirmé le cheikh Nasser Eddine El-Albani. Il a attribué ce Hadith à Abou Daoud, à Er-Rawyani, à Ibn 'Assakir, à Ahmed dans son *Musned,* à Abou Nu'eime dans *El-Hilia*, et d'autres. Voir *La Chaîne des Hadiths Authentiques,* vol. 2, p. 684, nº 958.

La cause de cet appel mutuel:

Le cramponnement de la communauté à sa religion, ainsi que son unité sont assurément un rempart qui coupe court à toute convoitise de ses ennemis. Quelles que soient les manigances et les forces des ennemis, ils n'atteindront en aucun cas cette communauté, tant qu'elle sera unie. On a rapporté d'après Thawbane (ﷺ), que le Messager d'Allah (ﷺ) a dit:

«J'ai demandé à mon Seigneur qu'Il ne fasse pas périr totalement ma communauté par une famine et qu'Il ne fasse pas qu'un ennemi autre qu'eux-mêmes ait emprise totale sur elle, mettant ainsi fin à sa puissance. Mon Seigneur a dit:"Ô Mohammed! Lorsque J'émets un Décret, il est irrévocable. Je t'ai accordé que Je ne ferai pas périr totalement ta communauté par une famine, et que Je ne ferai pas qu'un ennemi autre qu'eux-mêmes ait emprise totale sur eux, mettant ainsi fin à sa puissance, même si l'on se rassemblait contre elle de tous les côtés de la terre - ou il a dit *entre les côtés de la terre -, afin que* [l'anéantissement de ta communauté] *se fasse par le combat des uns contre les autres et que les uns soient captifs des autres.''»*[87]

Il est évident, d'après le Hadith, que l'unité de la communauté est une protection contre ses ennemis. Or, si la guerre éclate à l'intérieur de ses rangs et qu'ont lieu désunion et querelle en son sein, Allah fera que ses ennemis ait emprise sur elle. Tel sera le résultat inévitable, car sa force, à ce moment-là, ne s'oriente pas vers les ennemis, mais vers elle-même: ainsi, elle s'autodétruit, comme le convoitent ses ennemis.

---

[87] Voir *Sahih* de Mouslim, chapitre l'anéantissement de cette communauté les uns par les autres, vol. 2, p. 2215, nº 2889.

SECTION 8

L'ENGOUFFREMENT DANS LA TERRE, LES PLUIES DE PIERRES ET ENLAIDISSEMENT: PUNITIONS DE MUSULMANS DESOBEISSANTS

Un certain nombre de malheurs, comme l'engouffrement dans le sol, les pluies de pierres et l'enlaidissement des êtres, se produira dans la communauté musulmane, à cause de son attachement aux péchés et aux désobéissances en public: comme la consommation d'alcool, les vêtements en soie des hommes, l'adultère, la pratique de l'usure, et autres parmi les perversités qui seront rendues licites, bien qu'étant illicites.

Dans le *Mou'jame El-Kabir* de Tabarani, on a rapporté selon une chaîne de transmission authentique d'après Sahl Ibn Sa'd (ﷺ) que le Messager d'Allah (ﷺ) a dit: *«A la fin des temps, se produiront l'engouffrement dans le sol, les pluies de pierres et l'enlaidissement* [des êtres], *lorsque se manifesteront les instruments de musique, les esclaves chanteuses et que le vin sera rendu licite.»*[88]

Ibn Majah l'a rapporté d'après Abdallah (ﷺ), avec les termes suivants: *«Avant l'Heure, se produiront l'enlaidissement* [des êtres], *l'engouffrement dans le sol, et les pluies de pierres.»*

L'authenticité de ce Hadith est confirmée par l'apport de Hadiths confirmatifs, dont le Hadith de Aïcha (ﷺ) rapporté par Tirmidhi: *«Se produiront, au sein de cette communauté, l'engouffrement dans le sol, l'enlaidissement* [des êtres] *et les pluies de pierres.»* - Aïcha a demandé: ô Messager d'Allah! Serons-nous anéantis alors que des

---

[88] Tabarani a rapporté ce Hadith dans son *Mou'jam El-Kabir*, et dans son *Mou'jam El-Awsat* d'après Abou Sa'id. Quant à Tirmidhi, il l'a rapporté d'après 'Imrane Ibn Hussayn; Voir *Sahih El-Jami'e,* vol.3, p. 316, nº 3559.

gens vertueux se trouvent parmi nous? - Le Messager d'Allah (ﷺ) a répondu: *«Oui, si la perversité devient grande.»*

Parmi ces Hadiths, il y aussi celui de 'Imran Ibn Hussayn (ﷺ), proche du Hadith de Aïcha (ﷺ), sauf qu'il y est cité: un musulman a demandé: ô Messager d'Allah! Quand est-ce que cela se produira? - Le Messager d'Allah (ﷺ) a répondu:

«Lorsque se manifesteront les esclaves chanteuses, les instruments de musique et la consommation d'alcool».[89] Ce Hadith est rapporté par Tirmidhi.

Abou Nu'eime, dans son livre *Akhbâr Asbahan*, a rapporté selon une chaîne de transmission remontant jusqu'à Ibn Abbas (ﷺ), que le Messager d'Allah (ﷺ) a dit:

«Certes, des personnes de cette communauté vont passer la nuit à manger, à boire et à se distraire par la musique et le chant, puis au matin, ils seront transformés en singes et en porcs.»[90]

Boukhari a rapporté, en commentaire sans citer la chaîne de transmission, d'après Abou 'Amir (ﷺ) ou Abou Malik (ﷺ), que le Prophète (ﷺ) a dit:

«Il y aura certainement des gens de ma communauté qui rendront licite l'adultère, la soie, l'alcool, et les instruments de musique. Il y aura certainement des gens [de ma communauté] *qui feront halte sur le versant d'un sommet d'une haute montagne. Leur berger, le soir, s'en ira d'eux, après avoir fait paître leur troupeau de bon matin. Puis un pauvre viendra à eux pour un besoin, et ils diront: reviens demain. Mais Allah les fera périr la nuit en faisant que le sommet de la montagne s'écroule sur certains, et transformera les autres en singes et en porcs jusqu'au Jour de la Résurrection.»*

---

[89] Voir les propos du cheikh Nasser Eddine El-Albani dans *La Chaîne des Hadiths Authentiques,* vol. 4, p. 293, n° 1787.

[90] Voir *La Chaîne des Hadiths Authentiques,* vol. 4, p. 135, n° 1604.

Tabarani, El-Beihaqi, Ibn 'Assakir et d'autres ont fait parvenir la chaîne de transmission de ce Hadith, et elle est authentique. Quant à Ibn Hazm, il s'est assurément trompé en rendant le Hadith faible.[91]

Parmi les grands engouffrements dans le sol, à l'approche de l'Heure, une armée entièrement ensevelie à la fin des temps, comme cela a été cité dans le Hadith rapporté par Ahmed et El-Houmeidi, d'après l'épouse d'El-Qa'qa'e Ibn Abi Hadred El-Aslami (ﷺ), qui a entendu le Messager d'Allah (ﷺ) dire, tandis qu'il était sur la chaire: *«Ô vous! Si vous entendez qu'une armée, à proximité, a été ensevelie, c'est que l'Heure est proche!»*[92]

Il se peut que l'ensevelissement de cette armée dans la terre ait lieu aux alentours de Médine. Cela est confirmé par sa parole: *«à proximité».»*

Le Messager d'Allah (ﷺ) nous a informés de quelques-uns des endroits où auront lieu l'engouffrement dans le sol, la transformation en êtres hideux et la tombée de pluies de pierres. Dans les *Sunan* d'Abou Daoud, il a été rapporté selon une chaîne de transmission authentique d'après Anas Ibn Malik (ﷺ), que le Messager d'Allah (ﷺ) a dit: *«Ô Anas! Les gens conquerront des contrées, dont l'une se nomme Bassora. Si tu la traverse ou si tu entres, alors prends garde à sa terre saline, à ses rives, à ses palmeraies, à son marché, et aux habitations de ses émirs.*[93] *Tiens-toi à ses alentours, car il s'y produira engouffrement dans le sol, tombée de pluie de pierres et de sévères tremblements de terre. Des gens passeront la nuit, et au matin ils auront été transformés en singes et en porcs».*[94]

---

[91] Voir *La Chaîne des Hadiths Authentiques*, vol. 1, p. 139, nº 91.

[92] Voir *La Chaîne des Hadiths Authentiques,* vol. 3, p. 340, nº 1355.

[93] Le Messager d'Allah met Anas en garde de ne pas s'approcher de leurs demeures, à l'égard du mal que font régner ces émirs qui risqueront d'encourir la punition, afin qu'il ne soit pas touché par la punition. [*Trad.*]

[94] Voir *Sahih Sunan Abi Daoud,* nº 3619 et *Sahih El-Jami'e*, nº 7859.

SECTION 9

L'ABONDANCE D'ARGENT

Parmi les signes de l'Heure, il y aura une telle abondance d'argent, que celui à qui l'on donnera cent dinars d'or les considérera modiques, et que celui qui sera en possession d'argent, cherchera un pauvre qui accepterait de lui une aumône de ses biens, mais il n'en trouvera pas.

Le Messager d'Allah (ﷺ) a dit à 'Awf Ibn Malik (ﷺ), durant la bataille de Khaybar: *«Je compte six signes indiquant l'arrivée de l'Heure...»* Il les a mentionnés et il en a cité: *«une abondance d'argent telle que celui à qui l'on donnera cent dinars en sera outré».*[95]

Dans le *Sahih* de Mouslim, on a rapporté d'après Abou Houraïra (ﷺ), que le Prophète (ﷺ) a dit: *«L'Heure ne se lèvera pas avant que l'argent n'abonde chez vous: il sera tellement abondant que celui qui en possédera se préoccupera de qui acceptera son aumône. On lui présentera un homme qui dira: je n'en ai aucunement besoin.»*[96]

Haritha Ibn Wahb (ﷺ) a entendu le Messager d'Allah (ﷺ) dire: *«Faites aumône, car bientôt l'homme marchera avec son aumône, et celui à qui il le proposera dira: si tu étais venu hier, je l'aurais acceptée. Quant à maintenant, je n'en ai aucun besoin. Alors il ne trouvera personne qui daignera l'accepter.»*[97]

---

[95] Voir *Sahih* de Boukhari, livre du djihad - chapitre: les trahisons desquelles il faut se méfier. Voir aussi *Jami'e El-Oussoul,* vol. 10, p. 412.

[96] Voir *Sahih* de Mouslim, livre de la *Zakate,* chapitre de l'incitation à donner l'aumône avant qu'il n'y ait personne qui ne veuille l'accepter, vol. 2, p. 701, nº 1012.

[97] Voir *Sahih* de Mouslim, vol. 2, p. 700, nº 1011; Rapporté également par Boukhari dans son *Sahih* au livre des discordes et des calamités, voir *Fat'hou El-Bâri,* vol. 11, p. 81. Les termes de ce Hadith sont ceux que Mouslim a rapportés.

Il semble que cela se produira à plusieurs époques. Cependant, ceci a déjà eu lieu à l'époque d'Omar Ibn Abdelaziz. Dans son recueil d'Histoire, Ya'qoub Ibn Soufiane a rapporté que Omar Ibn Usseid Ibn Abderrahman Ibn Zeyd Ibn El-Khattab a dit: non, par Allah! Omar Ibn Abdelaziz n'est pas mort avant que nous soit venu un homme doté de beaucoup d'argent en nous disant: donnez cet argent aux pauvres, comme bon vous semblera, car cet homme ne cessait d'aller et venir avec son argent, cherchant à qui il pourrait le distribuer, mais il ne trouvait personne, alors il repartait avec. Omar Ibn Abdelaziz a certes enrichi les gens![98]

Lorsque nous évoquerons le *Mahdi,* nous citerons les Hadiths indiquant qu'il y aura un calife qui donnera l'argent à pleines mains. Puis lorsque nous évoquerons Jésus, nous citerons les Hadiths indiquant l'abondance d'argent à son époque, au point que personne ne l'acceptera.

SECTION 10

LE SALUT PARTICULIER, LA PROPAGATION DU COMMERCE ET LA RUPTURE DES LIENS DE PARENTE

Ahmed a rapporté dans son *Musned,* selon une chaîne de transmission authentique, qu'Abdallah Ibn Massoud a dit: le Messager d'Allah (ﷺ) a dit: *«Avant l'Heure, on notera le salut particulier, la propagation du commerce au point que l'épouse y aidera son mari, la rupture des liens de parenté, le faux témoignage, la dissimulation du témoignage véridique, et la manifestation du* qalam[99]*.»*[100]

---

[98] Voir *Fat'hou El-Bâri,* vol. 13, p. 83.

[99] Le *qalam* [القَلَم] désigne la flèche que l'on fait tourner dans les jeux de hasard, mais cela désigne aussi la longue durée du célibat des femmes, qu'elles soient veuves ou non. [*Trad.*]

[100] Voir *La Chaîne des Hadiths Authentiques,* vol. 2, p. 250, n° 647.

Ce qui est signifié par le salut particulier, c'est le salut du musulman seulement à la personne qu'il connaît, comme ceci est cité dans un autre Hadith également rapporté par Ahmed dans son *Musned* d'après Abdallah Ibn Massoud (ﷺ), où est rapporté que le Prophète (ﷺ) a dit: *«Que le salut ne soit donné qu'à la personne connue, fait partie des signes avant-coureurs de l'Heure.»* Dans une autre variante: *«... Que l'homme en salue un autre, parmi* [ses] *connaissance*[s] *seulement.»*[101]

Tout ce que le Messager d'Allah (ﷺ) nous a annoncé s'est réalisé. Ces faits sont très manifestes à notre époque. Ils sont fréquents, tant dans la régularité que dans l'augmentation - et qu'Allah (ﷻ) vienne à notre secours!

SECTION 11

L'ALTERATION DES BASES DE JUGEMENT

Le Messager d'Allah (ﷺ) nous a informés que les bases, sur lesquelles les hommes établissent leur jugement, seront inversées avant que l'Heure n'arrive: on acceptera et croira les paroles des menteurs, on rejettera l'information de l'homme véridique, l'on confiera le dépôt d'argent et de biens aux traîtres, et les gens dignes de confiance seront accusés et soupçonnés de traîtrise, et les hommes vils dotés de peu de science se prononceront dans les affaires importantes du peuple: ils n'avanceront que des avis altérés et indiqueront seulement des affaires tordues.

L'imam Ahmed, Ibn Majah et El-Hâkim ont rapporté d'après Abou Houraïra (ﷺ) que le Messager d'Allah (ﷺ) a dit: *«Viendront, pour les gens des années très traîtres* [où les pluies seront abondantes, mais les récoltes rares], *au cours desquelles le menteur*

---

[101] Voir *La Chaîne des Hadiths Authentiques,* vol. 2, p. 252, n° 648.

sera déclaré véridique, l'[homme] *véridique sera déclaré menteur, on considérera le traître comme étant digne de confiance, et l'*[homme] *digne de confiance sera accusé de traître, et au cours desquelles l'*[homme] *inapte* (ar-rouwaybidha) *se prononcera.»* - Quelqu'un a demandé: ô Messager d'Allah! Qui est l'[*homme*] inapte? - Il a répondu: *«L'homme vil doté de peu de science qui se prononcera dans les affaires du peuple.»*[102]

Celui qui médite sur les états de notre monde actuel constate que nous vivons l'époque dont nous a informés le Messager d'Allah (ﷺ): les menteurs parmi les mécréants et les idolâtres qui détiennent les médias ainsi que ceux qui suivent leur voie, sont crus, alors que les gens dignes de confiance et les justes sont démentis. Les individus de la communauté musulmane placent leur argent entre les mains des traîtres mécréants en qui confiance est donnée pour cette tâche, alors qu'elle ne l'est pas pour les musulmans qui sont accusés de traîtrise. De plus, les hommes vils dotés de peu de science se prononcent dans les affaires du monde, et le dirigent d'une manière irréfléchie au risque de détruire l'Humanité tout entière.

SECTION 12

LES HOMMES QUI, A LA FIN DES TEMPS, CRAVACHERONT LES GENS

L'injustice va s'accroître, à la fin des temps, si bien que les hommes, qui seront chargés de la sécurité et de réprimander les gens injustes, sèmeront le désordre et se transformeront en oppresseurs frappant le dos des gens avec leurs cravaches. Et malheureusement, il s'agit d'un fait fréquent et manifeste dans les pays musulmans.

---

[102] Voir *La Chaîne des Hadiths Authentiques,* vol. 4, p. 508, n° 1887.

Ahmed dans son *Musned*, El-Hâkim dans son *Moustadrak*, et Tabarani dans son *Mou'jame El-Kabir* ont rapporté, selon une chaîne de transmission authentique d'après Abou Oumama (ﷺ), que le Messager d'Allah (ﷺ) a dit: «*A la fin des temps, apparaîtront des hommes armés de cravaches semblables aux queues des vaches: ils s'en iront tôt le matin sous le mécontentement d'Allah, et reviendront le soir sous la colère d'Allah.*»[103]

L'information concernant ces personnes-là et leur destination a été évoquée dans le *Sahih* de Mouslim, dans le Hadith d'Abou Houraïra (ﷺ) qui a dit: le Messager d'Allah (ﷺ) a dit:

«Il y a deux catégories de gens de l'Enfer que je n'ai pas encore vus: des gens avec des cravaches ressemblant aux queues des vaches, avec lesquelles ils frappent les gens, et des femmes vêtues tout en étant nues, inclinées et inclinantes, dont les têtes ressemblent aux bosses inclinées du chameau: elles ne rentreront pas au Paradis, et elles ne sentiront même pas son odeur qui pourtant se fait sentir à une distance de tant et de tant.»[104]

---

[103] Voir *La Chaîne des Hadiths Authentiques,* vol. 4, p. 517, n° 1893.

[104] Voir *Sahih* de Mouslim, vol. 4, p. 1680, n° 2128. Le sens de ce Hadith est qu'elles sont vêtues d'habits mais nues de toute piété ou vêtues d'habits laissant apparaître ce qu'il y a dessous. *Inclinées*, c.-à-d. qu'elles s'écartent de l'obéissance à Allah et à leurs maris, et de leur obligation de préserver leurs sexes et de se voiler devant les étrangers. *Inclinantes*, c.-à-d. penchant leurs têtes et leurs hanches par orgueil et dandinement, attirant vers elles les cœurs des hommes. *«Leurs têtes ressemblent aux bosses du chameau»* c'est qu'elles agrandissent leurs têtes avec les turbans et qu'elles enroulent leurs cheveux. Et Allah est le plus savant. [*Trad.*]

CHAPITRE 4

LES SIGNES N'AYANT PAS ENCORE EU LIEU

SECTION PREMIERE

LE RETOUR DE LA VERDURE ET DES FLEUVES EN ARABIE

D'après Abou Houraïra (ﷺ), le Messager d'Allah a dit (ﷺ): *«L'Heure ne se lèvera pas avant que l'argent ne devienne important et n'abonde si bien que l'homme sortira la* Zakate *de ses biens mais ne trouvera personne qui veuille l'accepter, et* [avant] *que la terre des Arabes ne retrouve sa verdure et ses fleuves.»*[1]

Le retour de la verdure et la réapparition des fleuves, dans la péninsule, seront, soit dus aux creusements de puits et à l'agriculture qu'entreprendront ses habitants ou autre moyen semblable déjà existant de nos jours, soit à un changement de climat: son climat chaud et sec deviendra doux et agréable. Le Créateur fera jaillir des

---

[1] Ce Hadith a été rapporté par Mouslim. Voir *Michkatou El-Massabih,* vol. 3, p. 21, n° 5440.

sources et des fleuves qui permettront à son aridité de se transformer en fertilité, ainsi, ses plaines arides deviendront fertiles et verdoyantes. Cette raison est la plus manifeste, car le Hadith narre le retour de la Péninsule arabique à l'état qui était le sien dans le passé.

SECTION 2

L'IMMENSITE DES PREMIERS CROISSANTS LUNAIRES

Parmi les indications de l'approche de l'Heure, l'apparition de la nouvelle lune, en début du mois, d'un croissant de grande taille, de façon que l'on dise, au moment de sa naissance: “C'est une lune de deux ou trois nuits''.

D'après Ibn Massoud (ﷺ), le Messager d'Allah (ﷺ) a dit: *«Parmi les* [signes indiquant] *l'approche de l'Heure, il y a l'immensité des premiers croissants de lune.»*[2]

D'après Anas Ibn Malik (ﷺ), le Messager d'Allah (ﷺ) a dit:

«Parmi les [signes indiquant] *l'approche de l'Heure, le fait que le premier croissant de lune soit vu immense et clair, sans avoir été guetté, alors on dira: c'est une lune de deux nuits, que les mosquées soient prises comme chemin, et que la mort subite se propage.»*[3]

---

[2] Le cheikh Nasser Eddine El-Albani l'a mentionné dans son livre *Sahih El-Jami'e,* vol. 5, p. 213, n° 5774, et il a dit: la chaîne de transmission est authentique. Il l'a attribué à Tabarani dans son *Mou'jam El-Kabir*, et aux auteurs des *Sunan* qui ont rapporté ce Hadith d'après Abou Houraïra.

[3] Voir ce Hadith dans *Sahih El-Jami'e*, vol. 5, p. 214, n° 5775. Le cheikh El-Albani l'a attribué à Tabarani dans son *Mou'jam El-Awsate*, et il a dit: sa chaîne de transmission est bonne.

SECTION 3

LES BETES FEROCES ET LES CORPS INANIMES S'ADRESSERONT A L'HOMME

L'imam Ahmed a rapporté dans son *Musned* qu'Abou Sa'id (ﷺ) a dit:

Un loup a assailli un mouton puis l'a emporté. Alors le berger l'a poursuivi et le lui a arraché. Alors le loup s'est assis sur son train arrière et a dit: ne crains-tu pas Allah! Tu me prends une nourriture qu'Allah m'a destinée! Le berger a dit: que c'est étonnant! Un loup assis sur son train arrière qui me parle avec le langage humain! Le loup lui a dit: t'informerai-je d'un fait plus étonnant que cela? Mohammed, à Médine, informe les gens des événements passés!

Alors le berger s'est mis à conduire son troupeau jusqu'à ce qu'il parvienne à Médine, puis il l'a laissé en abord de Médine. Ensuite, il s'est dirigé vers le Messager d'Allah (ﷺ) et l'a informé. Alors le Messager d'Allah (ﷺ) a ordonné d'appeler à la prière en groupe. Puis il est sorti et a dit au berger: *«Informe-les!»* Alors le berger les a informés. Puis le Messager d'Allah (ﷺ) a dit:

«Il a dit vrai! Par Celui qui tient mon âme en Sa Main, l'Heure ne se lèvera pas avant que les bêtes féroces ne parlent aux humains, que les mèches du fouet ne parlent à l'homme, de même que le lacet de sa chaussure, et que sa cuisse l'informe de ce que son épouse a commis après son départ.»[4]

---

[4] La chaîne de transmission de ce Hadith est authentique. Ibn Hibbane et El-Hâkim l'ont rapporté. El-Hâkim a dit: ce Hadith est authentique selon les conditions établies par Mouslim. Dhahabi l'a approuvé. Quant à Tirmidhi, il l'a rapporté seulement à partir de *«Par Celui qui tient mon âme en Sa Main...»*, et il a dit: ce Hadith est bon. Voir *La Chaîne des Hadiths Authentiques,* Hadith nº 122.

Cette information qu'a donnée le Messager d'Allah (ﷺ) peut être un fait qui s'oppose à l'habitude et sort de l'ordinaire, comme les membres de l'homme témoigneront contre lui au Jour de la Résurrection:

> ﴾Ce jour-là, Nous scellerons leurs bouches, tandis que leurs mains Nous parleront et que leurs jambes témoigneront de ce qu'ils avaient accompli.﴿ *[Coran 36: 65]*

> ﴾Ils dirent à leurs peaux: pourquoi avez-vous témoigné contre nous? - Elles dirent: c'est Allah qui nous a fait parler, Lui qui a fait parler toute chose.﴿ *[Coran 41: 21]*

A moins que cette information révèle le progrès qu'atteindra l'Humanité comme science et invention, avec quoi ils pourront comprendre le langage des animaux et avec quoi la matière inanimée pourra dialoguer, comme c'est le cas aujourd'hui, des nouvelles inventions comme la radio et la télévision.

SECTION 4

L'EUPHRATE LAISSERA APPARAITRE UNE MONTAGNE D'OR

Boukhari et Mouslim ont rapporté, chacun dans son *Sahih*, d'après Abou Houraïra (رضي الله عنه), que le Messager d'Allah (ﷺ) a dit: *«Bientôt, l'Euphrate laissera apparaître un trésor en or. Que celui qui sera présent à ce moment-là n'en prenne rien!»*

Dans une autre variante: *«Laissera apparaître une montagne d'or.»*

Dans une variante rapportée par Mouslim: *«L'Heure ne se lèvera pas avant que l'Euphrate ne découvre une montagne d'or, et pour laquelle les gens s'entre-tueront. Sur cent personnes, quatre-vingt-dix-neuf seront tuées. Chacune d'entre elles dira: peut-être serai-je celle qui y survivra?»*[5]

Mouslim a rapporté d'après Oubay Ibn Ka'b (ﷺ) que le Prophète (ﷺ) a dit: *«Bientôt l'Euphrate découvrira une montagne d'or. Lorsque les gens en entendront parler, ils s'y empresseront. Celui qui sera là-bas dira: si nous laissons les gens, ils s'empareront assurément de tout!»* Puis il a dit: *«Alors, ils s'entre-tueront pour cette montagne d'or, et quatre-vingt-dix-neuf sur cent seront tués».*[6]

L'Euphrate découvrira cette montagne d'or lorsque son eau se sera retirée, comme l'a affirmé Nawawi, dans son Explication du *Sahih* de Mouslim.[7]

L'apparition de cette montagne d'or ou de ce trésor pourra être causée par le changement du cours de l'Euphrate. Cette montagne ou ce trésor est enfoui sous terre, et personne n'en sait rien. Dès que le cours du fleuve changera de direction - pour une raison ou pour une autre - en passant tout près de cette montagne, alors l'Euphrate la fera découvrir. Mais Allah (ﷻ) est le plus savant au sujet de la vérité.

La raison pour laquelle le Messager d'Allah (ﷺ) a interdit à toute personne présente de s'en emparer revient à ce qui résultera comme désordre, tueries et écoulement de sang.

---

5 Voir *Sahih* de Boukhari: livre des discordes et des calamités - chapitre: le jaillissement du feu (*Fat'hou El-Bâri,* vol. 13, p. 78); *Sahih* de Mouslim: livre des discordes et des calamités - chapitre: l'Heure ne se lèvera pas avant que l'Euphrate ne découvre une montagne d'or, vol. 4, p. 2219, n° 2894.

6 *Sahih* de Mouslim, vol. 4, p. 2219, n° 2895.

7 *Sahih* de Mouslim, vol. 18, p. 9.

SECTION 5

LE REJET PAR LA TERRE DE SES TRESORS CACHES

Mouslim a rapporté dans son *Sahih* d'après Abou Houraïra (ﷺ) que le Messager d'Allah (ﷺ) a dit:

«La terre rejettera les trésors enfouis dans ses entrailles qui seront semblables à des mâts en or et en argent. Le combattant viendra et dira: alors! serait-ce pour cela que j'ai combattu? Puis viendra celui qui aura rompu ses liens de parenté et dira: alors serait-ce pour cela que j'ai rompu mes liens de parenté? Puis viendra le voleur et dira: alors serait-ce pour cela que je me suis fait couper la main? Puis, ils le délaisseront sans rien en prendre.»[8]

Il s'agit d'un des signes d'Allah (ﷻ): quand Il ordonnera à la terre de rejeter ses trésors enfouis dans ses entrailles, elle exécutera. Le Prophète (ﷺ) a assimilé ces trésors à des mâts, au regard de leur grandeur et à leur grande quantité.[9]

Puis, lorsque les gens verront l'or et l'argent en grande quantité, ils y renonceront et seront affligés, car ils auront commis des péchés en désobéissant à Allah (ﷻ), dans le seul but d'acquérir les biens futiles du bas monde.

---

8 Voir *Sahih* de Mouslim, livre de la *Zakate*, chapitre de l'incitation à donner l'aumône avant qu'il n'y ait plus personne qui veuille l'accepter, vol. 2, p. 701, nº 1013.

9 Voir Eplication du *Sahih* de Mouslim par Nawawi, vol. 18, p. 98.

SECTION 6

LE RETRANCHEMENT DES MUSULMANS A MEDINE

Parmi les signes avant-coureurs de l'Heure, il y a aussi la mise en déroute des musulmans et la réduction de leur extension. Leurs ennemis les encercleront et les assiégeront à Médine.

D'après Ibn Omar (ﷺ), on a rapporté que le Messager d'Allah (ﷺ) a dit: *«Bientôt, les musulmans seront bloqués à Médine, si bien que leurs postes de sentinelle les plus éloignés se situeront à Soulêh* (talus).»[10]

SECTION 7

LA DETENTION DU POUVOIR PAR EL-JEHJEH

El-Jehjeh sera un homme issu de la tribu Qahtane, à qui le pouvoir va revenir. Il sera d'une force et d'une violence redoutables. On a rapporté d'après Abou Houraïra (ﷺ), que le Prophète (ﷺ) a dit: *«L'Heure ne se lèvera pas avant que ne vienne un homme de la tribu Qahtane qui dirigera les gens avec le bâton.»* Ce Hadith a été rapporté par Boukhari et Mouslim.

Dans une autre variante, Mouslim a rapporté que le Prophète (ﷺ) a dit: *«Les jours et les nuits ne cesseront pas d'exister, avant qu'un homme nommé El-Jehjeh ne devienne roi.»*[11]

---

10 Hadith authentique rapporté par Abou Daoud et El-Hâkim. Voir *Sahih El-Jami'e,* vol. 6, p. 363, nº 8033.
Soulaah est une ville proche de Khaybar, aux alentours de Médine. [*Trad.*]

11 Voir *Sahih* de Boukhari, livre des discordes et des calamités, chapitre:du changement des époques (*Fat'hou El-Bâri,* vol. 13, p. 76).

Il semblerait que celui qui a été cité dans la dernière variante soit une personne différente de celle citée dans la première variante. Or, il a été authentifié dans les *Sunan* de Tirmidhi, d'après Abou Houraïra (ﷺ), que le Messager d'Allah (ﷺ) a dit: *«La nuit et le jour ne cesseront pas d'exister avant qu'un homme, parmi les affranchis, nommé El-Jehjeh, ne devienne roi.»*[12]

Ce qui est signifié par *«dirigera les gens avec le bâton»,* c'est que cet homme dominera les gens; alors ils se soumettront à lui et lui obéiront. L'emploi de cette expression est une preuve de sa rudesse et de sa sévérité. A l'origine, la signification d'*El-Jehjeh* (الجَهْجاه), en arabe, est le brailleur. Il s'agit d'une description qui convient tout à fait au bâton, comme l'a affirmé Ibn Hajar.[13]

Quant à savoir si cet homme va mener les gens vers le bien ou le mal, nous ne possédons sur ce point aucun éclaircissement venant du Messager d'Allah (ﷺ).

SECTION 8

LA DISCORDE DES SELLES EN TISSU, LA CALAMITE DE LA PROSPERITE ET LA DISCORDE NOIRE

Abdallah Ibn Omar (ﷺ) a dit: nous étions assis auprès du Messager d'Allah (ﷺ) en train d'évoquer les discordes et les calamités de la fin des temps, dont il a approfondi l'éclaircissement. Lorsqu'il a cité *fitnète al-ahlès*, la discorde des selles *[en tissu]*, quelqu'un a demandé: la discorde des selles *[en tissu]*, c'est quoi? Le Messager d'Allah (ﷺ) a alors répondu:

[12] Voir ce Hadith dans *Sahih El-Jami'e,* vol. 6, p. 230, nº 7561.
[13] Voir *Fat'hou El-Bâri,* vol. 13, p. 78.

«C'est la discorde du sauve-qui-peut, de prise d'otages et de vol. Puis, viendra l'épreuve de la prospérité. Elle arrivera - ou *sera amorcée - par le règne d'un homme de ma descendance qui prétendra être de mes parents rapprochés.*[14] *Mais il ne se sera pas de mes parents rapprochés, car mes parents rapprochés sont seulement les* [gens] *pieux. Puis les gens seront unanimes* [autour] *d'un homme qui ne conviendra pas* [pour l'autorité]. *Puis viendra la discorde, tellement noire, qu'elle n'épargnera personne de cette communauté en l'atteignant par un malheur. Lorsque l'on dira: elle a cessé, elle persévérera toujours. Au cours de celle-ci, l'homme sera croyant au matin, et au soir il sera mécréant, si bien que les gens rejoindront deux villes:l'une où sera présente la foi et qui sera vide d'hypocrisie, et l'autre où sera présente l'hypocrisie et qui sera vide de foi. Si cela se présente à vous, alors attendez-vous à la venue de l'Antéchrist* (ad-dajjâl), *du jour au lendemain.»*[15]

Par selles *[en tissu]*, l'on désigne le vêtement posé sur le dos du chameau. L'on a donné ce nom à cette discorde, car elle ne quittera pas les gens lorsqu'elle surviendra, de la même manière que la selle *[en tissu]* est inhérente au dos du chameau. El-Khattabi a dit: il se peut que cette discorde ait été assimilée à la selle *[en tissu]* au regard de sa couleur noire.

La prospérité désigne les bienfaits qui réjouissent les gens, comme l'abondance d'argent et la bonne santé. On a qualifié cette calamité, de ce nom, car c'est le bien-être qui en sera la cause, étant donné que l'individu commettra des péchés en désobéissant à Allah (سبحانه وتعالى), vu l'abondance de bienfaits dont il sera pourvu.

---

[14] C'est-à-dire: qui prétendra agir comme moi. [*Trad.*]

[15] Ce Hadith est authentique, il a été rapporté par Abou Daoud, El-Hâkim et Ahmed. El-Hâkim l'a authentifié, et Dhahabi l'a approuvé. Voir *La Chaîne des Hadiths Authentiques,* vol. 2, p. 702, n° 974.

SECTION 9

LA VENUE DU MAHDI

§ 1er - Les Textes qui définissent le **Mahdi**

Il a été confirmé, dans les Hadiths authentiques, qu'Allah (ﷻ)enverra à la fin des temps, un calife qui gouvernera avec justice, en conformité avec la *Chari'a* et qui dirigera les affaires de cette communauté. Il sera de la famille du Messager d'Allah (ﷺ), de la descendance de Fatima (رضي الله عنها). Son nom correspond à celui du Messager d'Allah (ﷺ), et celui de son père correspond à celui du père du Messager d'Allah (ﷺ). Il a été décrit comme étant un homme au front large ou dégarni, pourvu d'un nez aquilin, qui répandra la justice sur terre, après qu'elle aura été pleine d'injustice et d'oppression. Parmi les Hadiths qui ont été rapporté à son sujet:

1- Le Hadith d'Abdallah Ibn Massoud (رضي الله عنه) qui a dit: le Messager d'Allah (ﷺ) a dit:

«La vie terrestre ne cessera pas avant qu'un membre de ma descendance dont le nom correspond au mien ne gouverne les Arabes.»[16]

Dans une variante rapportée par Abou Daoud: *«Même s'il ne restait qu'un jour de la vie terrestre, Allah le prolongerait jusqu'à ce qu'Il y envoie un homme des miens - ou de ma descendance. Son nom correspond au mien, et celui de son père correspond celui de mon père. Il répandra la justice et l'équité sur terre, de la même manière qu'elle aura été pleine d'injustice et d'oppression».*[17]

---

[16] Rapporté par Tirmidhi et Abou Daoud.

[17] Voir *Michkatou El-Massabih*, vol. 3, p. 24. Le correcteur de ce livre, cheikh Nasser Eddine El-Albani, a dit: la chaîne de transmission de ce Hadith est bonne. Il a indiqué l'authenticité de la variante d'Abou Daoud dans *Sahih El-Jami'e,* vol. 6, p. 70, nº 5180.

2- Le Hadith d'Oum Salama (رضي الله عنها) qui a dit: Le Messager d'Allah (ﷺ) a dit:

«*Le* Mahdi *est de ma famille, de la lignée de Fatima.*» [Rapporté par Abou Daoud, Ibn Majah et El-Hâkim][18]

3- Le Hadith de 'Ali Ibn Abi Taleb (رضي الله عنه) qui a dit: le Messager d'Allah (ﷺ) a dit:

«*Le* Mahdi *est des nôtres: de ma descendance. En une nuit, Allah lui pardonnera, le rendra droit et lui inspirera la bonne guidée.*» [Rapporté par Ahmed et Ibn Majah] [19]

4- Le Hadith de 'Ali (رضي الله عنه) qui a dit: Le Messager d'Allah (ﷺ) a dit:

«Même s'il ne restait qu'un jour du temps, Allah enverra un homme de ma descendance qui remplira la terre de justice comme elle aura été pleine d'injustice.» [Rapporté par Ahmed et Abou Daoud] [20]

5- Le Hadith d'Abou Sa'id El-Khoudri (رضي الله عنه) qui a dit: le Messager d'Allah (ﷺ) a dit:

«*Le* Mahdi *est des miens. Il aura le front large ou dégarni, un nez aquilin. Il remplira la terre de justice et d'équité comme elle aura été pleine d'injustice et d'oppression. Il régnera pendant sept années.*» [Rapporté par Abou Daoud] [21]

6- Le Hadith d'Abou Sa'id El-Khoudri (رضي الله عنه) qui a dit: le Messager d'Allah (ﷺ) a dit:

---

[18] Voir *Sahih El-Jami'e,* vol. 6, p. 22. Le cheikh El-Albani a dit: ce Hadith est authentique.

[19] *Ibid.*

[20] Ce Hadith est authentique, voir *Sahih El-Jami'e,* vol. 5, p. 71, nº 5181.

[21] Voir *Michkatou El-Massabih,* vol. 3, p. 24, nº 5454. La chaîne de transmission de ce Hadith est bonne, comme l'a affirmé le cheikh El-Albani le correcteur de ce livre.

«Certes, la terre se remplira d'injustice et d'oppression. Tandis qu'il en sera ainsi, Allah enverra un homme des miens dont le nom correspond au mien, qui remplira la terre de justice et d'équité, comme elle aura été pleine d'injustice et d'oppression.» [Rapporté par El-Bazzar, Ibn 'Adi dans son livre *El-Kâmil*, Abou Nu'eime dans *Akhbar Asbahan*, et El-Hâkim] [22]

L'imam Ahmed, Ibn Hibbane, El-Hâkim et Abou Nu'eime dans son livre *El-Hilia*, ont rapporté d'après Abou Sa'id El-Khoudri (ﷺ) que le Prophète (ﷺ) a dit:

«L'Heure ne se lèvera pas avant que la terre ne se remplisse d'injustice, d'oppression et d'animosité, puis que ne vienne un homme issu de ma famille ou de ma descendance qui la remplira de justice et d'équité, comme elle aura été pleine d'injustice et d'oppression.»

El-Hâkim au sujet de la chaîne de transmission de ce Hadith a dit: elle est authentique selon les conditions établies par Boukhari et Mouslim. Dhahabi l'a approuvé. De même, Abou Nu'eime a indiqué son authenticité.[23]

El-Hâkim a également rapporté le Hadith suivant d'Abou Sa'id El-Khoudri (ﷺ) d'après le Messager d'Allah (ﷺ):

«Le Mahdi *viendra dans ma communauté. En son temps, Allah fera tomber la pluie, et la terre sortira sa végétation. Il distribuera l'argent à parts égales, le bétail sera abondant, et la communauté deviendra importante. Il régnera pendant sept ou huit années.»* [El-Hâkim, Dhahabi et Ibn Khaldoun l'ont authentifié].[24]

---

[22] Voir *Sahih El-Jami'e*, n° 5073 et *La Chaîne des Hadiths Authentiques*, n° 1529.

[23] Voir les propos du cheikh El-Albani au sujet de l'authenticité de ce Hadith dans *La Chaîne des Hadiths Authentiques*, sous le Hadith, n° 1529.

[24] Voir *La Chaîne des Hadiths Authentiques*, n° 711.

Les auteurs de *Sunan,* ainsi que Tabarani dans son *El-Kabir* et *El-Awsate*, ont rapporté le Hadith suivant, que Tirmidhi, El-Hâkim et Ibn Hibbane ont authentifié. Voici les termes rapportés par Abou Daoud dans ses *Sunan*:

«Même s'il ne restait qu'un jour de la vie terrestre, Allah le prolongera jusqu'à ce qu'Il y envoie un homme des miens - ou *de ma descendance - dont le nom correspond au mien et celui de son père correspond à celui de mon père, qui répandra sur terre justice et équité...»* [25]

§ 2 - De l'authenticité des Hadiths concernant le **Mahdi**

Le cheikh Abelaziz Ibn Abdallah Ibn Baz (ﷺ) a tenu des propos dont le résumé est le suivant: la question du *Mahdi* est connue. Les Hadiths à son sujet sont abondants, ils sont plus exactement *mutawâtir* et se renforcent les uns les autres. Plus plusieurs savants ont affirmé le degré *mutawâtir* de ces Hadiths, au regard du grand nombre de ses voies, de la diversité des imams rapporteurs de Hadiths l'ayant rapporté, de la diversité des Compagnons et des hommes de chaîne de transmission de ces Hadiths qui indiquent donc vraiment, la réalité concernant le *Mahdi* et sa venue. Il se nommera Mohammed Ibn Abdallah El-'Alawi El-Hassani, de la descendance de El-Hassen le fils de 'Ali Ibn Abi Taleb (ﷺ).

Cet imam sera une miséricorde venant d'Allah (ﷻ) envers la communauté musulmane, à la fin des temps. Il viendra et établira justice et équité, et interdira injustice et oppression. Allah (ﷻ) fera flotter, grâce à lui, le drapeau du Bien sur la communauté, à travers la justice, la guidée, la réussite et l'orientation dans la bonne voie pour les gens.

---

[25] Voir les propos du cheikh El-Albani concernant tous ces Hadiths dans *La Chaîne des Hadiths Authentiques,* vol. 4, p. 38, sous le Hadith n° 1529 et vol. 2, p. 336, n° 711.

J'ai pris connaissance de beaucoup de Hadiths le concernant, et j'ai constaté, comme l'ont affirmé Chawkani, Ibn El-Qayim et d'autres, que certains sont *sahih* (authentiques), d'autres *hassen* (bons), d'autres *dha'if* (faibles) qui se renforcent par l'appui d'autres Hadiths, et d'autres encore *mawdhou'e* (apocryphes, 'inventés'). Quant à nous, nous nous contenterons de ceux dont les chaînes de transmission sont confirmées, qu'il s'agisse de *sahih*, *sahih lighayrihi*, *hassen*, ou *hassen lighayrihi*, de la même façon pour les Hadiths faibles seulement s'ils se renforcent et se soutiennent les uns les autres et qui, auprès des savants, tiennent lieu d'argument.

En vérité, la majorité des savants - ce qui est plutôt, semblable à une unanimité - sont pour la confirmation de ce qui concerne le Mahdi: il sera réel et viendra à la fin des temps. Il ne doit donc être prêté aucune attention aux propos de ceux qui, parmi les savants, ont un avis contraire sur la question.[26]

Le cheikh Abdelmohsine Ibn Hamad El-'Abbad a dénombré les Compagnons qui ont rapporté les Hadiths concernant le *Mahdi:* ils sont au nombre de vingt-six. Il a également inventorié les livres de la Sunna où sont rapportés ces Hadiths, et qui sont au nombre de trente-six: dont les quatre *Sunan* (d'Abou Daoud, de Nassaï, de Tirmidhi, et d'Ibn Majah), le *Musned* d'Ahmed, le *Moustadrak* d'El-Hâkim et d'autres.[27]

Beaucoup de savants ont regroupé ces Hadiths dans des livres spécifiques, dans lesquels ils ont clarifié leurs voies et ont commenté leurs chaînes de transmission. Parmi ces savants: Abou Bakr Ibn Abi

---

[26] Voir la confirmation des propos d cheikh Abdelaziz Ibn Abdallah Ibn Baz dans le livre du cheikh Abdelmohsine Ibn Hamad El-'Abbad, intitulé *La réfutation de ceux qui démentent les Hadiths authentiques rapportés au sujet du Mahdi,* p. 157.

[27] Voir *'Aqidate Ahl es-Sunna wa El-Athar fi El-Mahdi El-Mountadhar*, de Abdelmohsin El-'Abbad, pp. 166-168.

Kheithama Zouheir Ibn Harb - comme l'a cité Ibn Khaldoun; *El-Hâfidh* Abou Nu'eime; *El-Hâfidh* Suyuti qui a résumé ce qu'Abou Nu'eime a cité dans son livre *El-'Ourf Al-Wardi fi Akhbar El-Mahdi* auquel il a annexé des ajouts qui sont contenus dans son livre *El-Hawi Lil-Fatawa; El-Hâfidh* Ibn Kathir qui a consacré un écrit d'une vingtaine de pages concernant le *Mahdi* - comme il l'a lui-même indiqué dans son livre *El-Fitan wa El-Malahim;* Ibn Hajar El-Makki qui a composé un livre intitulé *El-Qawl El-Moukhtassar fi 'Alamati El-Mahdi El-Mountadhar;* El-Moutaqi El-Hindi, l'auteur du livre *Kenz El-'Oummel;* 'Ali Qari qui a intitulé son livre *El-Machrab El-Wardi fi Madhhab El-Mahdi;* ainsi que Mar'i Ibn Youssouf El-Hanbali, Es-San'ani et bien d'autres...[28]

Beaucoup de savants-critiques des Hadiths et de leurs chaînes de transmission ont affirmé l'authenticité de ceux concernant le *Mahdi*. Parmi ces savants, El-Hâkim, Dhahabi, Abou Nu'eime, Ibn El-'Arabi El-Maliki, *cheikh El-Islam* Ibn Taymiya, Ibn Qayim El-Jawziya, *El-Hâfidh* Ibn Hajar El-'Asqalani, Qortobi, Suyuti et bien d'autres encore...[29]

Par conséquent aucune attention ne doit être portée à ceux qui ont affaibli ces Hadiths ou les ont démentis, parmi les personnes qui ne sont pas des spécialistes de cette science.

§ 3 - La croyance de **Ahl es-Sunna** *et des groupements de l'Islam au sujet du* **Mahdi**

1- La croyance de Ahl es-Sunna wa El-Jama'a

Leur croyance au sujet du *Mahdi* est en accord avec les Hadiths authentiques que nous avons cités: le *Mahdi* sera un homme pieux se tenant dans la bonne voie, qui jugera selon le Coran et la Sunna,

---

[28] *Idem*, p. 168.

[29] Voir *La Chaîne des Hadiths Authentiques,* vol. 4, pp. 40-41.

qu'Allah (ﷻ) enverra comme rénovateur de cette religion et par les mains duquel Il la rehaussera.

Ibn Khaldoun a dit: sache qu'il est notoire auprès de la totalité des musulmans, de chaque époque, qu'il sera indispensable, à la fin des temps, que vienne un homme de la descendance du Prophète (ﷺ) qui renforcera cette religion et fera réapparaître la justice et que les musulmans suivront. Il dirigera les royaumes musulmans. On le nommera le *Mahdi* (c'est-à-dire: le bien-guidé). La venue de l'Antéchrist *(ad-dajjâl)* et des signes avants-coureurs de l'Heure confirmés dans le *Sahih* auront lieu immédiatement après la venue du *Mahdi*. C'est ensuite que Jésus fils de Marie descendra ou dans la même période de sa venue, et l'aidera à tuer l'Antéchrist. Puis, Jésus suivra le *Mahdi* en prière.[30]

2- La croyance des Chiites imamites

Pour eux, le *Mahdi* est le dernier de leurs imams: le douzième imam qu'ils nomment Mohammed Ibn El-Hassen El-'Askari. Ils prétendent qu'il est l'un des descendants d'El-Hussein, le fils de 'Ali Ibn Abi Taleb (رضي الله عنه), et non l'un des descendants de son fils El-Hassen. Ils croient que celui-ci est entré dans une galerie souterraine de Samarra[31], il y a plus de mille cents ans, alors qu'il était âgé de cinq ans. Ils croient qu'il se déplace dans les pays, mais qu'il est invisible, et qu'il est le Mahdi dont ils attendent le retour. Leurs propos ne reposent, ni sur des preuves, ni sur des arguments basés sur

---

[30] Voir El-*Mouqadima* d'Ibn Khaldoun, p. 555. Il serait bon d'attirer l'attention, ici, sur le fait qu'Ibn Khaldoun a affaibli la plupart des Hadiths qui indiquent la venue du *Mahdi*. Or, il n'a pas eu raison dans ce qu'il a entrepris. Toutefois, il n'est pas permis de dire qu'Ibn Khaldoun nie la venue du *Mahdi*, car il a authentifié certains de ces Hadiths. Ce dernier a dit, après avoir cité ces Hadiths et débattu de leur authenticité à la p. 574: comme tu peux le constater, seul un petit nombre de ces Hadiths échappe à la critique. Ce petit nombre suffit pour confirmer sa venue.

[31] C'est une ville située entre Bagdad et Takrit (vers le nord de l'Iraq), à l'est du fleuve Tigre (Dajla) de Bagdad, *Mou'jam El-Bouldane,* vol. 3, p. 173 [*Trad.*]

la raison ou sur les Textes du Coran et de la Sunna. Ce qu'ils avancent est contraire à la règle d'Allah (سبحانه وتعالى) concernant l'Humanité et à la logique rationnelle. D'autre part, quelle serait l'utilité de son absence s'il était vivant? Dans un tel cas, il aurait été obligatoire pour lui de se manifester afin d'ordonner le bien et d'empêcher le mal.

3- Ceux qui démentent la venue du Mahdi

Ils sont quelques individus qui s'imputent aux gens de la Sunna. Or, ils ne sont pas très compétents dans la vérification des Textes et dans l'examen des chaînes de transmission. Beaucoup de savants ont réfuté leurs suspicions dans des ouvrages indépendants. Le dernier que nous avons consulté est celui qu'a composé le très grand savant Abdelmohsine El-'Abbad, intitulé: la réfutation de ceux qui démentent les Hadiths concernant le Mahdi, ainsi que celui du cheikh Hamoud Ibn Abdallah Et-Tuwaijri, intitulé *El-Ihtijaj bil Athar 'ala man ankara El-Mahdi El-Mountadhar*.

4- Des hommes, parmi des gouvernants anciens, ont prétendu être le *Mahdi* ou se sont vus imputer cette désignation par des gens. Certains d'entre eux étaient des hommes vertueux, dont l'un a été surnommé le *Mahdi*, non parce qu'il se prétendait être le *Mahdi* annoncé par le Messager d'Allah (ﷺ), mais par souhait d'être un des imams bien-guidés qui disent la vérité selon laquelle ils gouvernent. Parmi eux, il y eut El-Mahdi, le calife abasside. Quant à ceux, parmi les gouverneurs anciens, qui ont prétendu être le Mahdi ou qui se sont vus imputer cette désignation par des personnes débauchées, il y eut l'athée 'Obeid Allah Ibn Meimoun El-Qadah qui est né en 259 H. et décédé en 322. Son grand-père était un juif issu d'une famille de gens mazdéens, qui s'est affilié mensongèrement et par imposture à la famille du Messager d'Allah (ﷺ). Il prétendait être le *Mahdi* annoncé par le Prophète (ﷺ). Il a régné et a prédominé, puis sa situation a pris de l'importance: ses descendants se sont emparés des pays du Maghreb, de l'Egypte, du Hijaz et de la Syrie. Ils ont terni l'image de l'Islam et ont aggravé ses malheurs et ses adversités. Ils prétendaient être des dieux et que la Loi Divine comportait un côté apparent et un autre caché.

Ils ont été des rois rafidites qarmates ésotériques, ennemis de la religion. Ils se sont dissimulés derrière le chiisme et l'affiliation mensongère à la famille du Prophète (ﷺ). Ils ont professé l'athéisme et l'ont répandu. Leur règne est resté triomphant jusqu'à ce qu'Allah (ﷻ) sauve la communauté de ces personnes-là, grâce à Salah Eddine El-Ayoubi. Il a sauvé la communauté et a anéanti ces athées. Parmi ces gens-là, il y eut Mahdi El-Meghariba, Mohammed Ibn Toumarte qui est né en 485 H. et décédé en 524. C'était un grand menteur, un oppresseur et un dominateur. Il prétendait être le *Mahdi* attendu. Il laissait un groupe de ses compagnons dans les tombes et leur ordonnait d'informer les gens qu'il était le *Mahdi* attendu. Puis la nuit, il remblayait les tombes sur eux, alors qu'ils étaient vivants, afin que sa duperie ne soit pas démasquée.[32]

5- Le Mahdi de la secte surnommée El-Kessâniya:

Les individus de cette secte prétendent que le *Mahdi* est Mohammed le fils d'El-Hanafiya (le fils de 'Ali Ibn Abi Taleb, de mère esclave), qu'il est vivant et habite la montagne Radwa située à Médine. Ils prétendent qu'il est placé entre deux lions qui le protègent, qu'il possède deux sources faisant jaillir en abondance l'eau et le miel, qu'il est entré dans une caverne avec quarante de ses compagnons, et que nul ne connaît rien à leur sujet. Ils affirment qu'ils sont vivants et bien nourris. Ils prétendent qu'il reviendra après son absence et remplira la terre de justice tout comme elle a été pleine d'injustice et qu'il a été puni par cet emprisonnement, car il s'est rendu chez Abdelmalik Ibn Marwan ou Yazid Ibn Mou'awiya. C'est à cette croyance que le poète Kathir 'Ezzat fait allusion dans les vers suivants:

---

[32] Voir *El-Manar El-Mounif fi Es-Sahih wa Ed-Da'if* du grand savant Ibn El-Qayim, p. 153.

Le petit-fils ne goûtera pas la mort avant de
Conduire la cavalerie devancée par l'étendard
Ils s'absentent, mais aucune trace du temps n'est visible
Sur eux, car à Radwa, il est pourvu d'eau et de miel.

Sayid El-Himyari croyait à cela. C'est lui qui a dit:

Demande à l'imam, si je peux lui servir de rançon,
Car a certes duré, sa retraite dans cette montagne.[33]

Quelle petitesse d'esprit, et quelle faible perspicacité de leur part! Ils croient en ce qui n'est ni fondé sur des preuves de la raison, ni sur des Textes du Coran et de la Sunna authentique!

§ 4. - Le moment de la venue du Mahdi

Le cheikh Abdelaziz Ibn Abdallah Ibn Baz (qu'Allah lui fasse miséricorde) a dit: Ibn Kathir, dans son livre *El-Fitan wa El-Malahim* a dit: je pense que sa venue aura lieu au moment où *El-Massih* Jésus fils de Marie descendra. Le Hadith de Jabir (ﷺ) rapporté par Harith Ibn Abi Oussama, dans son *Musned*, indique et prouve cela, car il y a été cité: "Leur émir, le *Mahdi*".[34]

Ceci indique que sa venue aura lieu à l'époque où Jésus descendra, comme cela a été aussi relaté dans certaines variantes rapportées par Mouslim et d'autres. Cependant, elles ne sont pas explicites. Donc la venue du *Mahdi* à la même époque où Jésus

---

[33] Voir *Lawami'e El-Anwar El-Bahiya* du grand savant Safaarini, vol. 2, p. 85.

[34] Le texte du Hadith de Jabir est le suivant: «*Jésus fils de Marie descendra, alors leur émir le Mahdi dira* [Jésus]: *viens donc, et dirige-nous en prière. Mais il répondra: non, car le fait que vos émirs soient issus des vôtres est un honneur qu'Allah a octroyé à cette communauté.*» Après avoir cité ce Hadith, Ibn El-Qayim, dans son livre *El-Manar El-Mounif*, a dit: cette chaîne de transmission est bien *[fiable].*

descendra semble le plus juste et le plus manifeste, mais il ne s'agit pas d'une affirmation catégorique.[35]

Mouslim a rapporté dans son *Sahih*, d'après trois des mères des croyants: Oum Salama, Hafsa, et Aïcha (ﷺ), que le Messager d'Allah (ﷺ) a annoncé qu'*«une armée poursuivra un individu qui ira se réfugier dans la Mosquée Sacrée de la Mecque, alors Allah (ﷻ) engloutira cette armée dans une terre désertique...».*[36]

Dans la variante d'Oum Salama (ﵲ), il est rapporté que le Messager d'Allah (ﷺ) a dit: *«Un homme ira se réfugier dans la Ka'ba* [lorsqu'il entendra qu'une armée en provenance de Syrie] *a été envoyée après lui. Lorsque celle-ci sera dans une terre désertique, Allah l'y engloutira.»* Oum Salama a dit: ô Messager d'Allah! Qu'en sera-t-il pour celui qui sera contraint *[à rejoindre cette armée]*? - Il a répondu: *«Il sera également englouti, mais au Jour de la Résurrection, il sera ressuscité selon son intention.»*[37]

Dans la variante de Hafsa (ﵲ), il est rapporté que le Messager d'Allah (ﷺ) a dit: *«Une armée se dirigera certes vers la Ka'ba pour l'attaquer. Lorsqu'elle sera dans une terre désertique, le centre de cette armée sera englouti. Alors ceux qui seront en tête de l'armée appelleront ceux qui seront à l'arrière, puis ils seront tous engloutis. Il ne restera que celui qui aura été chassé* [de cette armée] *qui informera de ce qui leur sera arrivé.»*

Dans une autre variante: *«Un groupe de gens sans force, ni grand nombre, ni armes se réfugieront dans la Ka'ba...»*[38]

---

[35] Voir La réfutation de ceux qui démentent les Hadiths authentiques rapportés au sujet du *Mahdi,* nº 160.

[36] El-Bayda est une terre sans végétation à proximité de la Mecque, située entre Médine et la Mecque, *Mou'jam El-Bouldane,* vol. 1, p. 523. [*Trad.*]

[37] *Sahih* de Mouslim, vol. 4, p. 2208, nº 2882.

[38] *Idem*, nº 2883.

Dans la variante d'Aïcha (ﷺ), il est rapporté que *le Prophète* (ﷺ) *s'est agité d'une manière inhabituelle durant son sommeil.* Elle a dit: nous avons dit: ô Messager d'Allah! Tu as fait une chose durant ton sommeil que tu n'avais jamais faite auparavant. - Il dit alors: *«Ce qui est étonnant, c'est que des gens de ma communauté se rendront à la Ka'ba, à cause d'un homme des Qoraych qui s'y sera réfugié. Lorsqu'ils atteindront* [un] *désert, ils se feront engloutir dans la terre.»* - Nous avons dit: ô Messager d'Allah! Il se pourrait qu'y soient incluses des personnes dont le but ne sera pas connu. - Il a répondu: *«Oui, il y aura parmi eux celui qui sera conscient* [du dessein de cette armée], *l'homme contraint* [à la rejoindre], *et le voyageur: ils seront tous anéantis* [dans l'engloutissement], *et ils seront ressuscités* [au Jour de la Résurrection] *selon leurs différentes intentions.»*[39]

Cette personne qui sortira et se réfugiera dans la Ka'ba et qu'Allah (ﷻ) soutiendra par Son secours en anéantissant ceux qui voudront lui porter préjudice est-elle le *Mahdi* qui a été mentionné dans les Hadiths précédents? Nous n'avons rien qui nous prouve ceci d'une manière explicite, selon ce que nous possédons comme science, et Allah (ﷻ) est le plus Savant au sujet de la vérité.

§ 5 - Le **Mahdi** *est-il le calife qui donnera de l'argent à pleines mains?*

Dans les Hadiths, a été mentionné le calife à l'époque duquel les richesses seront si abondantes qu'il donnera l'argent à pleines mains

[39] *Sahih* de Mouslim, vol. 4, p. 2210, n° 2884. Les précédents Hadiths des mères des croyants ont été rapportés également dans de semblables termes dans de nombreux livres de la Sunna, comme le *Musned* d'Ahmed, le *Musned* d'Abou Ya'la, le *Moustadrak* d'El-Hâkim, les *Sunan* d'Ibn Majah, les *Sunan* de Tirmidhi, le *Mou'jam El-Awsate* de Tabarani et d'autres.

sans compter. S'agit-il du Mahdi ou d'une autre personne? Allah (ﷻ) seul connaît la réalité de ceci.

Mouslim a rapporté dans son *Sahih* que Jabir Ibn Abdallah (ﷺ) a dit: le Messager d'Allah (ﷺ) a dit: *«Parmi les derniers de ma communauté, viendra un calife qui donnera l'argent à pleines mains sans compter.»*[40]

Il l'a également rapporté d'après Abou Sa'id (ﷺ) qui a dit: le Messager d'Allah (ﷺ) a dit: *«Parmi vos califes, il y en aura un qui donnera l'argent à pleines mains sans compter.»*[41]

---

[40] *Sahih* de Mouslim, vol. 4, p. 2234, nº 2913.

[41] *Sahih* de Mouslim: vol. 4, p. 2235, nº 2914.

CHAPITRE 5

LES GRANDS SIGNES

Préambule: L'ordre chronologique des Grands Signes, selon l'ordre de leur avènement

Il y a des Grands Signes qui prouvent l'arrivée imminente de l'Heure. Si ceux-ci se produisent, l'Heure les talonnera. Dans le *Sahih* de Mouslim, il a été rapporté que Houdhayfa Ibn Usseid El-Ghifari (ﷺ) a dit: le Prophète (ﷺ) nous surplomba *[de l'un de ses appartements]*, tandis que nous étions en train de discuter d'une question. Il a dit: *«Qu'évoquez-vous?»* - Nous avons répondu: nous évoquons l'Heure. - Il a dit: *«Elle ne se lèvera pas avant que vous ne voyiez dix signes avant son arrivée.»* Puis il a mentionné la Fumée, l'Antéchrist *(ad-dajjâl)*, la Bête sortie de terre, le lever du soleil de son couchant, la descente du ciel de Jésus fils de Marie, la sortie de *Yâjoûj* et *Mâjoûj* (Gog et Magog), trois engloutissements: un en Orient, un autre en Occident et un troisième dans la Péninsule Arabique. Quant au dernier de ces signes, il s'agira d'un feu qui jaillira du Yémen et forcera les gens à se rendre vers leur lieu de rassemblement.[1]

---

[1] *Sahih* de Mouslim: livre des discordes et des calamités - chapitre: les signes qui se produiront avant l'arrivée de l'Heure: vol. 4, p. 2225, n° 2901. Dans *Jami'e El-Oussoul*, Ibn El-Athir a également attribué ce Hadith â Abou Daoud et Tirmidhi.

Les Grands Signes se produiront les uns à la suite des autres, sans pratiquement aucun intervalle entre eux. Leur arrivée successive est comparable au collier dont le nœud qui retient les perles a été rompu: dès que la première tombe, les autres la suivent sans tarder.

El-Hâkim a rapporté, selon une chaîne de transmission authentique d'après Anas Ibn Malik (ﷺ), que le Messager d'Allah (ﷺ) a dit: «*Les signes* [de l'Heure] *sont comparables aux perles enfilées dans un fil: si celui-ci est rompu, les perles se suivent les unes après les autres.*»[2]

Le Messager d'Allah (ﷺ) a informé que l'avènement d'une grande guerre entre les musulmans et les Byzantins aura lieu en premier. Puis les musulmans conquerront Constantinople, ensuite viendra l'Antéchrist *(ad-dajjâl).*

Mou'adh Ibn Jabal (ﷺ) a rapporté que le Messager d'Allah (ﷺ) a dit: «*La prospérité*[3] *de Jérusalem sera due à la devastation de Yethreb. La dévastation de Yethrib aura lieu avant l'avènement de la Grande Guerre. La Grande Guerre aura lieu avant la conquête de Constantinople. La conquête de Constantinople aura lieu avant la venue de l'Antéchrist* (ad-dajjâl).» [Rapporté par Abou Daoud][4]

Ce que le Messager d'Allah (ﷺ) signifie, c'est que ces événements se suivront dans leur avènement. Le lecteur découvrira, tout au long de notre livre-ci, l'engrenage de la grande bataille qui surviendra entre les musulmans et les Byzantins. C'est cette bataille

---

[2] El-Hâkim a dit:"Ce Hadith est authentique selon les conditions de Mouslim'', Dhahabi l'a approuvé. El-Albani a dit de même dans son livre *La Chaîne des Hadiths Authentiques*: n° 1762.

[3] Cette prospérité consistera en son grand nombre d'hommes et son abondance de richesses. [*Trad.*]

[4] Voir *Michkatou El-Massabih*, vol. 3, p. 17, n° 5425. Sa chaîne de transmission est bonne, comme l'a affirmé le correcteur - le cheikh El-Albani.

que le Messager (ﷺ) a surnommée la Grande Guerre. Après que les musulmans auront triomphé des Byzantins, ils conquerront Constantinople. Ensuite, l'Antéchrist viendra.

Après la venue de ce dernier, Jésus fils de Marie descendra et le tuera. Ensuite, *Yâjoûj* et *Mâjoûj* sortiront à cette époque-ci. Puis Allah (ﷻ) les anéantira à son époque. L'ordre chronologique jusqu'ici est clair et évident.

Quant à l'ordre chronologique du restant des grands signes, il n'est pas tout à fait clair. Le lever du soleil de son couchant, la sortie de terre de la Bête, et le jaillissement du feu qui forcera les gens à se rendre à leur lieu de rassemblement auront lieu, sans aucun doute, après la venue de l'Antéchrist, après la descente de Jésus, et après la sortie de *Yâjoûj* et *Mâjoûj*. Mais quel est celui d'entre ces signes qui précédera l'autre, c'est-à-dire entre: le lever du soleil de son couchant, la sortie de terre de la Bête, le jaillissement du feu qui rassemblera les gens?

Le Hadith que Mouslim a rapporté dans son *Sahih*, d'après Houdhayfa (رضي الله عنه), est explicite sur le fait que le jaillissement du feu qui forcera les gens à partir du Yémen pour se rassembler en Syrie sera le dernier signe. Le Messager d'Allah (ﷺ) a effectivement énuméré les dix grands signes et a dit, en ce qui concerne le dixième d'entre eux qui est le feu: *«Le dernier de ces signes sera un feu qui jaillira du Yémen et qui forcera les gens à se rendre vers leur lieu de rassemblement.»*[5]

Il reste donc six signes à classer: le lever du soleil de son couchant, la sortie de terre de la Bête, la Fumée, les trois engloutissements: un en Orient, un autre en Occident et un troisième dans la Péninsule Arabique. Quant au lever du soleil de son couchant et à la sortie de terre de la Bête, ils auront lieu après la descente de

---

5 *Sahih* de Mouslim, vol. 4, p. 2225, n° 2901.

Jésus, après qu'il aura tué l'Antéchrist, après l'anéantissement de *Yâjoûj* et *Mâjoûj* à son époque, après la perversion des musulmans et la disparition de l'Islam et avant le jaillissement du feu qui forcera les gens à se rendre à leur lieu de rassemblement. Mais lequel devancera entre le lever du soleil de son couchant et la sortie de terre de la Bête? Nous sommes vraiment dans l'incapacité d'être formels là-dessus, parce que le Messager d'Allah (ﷺ) lui-même n'a pas été explicite sur ce point.

Quant au Hadith de Abdallah Ibn 'Amr (ﷺ) où est cité qu'il a entendu le Messager d'Allah (ﷺ) dire: *«Le premier signe* [de l'Heure] *qui se manifestera sera le lever du soleil de son couchant, et la sortie de la Bête dans la matinée* (dhohaa). *Et quel que soit le signe qui aura lieu en premier, l'autre signe se produira immédiatement après»,*[6] *il n'est pas permis de le prendre en tant qu'argument afin d'affirmer que le lever du soleil de son couchant aura lieu avant la venue de l'Antéchrist, avant la descente de Jésus et avant la sortie de Yâjoûj* et *Mâjoûj*, en rapport à la parole du Messager d'Allah (ﷺ): *«Le premier signe* [de l'Heure] *qui se manifestera sera le lever du soleil de son couchant...»*

Ce qui ressort des Hadiths, c'est que la venue de l'Antéchrist sera le premier des grands signes appelant au changement des états globaux du monde terrestre, et cela s'achèvera par la mort de Jésus fils de Marie, et le lever du soleil de son couchant sera le premier des grands signes appelant au changement des états globaux du monde céleste, et cela s'achèvera par la venue de l'Heure. Il est probable que la sortie de terre de la Bête se produira le jour où le soleil se lèvera de son couchant.[7]

---

6 *Sahih* de Mouslim, livre des discordes et des calamités - chapitre: la venue de l'Antéchrist, vol. 4, p. 2260, nº 2941.

7 Voir *Fat'hou El-Bâri,* vol. 11, p. 353.

El-Hâkim Abou Abdallah a dit: il semble que le lever du soleil de son couchant devancera la sortie de terre de la Bête, et que celle-ci sortira au cours de ce jour ou d'un autre qui lui sera proche.[8]

Quant au restant des signes qui sont les trois engloutissements et la Fumée, nous ne connaissons pas leur ordre chronologique d'arrivée parmi les autres. Nous n'avons pas pris connaissance de Textes authentiques les délimitant. Allah (ﷻ) est le plus savant au sujet de la vérité.

SECTION PREMIERE

LA FUMEE

Parmi les grands signes qui auront lieu peu avant l'Heure, il y aura la Fumée. Allah (ﷻ) a dit:

> ﴾Eh bien, attends le jour où le ciel apportera une fumée visible, qui couvrira les gens: ce sera un châtiment douloureux.﴿ *[Coran 44: 10-11]*

Parmi ce qui prouve de manière claire que la Fumée est un des grands signes, le Hadith rapporté par Mouslim d'après Houdhayfa Ibn Usseid El-Ghifari (رضي الله عنه) qui a dit:

Le Prophète (ﷺ) nous surplomba *[de l'un de ses appartements]*, tandis que nous étions en train d'évoquer un point de discussion. Il a dit: *«Qu'évoquez-vous?»* - Nous avons répondu: nous évoquons l'Heure. - Il a dit: *«Elle ne se lèvera pas avant que vous ne voyiez dix signes avant son arrivée.»* Puis il a mentionné la Fumée, l'Antéchrist *(ad-dajjâl)*, la Bête sortie de terre, le lever du soleil de son couchant, la descente du ciel de Jésus fils de Marie, la sortie de *Yâjoûj* et *Mâjoûj*

---

8 *Ibid.*

(Gog et Magog), trois engloutissements: un en Orient, un autre en Occident et un troisième dans la Péninsule Arabique, quant au dernier de ces signes, il s'agira d'un feu qui jaillira du Yémen et forcera les gens à se rendre vers leur lieu de rassemblement.[9]

Quant à Abdallah Ibn Massoud (ﷺ), il pense que ce signe est passé et révolu.

Mouslim a rapporté dans son *Sahih* que Masrouq a dit:

Nous étions assis chez Abdallah Ibn Massoud qui était allongé au milieu de nous. Un homme est venu vers lui et lui a dit: ô Abou Abderrahmane! Un prêcheur, aux portes de Kindah[10], prétend que le signe de la Fumée viendra, et qu'elle *[tuera]* les mécréants en saisissant leurs voies respiratoires, tandis que les croyants seront atteints par un semblant de rhume. Abdallah s'est alors assis de colère et a dit: ô hommes! Craignez Allah! Que celui qui sait quelque chose le dise, et que celui qui ne sait pas dise qu'Allah est le plus savant. C'est faire preuve de science que l'un d'entre vous dise, lorsqu'il ne sait pas: Allah est le plus savant, car Allah a dit à Son Prophète (ﷺ):

> ﴿Dis: je ne vous demande aucun salaire pour cela, et je n'agis pas par maniérisme.﴾ *[Coran 38: 86]*

Le Messager d'Allah (ﷺ), en voyant que les gens *[à la Mecque]* n'acceptaient pas *[L'Islam]*, a dit: *«Ô Allah! Atteints-les d'une sécheresse de sept années, comme pour le peuple de Youssouf!»*

C'est alors qu'une sécheresse s'est abattue sur eux et a exterminé toute chose, de telle sorte que la faim leur a fait manger les peaux et les bêtes trouvées mortes. L'un d'eux a regardé le ciel et a vu comme une fumée. Abou Soufiane est alors allé vers le Messager d'Allah (ﷺ) et lui a dit: ô Mohammed! Tu es venu ordonner d'obéir à Allah

---

9 *Sahih* de Mouslim, vol. 4, p. 2225, nº 2901.

10 Il s'agit d'une place de la ville de Koufa, en Irak [*Trad.*]

et de lier les liens de parenté. Ton peuple est en train de périr, invoque donc Allah en leur faveur. Et Allah (ﷻ) a dit:

> ﴾Eh bien, attends le jour où le ciel apportera une fumée visible, qui couvrira les gens: ce sera un châtiment douloureux. Seigneur, éloigne de nous le châtiment, car *[à présent]*, nous croyons. D'où leur vient cette prise de conscience, alors qu'un Messager explicite leur est déjà venu. Puis ils s'en détournèrent en disant: c'est un homme instruit *[par d'autres]*, un possédé. Nous dissiperons le châtiment pour peu de temps, car vous récidiverez!﴿
>
> *[Coran 44: 10-15]*

Le Messager d'Allah (ﷺ) a alors dit: *«Le châtiment de l'Au-delà se dissipera-t-il?»*

> ﴾Le jour où Nous userons de la plus grande violence et Nous Nous vengerons.﴿ *[Coran 44: 16]*

Puis Abdallah a dit: le jour de la plus grande violence c'est le jour de Badr. Donc, le signe de la Fumée, le signe de la plus grande violence, le signe du châtiment inévitable et permanent, et le signe des Byzantins[11] sont déjà passés.[12]

Abdallah Ibn Massoud (ﷺ) pense donc que le signe de la Fumée est passé et révolu. Il argumente son point de vue du fait que le

---

[11] Le signe du chatiment inévitable et permanent est celui qui est mentionné dans la parole du Très-Haut: ﴾Vous avez démenti, votre *[châtiment]* sera inévitable et permanent﴿ *[Coran 25: 77]; le signe des Byzantins est celui qui est mentionné dans la parole du Très-Haut:* ﴾*Alif, Lâm, Mîm.* Les Byzantins ont été vaincus, dans le pays voisin *[la Perse]*, et après leur défaite, ils seront les vainqueurs﴿ *[Coran 30: 1-3]*.

[12] Ce Hadith a été rapporté par Mouslim, vol. 4, p. 2157, nº 2798. Ibn Kathir dans son *Tafsir,* vol. 6, p. 246, a dit: ce Hadith a été rapporté par Boukhari, par Mouslim chacun dans son *Sahih,* par Ahmed, et par Tirmidhi et Nassaï, chacun dans ses *Sunan*, au livre de l'interprétation du Coran.

châtiment des mécréants dans l'Au-delà ne leur a pas été dissipé, car le verset d'Allah (ﷻ) cite que le châtiment de l'Au-delà l'a été pour peu de temps. Un groupe de Prédécesseurs, dont Moudjahid, Abou El-'Aliya, Ibrahim En-Nakha'i, Dhahak et 'Atiya El-'Awfi ont opté pour l'avis d'Ibn Massoud. C'est aussi celui d'Ibn Jarir Tabari.[13]

Ibn Kathir a préféré dire que le signe de la Fumée n'a pas encore eu lieu. Il a rapporté, à ce sujet, le Hadith d'Abou Malik Al-Ach'ari (ﷺ) qui a dit: le Messager d'Allah (ﷺ) a dit: «*Votre Seigneur vous a certes donné trois avertissements: la Fumée qui atteindra le croyant par un semblant de rhume et qui saisira le mécréant et le gonflera au point que la fumée sortira de ses oreilles; le deuxième est la Bête; et le troisième est l'Antéchrist* (ad-dajjâl).» [Rapporté par Ibn Jarir Tabari]

Tabarani l'a rapporté selon une chaîne de transmission bonne. Ibn Kathir a mentionné que, parmi ceux qui affirment que le signe de la Fumée n'a pas encore eu lieu, 'Ali Ibn Abi Taleb (ﷺ), Abou Sa'id El-Khoudri (ﷺ), Ibn Abbas (ﷺ) et El-Hassen El-Basri.[14]

Ibn Kathir a argumenté l'avis pour lequel il a opté par les points suivants:

1- Les Hadiths authentiques et bons qui ont été mentionnés à ce sujet prouvent que ce signe n'a pas encore eu lieu.

2- La Parole du Très-Haut:

﴾Eh bien, attends le jour où le ciel apportera une fumée visible﴿ *[Coran 44: 10],*

c'est-à-dire une fumée évidente et claire que tout le monde verra. Il ne s'agit point d'une hallucination, comme l'a laissé entendre l'avis d'Ibn Massoud (ﷺ).

---

[13] Voir *Tafsir* d'Ibn Kathir, vol. 6, p. 247.
[14] Voir *Tafsir* d'Ibn Kathir, vol. 6, p. 247.

3- La Parole du Très-Haut:

﴾Qui couvrira les gens.﴿ *[Coran 44: 11]*

S'il s'agissait d'une hallucination rendue propre aux idolâtres de la Mecque, Allah (ﷻ) n'aurait pas dit:

﴾Qui couvrira les gens.﴿[15] *[Coran 44: 11]*

Dans son Explication du *Sahih* de Mouslim, au sujet du Hadith du Prophète (ﷺ) *«Elle ne se lèvera pas avant que vous ne voyiez dix signes avant son arrivée...»* et dans lequel il a mentionné la Fumée, Nawawi a dit: ce Hadith renforce l'avis de ceux qui affirment que la Fumée qui *[tuera]* en saisissant les voies respiratoires des mécréants et qui atteindra le croyant par un semblant de rhume n'a pas encore eu lieu, mais qu'elle aura seulement lieu à l'approche de l'Heure. Les propos de ceux qui ont opté pour cet avis sont mentionnés dans le livre du commencement de la Création, de même que la réfutation de l'avis d'Abdallah Ibn Massoud (رضي الله عنه) qui est seulement une interprétation de la sécheresse qui a atteint les Qoraych à la Mecque, si bien qu'ils avaient vu entre eux et le ciel comme une fumée, et qu'un groupe de Prédécesseurs a approuvé Ibn Massoud. Quant à Houdhayfa (رضي الله عنه), Ibn Omar (رضي الله عنه), et El-Hassen ils ont opté pour le second avis. De plus Houdhayfa (رضي الله عنه) a rapporté cette parole-ci du Prophète (ﷺ): cette fumée durera quarante jours. Il est donc fort probable qu'il s'agit de deux fumées distinctes, d'après le regroupement de ces *athâr [textes hérités des Anciens], conclut Nawawi.*[16]

15 *Ibid.*

16 Voir l'Explication du *Sahih* de Mouslim par Nawawi, vol. 18, p. 27.

SECTION 2

L'EPREUVE DE L'ANTECHRIST

§ 1er - Son épreuve est la plus redoutable dans l'Histoire de l'Humanité

L'épreuve de l'Antéchrist *(ad-dajjâl)* surviendra à la fin des temps. C'est l'un des grands signes précurseurs de l'Heure. Son épreuve est l'une des plus redoutables qui atteindra l'Humanité au cours de son Histoire.

Dans le *Sahih* de Mouslim, il a été rapporté qu'Abou Ad-Dahmaa et Abou Qutada ont dit: nous passions auprès de Hicham Ibn 'Amir (ﷺ) pour nous rendre chez 'Imrane Ibn Hussayn (ﷺ). Un jour, Hicham dit: vous passez auprès de moi pour vous rendre chez des hommes qui n'étaient pas plus présents que moi auprès du Messager d'Allah (ﷺ) et qui ne connaissent pas autant que moi ses Hadiths. J'ai entendu le Messager d'Allah (ﷺ) dire: *«Entre la création d'Adam et le jour où l'Heure se lèvera, il n'y a pas une créature dont l'épreuve est plus redoutable que celle de l'Antéchrist.»* Dans une autre variante: *«Il n'y a pas une chose dont l'épreuve est plus redoutable que celle de l'Antéchrist.»*[17]

C'est pour cette raison que les Prophètes ont tous mis en garde leurs communautés contre cette épreuve. Mais notre Messager (ﷺ) a davantage prévenu sa communauté au sujet de ce dernier.

Dans le *Sahih* de Boukhari, il a été rapporté que Abdallah Ibn Omar (ﷺ) a dit: le Messager d'Allah (ﷺ) s'est levé au milieu des gens, a complimenté Allah comme Il en est Digne, et a évoqué l'Antéchrist en disant:

---

[17] Voir *Sahih* de Mouslim, livre des discordes et des calamités - chapitre: le restant des Hadiths concernant l'Antéchrist, vol. 4, p. 2266, n° 2946.

«Je vous mets certainement en garde contre lui. Il n'y a pas eu un Prophète qui n'a pas mis sa communauté en garde contre lui. Mais je vais vous faire part d'une parole à son sujet qu'aucun Prophète n'a dite à sa communauté: il est borgne et Allah n'est assurément pas borgne.»[18]

Dans le *Sahih* de Boukhari et dans celui de Mouslim, il a été rapporté qu'Anas Ibn Malik (ﷺ) a dit: le Prophète (ﷺ) a dit: *«Aucun Prophète n'a été envoyé sans qu'il ait mis sa communauté en garde contre le borgne, grand menteur. Il est borgne, et votre Seigneur n'est assurément pas borgne. Il est inscrit entre ses deux yeux:* كَافِر (mécréant).»[19]

Dans les *Sunan* de Tirmidhi et dans les *Sunan* d'Abou Daoud, a été rapporte d'après Abdallah Ibn Omar (ﷺ) que le Messager d'Allah (ﷺ) a dit au sujet de l'Antéchrist: *«Je vous mets certainement en garde contre lui. Il n'y a pas eu un Prophète qui n'a pas mis sa communauté en garde contre lui. Noé a certainement mis sa communauté en garde contre lui. Mais je vais faire part d'une parole qu'aucun Prophète n'a dite à sa communauté: apprenez qu'il est borgne et qu'Allah n'est assurément pas borgne.»*[20]

Dans les *Sunan* d'Ibn Majah, le *Sahih* d'Ibn Khouzeima et le *Moustadrak* d'El-Hâkim, il a été rapporté d'après Abou Oumama (ﷺ) que le Prophète (ﷺ) a dit: *«Ô hommes! Il n'y a pas une épreuve plus redoutable que celle de l'Antéchrist à la surface de la terre, depuis qu'Allah a crée la descendance d'Adam. Allah (ﷻ) n'a pas*

---

18 *Sahih* de Boukhari, livre des discordes et des calamités - chapitre: la mention de l'Antéchrist; voir *Fat'hou El-Bâri,* vol. 13, p. 90.

19 Sahih de Boukhari: livre des discordes et des calamités - chapitre: la mention de l'Antéchrist; voir *Fat'hou El-Bâri,* vol. 13, p. 90. Voir aussi *Sahih* de Mouslim, livre des discordes et des calamités - chapitre: la mention de l'Antéchrist et ses descriptions, vol. 4, p. 2248 n° 2933.

20 Voir *Jami'e El-Oussoul*, vol. 10, p. 356, n° 2848. Les termes de ce Hadith sont ceux que Tirmidhi a rapportés. Voir aussi *Sahih El-Jami'e*, n° 2495.

envoyé un Prophète sans qu'il mette en garde sa communauté contre l'Antéchrist. Je suis le dernier des Prophètes, et vous êtes la dernière des communautés. Il viendra donc inéluctablement parmi vous.»[21]

§ 2 - l'origine de son appellation **al-massih ad-dajjâl**

Ibn El-Athir a dit: l'Imposteur a été nommé *El-Massih* (المسيح- 'essuyé'), car la lumière de l'un de ses yeux est effacée (essuyée). Ce terme, en arabe, s'emploie pour celui dont l'un des côtés du visage est effacé: il n'a ni œil, ni sourcil. Différemment, Jésus fils de Marie a été appelé *El-Massih*, car il essuyait le malade qui, par la permission d'Allah (ﷻ), guérissait. Le verbe essuyer en arabe est *massaha* (مَسَحَ). L'Imposteur signifie qu'il est un grand menteur.[22]

Il a été nommé Imposteur (*Ad-Dajjâl* - الدَّجَّال) - comme l'a affirmé Ibn Hajar - parce qu'il couvrira la vérité avec son imposture: le verbe دَجَلَ (= *dajala*), en arabe, signifie couvrir. Ibn Doureid a dit: en arabe, il a été nommé *Ed-Dajjal* car il couvrira la vérité avec le mensonge. Puis certains ont dit: parce qu'il parcourra toute la terre... et d'autres ont dit: il a été nommé ainsi, car il couvrira la terre *[en s'y rendant de partout]*.[23]

§ 3 - La situation des musulmans au moment où l'Antéchrist se manifestera

Peu avant la venue de l'Antéchrist, la position des musulmans sera importante, et ils seront dotés d'une grande puissance. Il semble

---

21 Voir *Sahih El-Jami'e*, n° 7752. La chaîne de transmission de ce Hadith est authentique.

22 Voir *Jami'e El-Oussoul* d'Ibn El-Athir, vol. 4, p. 204, ainsi que *Lissanou El-'Arab,* à la racine: م س ح.

23 Voir *Fat'hou El-Bâri,* vol. 11, p. 91.

qu'il viendra pour mettre fin à cette puissance. Au cours de cette époque, les musulmans signeront un traité de pacification avec les Byzantins et combattront, avec l'aide de ces derniers, un ennemi commun, qu'ils vaincront. Puis une guerre éclatera entre les musulmans et les chrétiens. Dans les *Sunan* d'Abou Daoud, le Messager a été entendu dire: *«Vous signerez un traité de pacification avec les Byzantins qui vous assurera confiance. Vous combattrez un ennemi, tandis que les Byzantins seront retranchés derrière vous. Vous triompherez et vous ramènerez du butin* [tout] *en étant sains et saufs. Puis vous reviendrez jusqu'à ce que vous fassiez halte dans une prairie comportant des buttes de terre. C'est alors qu'un chrétien lèvera la croix et dira: la croix a triomphé! Un musulman se mettra donc en colère et brisera la croix. A ce moment, les Byzantins rompront leur pacte et se rassembleront pour la Grande Guerre.»* Certains ont rapporté en plus: *«Les Musulmans bondiront donc sur leurs armes et combattront. Ainsi, Allah les honorera par le martyre.»*[24]

Le lecteur remarque donc la puissance des musulmans à ce moment-là, car ils combattront, triompheront, ramèneront du butin et reviendront sains et saufs. Il notera aussi à quel point ils seront cramponnés à leur religion: lorsque ce chrétien lèvera la croix, prétendant que la victoire qu'ont remportée les musulmans aura été pour elle, c'est à dire pour les chrétiens, un musulman plein de zèle pour sa religion se lèvera et la brisera. Alors le groupe de Musulmans présents à cet endroit-là bondiront sur leurs armes et combattront les Byzantins, malgré leur faible nombre. Le Messager d'Allah (ﷺ) a attesté qu'ils sont morts en tant que martyrs, un honneur qu'Allah (سبحانه وتعالى) leur octroiera. Ceci sera la trahison des Byzantins. Tout ce qui se produira après sera la cause de la Grande Guerre.

---

[24] Voir ce Hadith dans *Michkatou El-Massabih*, vol. 3, p. 18, nº 5428. Le correcteur de ce livre, le cheikh El-Albani a dit: sa chaîne de transmission est authentique.

La Grande Guerre et la Conquête de Constantinople:

La Grande Guerre sera une grande et terrible bataille entre les chrétiens et les musulmans.[25] La cause de cette guerre a été mentionnée dans le Hadith précédent. De nombreux Hadiths sont venus décrire cette bataille et sa terreur, et comment les musulmans patienteront au cours de celle-ci avant leur triomphe de leurs ennemis. Il est à noter qu'il se trouvera, dans les rangs des musulmans, des chrétiens convertis à l'Islam et qui parferont leur Islam. Dans le *Sahih* de Mouslim, il a été rapporté d'après Abou Houraïra (ﷺ) que le Messager d'Allah (ﷺ) a dit: *«L'Heure ne se lèvera pas avant que les Byzantins ne fassent halte à El-A'maq ou à Dabiq.*[26] *Alors une armée dont les individus seront du nombre des meilleures gens de la terre à ce moment-là, sortira de Médine et ira à leur rencontre. Lorsqu'ils se seront mis en rangs pour l'affrontement, les Byzantins diront: laissez-nous combattre ceux qui ont fait des prisonniers parmi nous! - Les musulmans répondront: non, par Allah, nous ne vous laisserons pas seuls avec nos frères! Puis ils combattront: un tiers sera mis en déroute, et Allah ne leur inspirera jamais le repentir; un tiers d'entre eux sera tué, et ils seront les meilleurs martyrs auprès d'Allah; puis un tiers d'entre eux triomphera, et plus jamais rien ne les détournera de leur religion.*

Puis, ils conquerront Constantinople.[27] *Tandis qu'ils seront en train de partager les butins et qu'ils auront accroché leurs épées à un*

---

[25] Les Hadiths prophétiques indiquent que les Byzantins seront les plus nombreux à la fin des temps. Dans le *Musned* d'Ahmed et le *Sahih* de Mouslim, il a été rapporté d'après El-Moustawrid que le Messager d'Allah dit: *«L'Heure se lèvera et les Byzantins seront les plus nombreux.»* Voir *Sahih El-Jami'e,* vol. 3, p. 51.

[26] Il s'agit de deux endroits situés en Syrie, près de la ville de d'Alep.

[27] Ce sera une seconde conquête de Constantinople qui aura lieu à la fin des temps, différente de celle qu'a entreprise Mohammed El-Fateh à son époque.

olivier,[28] *voilà que le diable s'écriera parmi eux:* El-Massih *vous a remplacés auprès de vos familles! Ils se mettront en route, mais l'appel du diable n'aura été que mensonge. Lorsqu'ils parviendront en Syrie, alors l'Antéchrist se manifestera. Tandis qu'ils se seront préparés pour le combat, puis qu'ils ajusteront les rangs* [pour la prière], *voilà que l'on annoncera la célébration de la prière et que Jésus descendra, puis il les dirigera. Quand l'ennemi d'Allah le verra, il fondra comme le sel dans l'eau. Si Jésus le laissait ainsi, il fondrait jusqu'à ce qu'il périsse, mais Allah fera que Jésus le tue de ses propres mains. Puis ce dernier leur montrera le sang de l'Antéchrist sur sa courte lance.»*[29]

Le Messager d'Allah (ﷺ) a raconté dans un autre Hadith l'acharnement de cette bataille et des commandos musulmans: des groupes de musulmans s'engageront à combattre trois jours consécutifs jusqu'à la victoire ou la mort. Il semble que le nombre des musulmans, à ce moment-là, soit faible, par l'indication qu'ils triompheront lorsque les renforts du restant des musulmans arriveront.

Dans le *Sahih* de Mouslim, on a rapporté que Abdallah Ibn Massoud (رضي الله عنه) a dit:

«L'Heure ne se lèvera pas avant que l'héritage ne soit plus partagé et que l'on ne se réjouisse plus du butin.» Puis, il a fait un signe de sa main [c'est-à-dire en l'orientant du côté de la Syrie] et a dit: *«Des ennemis se rassembleront afin de combattre les musulmans qui, eux aussi se rassembleront* [contre eux].»[30]

---

[28] Ceci indique la grande sécurité dans laquelle ils seront, car ils auront éloigné d'eux leurs armes. [*Trad.*]

[29] Ce Hadith a été rapporté par Mouslim dans son *Sahih* au livre des discordes et des calamités - chapitre la conquête de Constantinople, vol. 4, p. 2221, nº 2897.

[30] Ce rassemblement pour le combat se produira après la trahison des Byzantins.

- J'ai demandé[31]: tu veux dire les Byzantins? - Il a répondu:

«Oui. Il y aura, au cours de ce combat, un grand repli. Alors les musulmans formeront un escadron de la mort qui ne reviendra qu'en cas de victoire. Les deux armées combattront jusqu'à ce que la nuit les empêche de poursuivre la lutte. Alors, les uns et les autres retourneront [à leurs campements], *sans qu'aucun ait obtenu la victoire. Puis l'escadron sera tué.*

Puis, les musulmans formeront un nouvel escadron de la mort qui ne reviendra qu'en cas de victoire. Les deux armées combattront jusqu'à ce que la nuit les empêche de poursuivre la lutte. Alors les uns et les autres retourneront [à leurs campements], *sans qu'aucun ait obtenu la victoire. Puis l'escadron sera tué.*

Puis, les musulmans formeront un nouvel escadron de la mort qui ne reviendra qu'en cas de victoire. Les deux armées combattront jusqu'à la tombée de la nuit. Alors les uns et les autres retourneront [à leurs campements], *sans qu'aucun ait obtenu la victoire. Puis l'escadron sera tué.*

Au quatrième jour, ceux qui restent des musulmans se lèveront et iront au devant des Byzantins, alors Allah mettra les ennemis de l'Islam en déroute. Ils feront un massacre.»

Ensuite il a dit soit: *«Il n'en sera pas vu de semblable»*, soit: *«Il n'en a pas été vu de semblable, de sorte que l'oiseau qui passera à côté d'eux tombera mort, sans même les avoir dépassés. On dénombrera les enfants d'un même père à cent, et l'on ne trouvera, parmi eux, qu'un seul survivant. De quel butin se réjouira-t-il donc? Quel héritage sera-t-il partagé? Tandis que les musulmans seront ainsi, ils entendront* [la nouvelle] *d'un malheur plus terrible que cela. Il parviendra* [à leurs oreilles] *le cri que l'Antéchrist les a*

---

[31] Celui qui interroge est Youssir Ibn Jabir, celui qui entend ce Hadith de Abdallah Ibn Massoud.

remplacés auprès de leurs progénitures. Alors ils délaisseront ce qu'ils auront entre les mains [comme butin]. *Ils se mettront en route et enverront dix cavaliers en éclaireurs.* Le Messager d'Allah (ﷺ) a dit: *«Je connais certes leurs noms, les noms de leurs pères, et la couleur de leurs chevaux. Ils seront les meilleurs cavaliers sur la surface de la terre à ce moment-là»* ou *«parmi les meilleurs cavaliers sur la surface de la terre à ce moment-là.»*[32]

La conquête de Constantinople - évoquée dans le premier Hadith de"la Grande Guerre'' que nous avons précédemment cité - a été détaillée par un autre Hadith rapporté par Mouslim d'après Abou Houraïra (رضي الله عنه) qui a rapporté ce qu'a dit Le Prophète (ﷺ): *«Avez-vous entendu parler d'une ville dont un côté se trouve sur la terre et l'autre sur la mer.»*[33] *- Ils ont répondu: oui, ô Messager d'Allah! Puis, il a dit: «L'Heure ne se lèvera pas avant que soixante-dix mille des Enfants d'Isaac*[34] *la conquissent. Lorsqu'ils y arriveront, ils*

---

[32] *Sahih* de Mouslim, livre des discordes et des calamités - chapitre: la venue des Byzantins en grand nombre pour le combat, vol. 4, p. 2223, n° 2899.

[33] Les savants ont penché pour affirmer qu'il s'agissait de Constantinople, dans ce Hadith, même si le Messager d'Allah ne l'a pas dénommée. Mais il m'est venu à l'esprit qu'il pourrait s'agir de Venise en Italie, car une grande partie de ses habitations est construite sur la mer, et une autre partie construite sur la terre. J'ai bien observé les deux villes lors de ma visite à chacune d'elle, et j'ai remarqué que Venise était plus proche de la description du Hadith. Mais Allah est le plus savant.

[34] Nawawi a dit, dans son Explication du *Sahih* de Mouslim: *El-Qâdhi* a dit: il en est ainsi dans toutes les éditions du *Sahih* de Mouslim: il est cité les Enfants d'Isaac concernant le Hadith. Certains ont dit: ce qui est connu et retenu du Hadith c'est 'les Enfants d'Ismaël'. De plus c'est ce qu'indiquent le Hadith et son suivi, car le Prophète a seulement voulu signifier les Arabes. [Explication du *Sahih* de Mouslim, vol. 18, p. 44]
Je dis: Il n'y a pas d'ambiguïté sur ce point, si Allah le veut, car cette religion est destinée à toute l'Humanité, et Allah donne sa royauté à qui Il veut. Mohammed El-Fateh a conquis Constantinople plus de trois cent ans après la mort de Nawawi, et la plus grande partie de son armée était composée de non Arabes. Il n'est donc pas impossible que ceci se=

descendront. Ils ne combattront pas avec les armes et ne lanceront pas de flèches. Ils diront: il n'y a pas de divinité qu'Allah, Allah est le plus Grand. Alors un de ses deux côtés s'effondrera.»

Thawr[35] a dit: je sais seulement qu'il a dit: *«Celui qui est sur la mer. Puis, ils diront une seconde fois: il n'y a pas de divinité à part Allah, Allah est le plus Grand, puis son autre côté s'effondrera. Puis, ils diront une troisième fois: il n'y a pas de divinité à part Allah, Allah est le plus Grand. Alors on leur dissipera* [le combat et les ennemis fuiront]. *Ils entreront donc* [dans la ville] *et ramasseront le butin. Tandis qu'ils se le partageront, ils entendront un cri: l'Antéchrist est venu! Alors, ils délaisseront tout et s'en retourneront.»*[36]

§ 4 - La sécheresse et la famine précédant la venue de l'Antéchrist

Les gens seront durement éprouvés peu de temps avant la venue de l'Antéchrist. Le ciel retiendra sa pluie, et la terre sa végétation.

Dans les *Sunan* d'Ibn Majah, dans le *Sahih* d'Ibn Khouzeima et dans le *Moustadrak* d'El-Hâkim, il a été rapporté d'après Abou Oumama (ﷺ) que le Messager d'Allah (ﷺ) a dit:

«Avant l'arrivée de l'Antéchrist, trois années de malheur et d'angoisse viendront. Durant celles-ci, les gens seront atteints d'une sévère famine. La première année, Allah ordonnera au ciel de retenir

---

=reproduise une seconde fois. De plus, il y a dans le Hadith de la Grande Guerre cité précédemment ce qui indique cela: les Byzantins diront aux Musulmans: laissez-nous combattre ceux qui ont fait des prisonniers d'entre nous.

[35] Il s'agit de Thawr Ibn Zeyd, un des rapporteurs de la chaîne de transmission du Hadith.

[36] Ce Hadith a été rapporté par Mouslim dans son *Sahih* au livre des calamités et des discordes: vol. 4, p. 2238 n° 2920.

le tiers de sa pluie et à la terre de retenir le tiers de sa végétation. Puis la deuxième année, Il ordonnera au ciel de retenir les deux tiers de sa pluie et à la terre de retenir les deux tiers de sa végétation. Puis la troisième année, Il ordonnera au ciel de retenir toute sa pluie: alors, il ne pleuvra plus une goutte. Il ordonnera à la terre de retenir toute sa végétation, alors plus une plante ne poussera. Il ne restera pas une bête vivante parmi les ruminants.» - Quelqu'un a dit: de quoi se nourriront-ils à ce moment-là? - Il a répondu: *«Ils se nourriront des paroles: Il n'y a pas de divinité qu'Allah, Allah est le plus Grand, et louange à Allah. Cela leur tiendra lieu de nourriture.»*[37]

§ 5 - Description et caractéristiques de l'Antéchrist

Il prétendra être le Seigneur. Il détiendra des pouvoirs sortant de l'ordinaire avec lesquels il répandra son imposture, de telle façon qu'un homme, se tenant sur ses gardes à son égard et croyant qu'il n'aura pas d'effets sur lui, après avoir découvert ce qu'il détient comme pouvoirs extraordinaires, lui obéira et tombera dans son escroquerie..

Dans les *Sunan* d'Abou Daoud, selon une chaîne de transmission authentique, il a été rapporté d'après 'Imrane Ibn Hussayn (ﷺ), que le Messager d'Allah (ﷺ) a dit: *«Quiconque entendra que l'Antéchrist* [est venu], *qu'il s'éloigne de lui. Par Allah! L'homme se rendra vers lui, pensant être croyant: c'est alors qu'il lui obéira, à cause des confusions avec lesquelles il l'influencera» ou «à l'égard des confusions avec lesquelles il l'influencera.»*[38]

Celui qui considère avec attention le cas de l'Antéchrist se rendra compte, sans aucun doute, qu'il est un menteur et que les traits

---

[37] Voir ce Hadith dans *Sahih El-Jami'e,* vol.6, p. 277, nº 7752.

[38] Voir ce Hadith dans *Sahih Sunan Abi Daoud,* nº 3629.

divins ne lui conviennent pas: c'est un être humain, misérable et incapable, malgré ce qu'il détiendra comme pouvoirs extraordinaires. Il mange, boit, dort et fait ses besoins: comment donc celui qui est décrit de la sorte peut-il être une divinité à vénérer, et le Seigneur des choses existantes, alors qu'elles contribuent à ses besoins et à sa subsistance?!! Malgré cette clarté, le Messager d'Allah (ﷺ) nous a beaucoup informés sur ses descriptions et ses aspects, afin que les croyants, qui lui seront contemporains, le reconnaissent et puissent lui faire face sans être dupés par son imposture.

Sa description générale:

Le Messager d'Allah (ﷺ) l'a décrit d'une manière qui fait apparaître sa personnalité et qui détermine les caractéristiques de son physique.

Dans le *Sahih* de Boukhari, il a été rapporté d'après Abdallah Ibn Omar (رضي الله عنه), que le Messager d'Allah (ﷺ) a dit: *«C'est un homme corpulent, au teint rougeâtre, aux cheveux crépus, borgne, et son œil est* [saillant] *semblablement au raisin qui sort* [de la grappe] *(...).»*[39]

Dans le *Musned* de l'imam Ahmed et dans les *Sunan* d'Abou Daoud, selon une chaîne de transmission authentique, on a rapporté d'après 'Oubada Ibn As-Sâmite (رضي الله عنه) que le Messager d'Allah (ﷺ) a dit: *«Je vous ai tellement entretenu de l'Antéchrist, que j'ai craint que vous ne compreniez pas* [ce que je vous ai raconté à son sujet]. *L'Antéchrist est bien un homme de petite taille, aux jambes arquées, aux cheveux crépus, avec un œil ayant un défaut et l'autre ayant perdu la vue qui n'est ni saillant, ni enfoncé. Si* [sa description] *vous paraît confuse, sachez que votre Seigneur n'est pas borgne et que vous ne Le verrez pas.»*[40]

---

[39] *Sahih* de Boukhari, livre des discordes et des calamités - chapitre: la mention de l'Antéchrist; *Fat'hou El-Bâri,* vol. 13, p. 90.

[40] Voir ce Hadith dans *Sahih El-Jami'e,* vol. 2, p. 318, nº 2455.

Dans le *Sahih* d'Ibn Hibbane et le *Musned* d'Ahmed, il a été rapporté qu'Ibn Abbas (ﷺ) a dit: le Messager d'Allah (ﷺ) a dit:

«L'Antéchrist est borgne, d'un teint blanc. Sa tête ressemble à celle d'un python[41](...). *Et si certains ignorants égarés périssent* [à cause de lui, sachez, vous, que] *votre Seigneur n'est pas borgne.»*[42]

L'Antéchrist est borgne:

Le Messager d'Allah (ﷺ) a insisté sur la description des yeux de l'Antéchrist, car quels que soient les défauts de ses caractéristiques desquels il se détacherait, il ne pourra nullement se départir *[du défaut]* de ses yeux qui sont visibles et apparents et que tout le monde les voit.

D'autre part, ils possèdent des caractéristiques qui ne se dissimulent pas. Les Hadiths précédents ont fait allusion aux défauts de ses yeux.

Les Hadiths les plus clairs indiquent qu'il est borgne. Il a été mentionné dans certains d'entre eux que c'est son œil droit qui est borgne, et dans d'autres qu'il s'agit de son œil gauche. Mais le plus vraisemblable, c'est la première description Les Hadiths, qui mentionnent cela, sont rapportés par Boukhari et Mouslim. Le Messager d'Allah (ﷺ) a assimilé cet œil à un raisin terne. Dans d'autres Hadiths, il a décrit l'œil droit comme étant borgne, saillant et non enfoncé, ressemblant à de la morve collée sur un mur de plâtre.

Dans le *Sahih* de Boukhari, on a rapporté d'après Abdallah Ibn Omar (ﷺ) que le Prophète (ﷺ) dit au sujet de l'Antéchrist:

---

[41] Les Arabes assimilent la tête de quelqu'un à un python, lorsque celle-ci est petite et bouge beaucoup. [*Trad.*]

[42] Voir *La Chaîne des Hadiths Authentiques*, vol. 3, p. 190 nº 1193. Le cheikh El-Albani a dit, au sujet de ce Hadith: il est authentique selon les conditions établies par Mouslim.

«Il est borgne de l'œil droit, [saillant] *comme s'il s'agissait d'un raisin sortant* [de la grappe]*».*[43]

Dans le Hadith d'Abou Sa'id (ﷺ) rapporté par Ahmed, il est cité que le Prophète (ﷺ) a dit: *«Son œil droit est borgne, saillant et non enfoncé, semblable à de la morve collée sur un mur de plâtre. Son œil gauche est semblable à une étoile scintillante.»*[44]

En plus de ceci, la lumière de son œil est effacée, comme cela a été mis en évidence, précédemment, dans le Hadith du *Sahih* de Mouslim, où il est rapporté que: *«L'Antéchrist a un œil* [dont la lumière] *est effacée».*[45]

Nawawi a donné une autre orientation aux différentes variantes. Il considère l'ensemble des variantes décrivant ses yeux avec le terme عَـور (défaut) comme étant des variantes authentiques. Le sens linguistique du mot عَـور, en arabe signifie défaut. Les yeux de l'Antéchrist possèdent tous deux un défaut. Il a été rapporté que les deux yeux étaient décrits avec le mot عَـور. Enfin, il a été aussi rapporté que l'un de ses yeux est terne - c'est-à-dire sans lumière - et que l'autre est apparent, c'est-à-dire saillant. D'après l'étude de Nawawi, on conclut que l'Antéchrist ne voit pas de l'un de ses yeux, en raison de l'absence de lumière: il s'agit donc de son œil dont la lumière est effacée, tout en étant non saillant et non enfoncé. Quant au second, sa lumière n'est pas absente, cependant il fait l'objet d'un autre défaut qui est sa protubérance.[46]

---

43 *Sahih* de Boukhari: livre des discordes et des calamités - chapitre la mention de l'Antéchrist; *Fat'hou El-Bâri,* vol. 13, p. 90. Voir également *Sahih* de Mouslim, livre des discordes et des calamités - chapitre la mention de l'Antéchrist, vol. 4, p. 2247.

44 Voir *Fat'hou El-Bâri,* vol. 13, p. 98.

45 *Sahih* de Mouslim, livre des discordes et des calamités - chapitre la mention de l'Antéchrist: vol. 4, p. 2248, nº 2933.

46 Voir l'Explication du *Sahih* de Mouslim par Nawawi, vol. 18, p. 61.

Mouslim a rapporté, dans une des variantes de son *Sahih*, que l'œil dont la lumière est absente - c'est-à-dire dont la lumière est effacée - souffre d'un important ptérygion: *«L'Antéchrist a un œil* [dont la lumière] *est effacée, souffrant d'un important ptérygion.»*[47]

Le ptérygion est un épaississement de la conjonctive qui voile la vue.

Le Messager d'Allah (ﷺ) nous a décrit l'œil avec lequel l'Antéchrist voit, en disant: *«L'œil de l'Antéchrist est vert comme le verre.»* Ce Hadith a été rapporté par Ahmed et Abou Nu'eime selon une chaîne de transmission authentique.[48]

Entre ses yeux est inscrit* كَافِر *(mécréant):

Il existe un signe par lequel Allah (ﷻ) a marqué l'Antéchrist, que reconnaîtront uniquement les croyants, à l'exception de ceux qu'Allah (ﷻ) rendra aveugles. Ce signe est une inscription entre ses yeux dont le texte est: ك ف ر ou كافر (c'est-à-dire: mécréant).

Dans le *Sahih* de Boukhari, il a été rapporté d'après Anas Ibn Malik (رضي الله عنه) que le Prophète (ﷺ) a dit: *«Aucun Prophète n'a été envoyé sans qu'il ait mis sa communauté en garde contre le borgne, grand menteur. Il est borgne, et votre Seigneur n'est assurément pas borgne. Il est inscrit entre ses deux yeux:* كَافِر (mécréant).»[49]

Dans le *Sahih* de Mouslim figure le même Hadith, sauf qu'il a été rapporté que le Prophète (ﷺ) a dit: *«Il est inscrit entre ses deux yeux:* ك ف ر.»[50]

---

47 Voir *Sahih* de Mouslim: livre des discordes et des calamités, vol. 4, p. 2249, nº 2934.

48 Voir *La Chaîne des Hadiths Authentiques*, vol. 4, p. 477, nº 1863.

49 *Sahih* de Boukhari, livre des discordes et des calamités - chapitre: la mention de l'Antéchrist; voir *Fat'hou El-Bâri,* vol. 13, p. 90.

50 *Sahih* de Mouslim, livre des discordes et des calamités - chapitre: la mention de l'Antéchrist: vol. 4, p. 2248, nº 2933.

Dans le *Sahih* d'Ibn Khouzeima, les *Sunan* d'Ibn Majah et le *Moustadrak* d'El-Hâkim, il a été rapporté selon une chaîne de transmission authentique d'après Abou Oumama (ﷺ), que le Prophète (ﷺ) a dit: *«Il est certes écrit entre ses yeux* كَافِر (mécréant), que lira tout croyant, lettré ou non.»[51]

«Il est certes écrit entre ses yeux كَافِر (mécréant), que lira celui qui répugnera ses actes» ou *«que lira tout croyant.»*[52]

L'avis authentique des examinateurs - comme l'a affirmé Nawawi - est que cette inscription est réelle et que c'est un signe qu'Allah (ﷻ) a ajouté à tous les signes formels de sa mécréance, de son mensonge et de son imposture. Allah (ﷻ) la montrera à tout musulman qui sait ou non lire et écrire. Et Il la dissimulera à celui qu'Il voudra affliger et éprouver. Ceci n'est pas impossible. *El-Qâdhi* 'Iyadh a mentionné qu'il y avait divergence à ce propos. Certains on dit: c'est une inscription réelle - comme nous l'avons mentionné - et d'autres ont dit: il s'agit d'une métaphore et d'une indication de sa création. Ces derniers tire argument de la parole du Prophète (ﷺ): *«...Que lira tout croyant lettré ou non.»* Mais, cet avis est faible, *conclut Nawawi.*[53]

L'Antéchrist n'a pas de progéniture:

Le Messager d'Allah (ﷺ) a informé que l'Antéchrist est *«stérile, il n'engendre pas».*[54]

§ 6 - La nullité de sa prétention d'être le Seigneur

Si tels sont les traits de l'Antéchrist, qui dénotent une grande déficience, comment la prétention d'être le Seigneur peut-elle

---

[51] Voir ce Hadith dans *Sahih El-Jami'e,* vol. 6, p. 274, n° 7752.

[52] Voir *Sahih* de Mouslim: livre des discordes et des calamités - chapitre: la mention d'Ibn Sayâd, vol. 4, p. 2245.

[53] Voir l'Explication du *Sahih* de Mouslim par Nawawi, vol. 18, p. 60.

[54] *Sahih* de Mouslim, vol. 4, pp. 2242-2243.

s'avérer juste pour cette faible créature? Il prétendra être le Seigneur des hommes, alors que l'on ne verra pas le Seigneur des hommes dans la vie terrestre. Le Prophète (ﷺ) a dit: *«Sachez qu'aucun de vous ne verra son Seigneur avant de mourir.»*[55]

De plus, son physique est anormal et comporte des défauts qui ne passent pas inaperçus. Parmi ceux-ci, la défaillance de ses yeux. Le Messager d'Allah (ﷺ) a dit: *«Vous ne pouvez vous tromper sur Allah. Allah n'est assurément pas borgne»,* et il indiqua du doigt ses yeux *«tandis que l'Antéchrist est borgne de l'œil droit:* [saillant] *comme s'il s'agissait d'un raisin sortant* [de la grappe]*.»*[56]

Parmi ses descriptions défaillantes citées dans les Hadiths, il est à noter qu'il a été décrit par le terme أَفْحَج (afhej) qui désigne les jambes ou les cuisses arquées. Certains ont dit que ce terme désigne les pointes de pieds rentrantes. D'autres ont dit que ce terme désigne la distorsion des pieds.[57]

Ibn El-'Arabi a dit vrai dans ses propos suivants: dans les différentes descriptions de l'Antéchrist dénotant la défaillance, il y a une preuve indiquant qu'il ne peut s'en défaire, quelle qu'elle soit; qu'elle lui est perpétuelle.[58]

Ce qu'il voulait dire à travers cela, c'est que s'il était le Seigneur, il aurait supprimé les défauts qu'il a en lui. Or, le fait qu'il ne s'en débarrasse pas est une preuve qu'il est une créature sous l'ordre de son Seigneur duquel il dépend, ne pouvant lui-même subvenir à ses besoins, et étant dans l'incapacité de parfaire son aspect physique.

---

[55] *Sahih* de Mouslim, livre des discordes et des calamités, vol. 4, p. 2245.

[56] *Sahih* de Boukhari: livre de l'Unicité (*Tawhid*) - chapitre: la parole d'Allah: ﴾... Afin que tu sois élevé sous Mon Œil...﴿ *[Coran 20: 39]; Fat'hou El-Bâri,* vol. 13, p. 389.

[57] Voir *Fat'hou El-Bâri,* vol. 13, p. 97..

[58] Voir *Fat'hou El*-Bâri, vol. 13, p. 98.

Le Messager d'Allah (ﷺ) a bien insisté sur sa caractéristique de borgne car c'est une trace concrète que peuvent distinguer le savant et le commun des mortels, de même que celui qui se guide seulement par les preuves rationnelles [59]. Sinon, il n'y aurait que les savants qui auraient été dans l'aptitude de distinguer son cas de la réalité de ce qu'il prétendra être.

§ 7 - Les pouvoirs de l'Antéchrist qui seront la cause de l'épreuve

L'Antéchrist prétendra être une divinité. Parmi les pouvoirs qui lui seront octroyés, il y aura des faits hallucinants qui troubleront fortement les gens. Parmi ces pouvoirs:

1- Sa rapidité de déplacement sur Terre:

Dans le Hadith d'En-Nawas Ibn Sem'ane (ﷺ) rapporté dans le *Sahih* de Mouslim, il est cité que le Prophète (ﷺ) a été interrogé au sujet de sa rapidité de déplacement sur Terre, et qu'il a répondu: *«Elle sera semblable aux nuages poussés par le vent...»*[60]

Le Messager d'Allah (ﷺ) a informé qu'il parcourra les pays de la Terre et qu'il n'y en aura pas un où il n'entrera pas, excepté Médine et la Mecque. Dans le Hadith d'Anas Ibn Malik (ﷺ) rapporté par Boukhari et Mouslim, il est cité que le Prophète (ﷺ) a dit: *«Il n'y a pas un pays dont l'Imposteur* (ad-dajjâl) *ne foulera pas* [la terre], *à l'exception de la Mecque et de Médine.»*[61]

Dans le Hadith d'Abou Oumama (ﷺ) rapporté par Ibn Majah, Ibn Khouzeima et El-Hâkim, il est cité que le Prophète (ﷺ) a dit: *«Il ne restera pas une terre qu'il ne foulera pas et où il ne se présentera*

---

[59] Voir *Fat'hou El*-Bâri, vol. 13, p. 96.

[60] *Sahih* de Mouslim, livre des discordes et des calamités - chapitre: la mention de l'Antéchrist, vol. 4, p. 2252, nº 2937.

[61] *Sahih El-Jami'*: vol. 5, p. 99, nº 5309.

pas, excepté la Mecque et Médine. Il n'y viendra pas par l'un de leurs sentiers et chemins leur donnant accès, sans que des Anges aux sabres dégainés lui fassent face.»[62]

2- Son paradis et son enfer:

L'Antéchrist aura, avec lui, ce qui donnera l'impression d'être le Paradis et l'Enfer ou ce qui ressemblera à un fleuve d'eau et à un fleuve de feu, par quoi il troublera les gens. Cependant, la réalité de ces choses ne sera pas ce qu'elle paraîtra aux gens, car ce qu'ils verront comme étant du feu sera en fait de l'eau fraîche, et ce qu'ils verront comme étant de l'eau fraîche sera du feu.

Dans le *Sahih* de Mouslim, on a rapporté d'après Houdhayfa (رضي الله عنه) que le Messager d'Allah (ﷺ) a dit: «*Il* [l'Antéchrist] *aura, avec lui, un paradis et un enfer. Or, son enfer sera un paradis, et son paradis sera un enfer.»*[63]

Dans le *Sahih* de Boukhari et dans celui de Mouslim, il a été également rapporté d'après Houdhayfa (رضي الله عنه) que le Prophète (ﷺ) a dit au sujet de l'Antéchrist: *«Il aura, avec lui, de l'eau et du feu: son feu sera de l'eau fraîche, et son eau sera du feu»*. Mouslim a rapporté, en plus, dans une autre variante: *«Ne périssez donc pas* [en choisissant ce que vous prendriez pour de l'eau]!»[64]

Dans une autre variante rapportée par Mouslim, aussi d'après Houdhayfa (رضي الله عنه), il est cité que le Messager d'Allah (ﷺ) a dit: *«Je sais assurément mieux ce que l'Antéchrist possédera: il aura deux fleuves qui couleront. L'un d'eux sera de l'eau limpide selon ce que*

---

[62] *Sahih El-Jami'e,* vol. 6, p. 275, nº 7752.

[63] *Sahih* de Mouslim, livre des discordes et des calamités - chapitre: la mention de l'Antéchrist, vol. 4, p. 2248, nº 2934.

[64] *Sahih* de Boukhari, livre des discordes et des calamités - chapitre: la mention de l'Antéchrist:; *Fat'hou El-Bâri,* vol. 14, p. 90. Et *Sahih* de Mouslim, livre des discordes et des calamités - chapitre: la mention de l'Antéchrist, vol. 4, p. 2249, nº 2934.

l'œil verra, et l'autre sera un feu flamboyant, selon ce que l'œil verra. Si l'un de vous est présent à ce moment-là, qu'il se dirige vers ce qu'il verra [identique au] *feu, qu'il ferme les yeux et qu'il penche sa tête, puis qu'il boive, car ce sera de l'eau fraîche.»*[65]

Toujours, dans le *Sahih* de Mouslim, d'après Houdhayfa (ﷺ), il a été rapporté que le Prophète (ﷺ) a dit: *«L'Antéchrist viendra certainement. Il aura en sa possession de l'eau et du feu. Ce que les gens verront comme étant de l'eau sera du feu qui brûle. Quant à ce que les gens verront comme étant du feu sera une eau fraîche et douce. Que celui d'entre vous qui sera présent, se dirige vers ce qu'il verra* [identique au] *feu, car il s'agira d'une eau douce et limpide.»*[66]

Il est évident, d'après les Textes, que les gens ne discerneront pas réellement ce que l'Antéchrist possédera. Ce qu'ils verront ne représentera pas la réalité, mais il s'agira du contraire. C'est pour cela qu'il a été spécifié dans certains Hadiths du *Sahih* de Mouslim qu'«il viendra et il aura, avec lui, ce qui ressemblera à un paradis et à un enfer. Celui que l'on affirmera être le paradis sera un enfer».[67]

3- Son recours aux démons:

Il n'y a aucun doute que l'Antéchrist aura recours aux diables. Il est connu que les diables servent celui qui baigne à l'extrême dans le mensonge, l'égarement et l'adoration d'autre qu'Allah (ﷻ). Dans les *Sunan* d'Ibn Majah, le *Sahih* d'Ibn Khouzeima, et le *Moustadrak* d'El-Hâkim, il a été rapporté d'après Abou Oumama (ﷺ), selon une chaîne de transmission authentique, que le Messager d'Allah (ﷺ) a dit: *«Parmi ses épreuves, il y a ce qu'il dira au bédouin: si je te ressuscite ton père et ta mère, attesteras-tu que je suis ton Seigneur?*

---

65 *Sahih* de Mouslim, livre des discordes et des calamités - chapitre: la mention de l'Antéchrist, vol. 4, p. 2249, nº 2934.

66 *Sahih* de Mouslim, livre des discordes et des calamités, vol. 4, p. 2250, nº 2935.

67 *Sahih* de Mouslim, livre des discordes et des calamités, nº 2936.

- Le bédouin dira: oui. C'est alors qu'un diable se présentera à lui sous l'aspect de son père et de sa mère qui lui diront: ô mon fils! Suis-le, car c'est ton Seigneur!»[68]

4- Les corps inanimés et les animaux exécuteront ses ordres:

Une autre épreuve encore parmi les siennes avec lesquelles Allah (ﷻ) testera Ses serviteurs: il ordonnera au ciel de pleuvoir, et celui-ci pleuvra, et à la terre de laisser pousser sa végétation, et celle-ci la fera pousser. Il appellera les animaux et ceux-ci lui obéiront. Il ordonnera aux sites en ruines de faire sortir les trésors enfouis en eux, et ils exécuteront.

Dans le *Sahih* de Mouslim, il a été rapporté d'après En-Nawas Ibn Sem'ane (رضي الله عنه), que le Prophète (ﷺ) a dit: *«Il se rendra vers des gens, les invitera* [à croire en lui]*, alors ils croiront en lui et répondront* [à son appel]. *C'est alors qu'il donnera un ordre au ciel qui fera tomber la pluie, et un ordre à la terre qui fera pousser sa végétation. Leur bétail reviendra en fin de journée, et ils auront grandi de taille, auront les pis gonflés et les flancs plus gros. Puis il se rendra vers des gens, les invitera* [à croire en lui]*, mais ils rejetteront ses paroles. Alors il s'éloignera d'eux, puis ils seront atteints de sécheresse et de famine, et ils ne posséderont plus rien de leurs biens. Puis, il passera près d'un site en ruine et dira: sors tes trésors! Alors ses trésors le suivront comme les groupes d'abeilles suivent leur reine.»*[69]

5- Il tuera et ressuscitera un certain jeune homme:

Parmi ses épreuves, il tuera - ce qui paraîtra aux gens - un certain croyant, puis il prétendra qu'il a le pouvoir de le ressusciter.

---

[68] *Sahih El- Jami'e,* vol. 6, p. 274, nº 7752.

[69] *Sahih* de Mouslim: livre des discordes et des calamités - chapitre: la mention de l'Antéchrist: vol. 4, p. 2252, nº 2937.

Dans le *Sahih* de Boukhari, il a été rapporté qu'Abou Sa'id (ﷺ) a dit: le Messager d'Allah (ﷺ) nous a conté un long Hadith au sujet de l'Antéchrist. Dans ce qu'il nous a conté, il a dit: *«Il viendra, alors que les chemins et les sentiers donnant accès à Médine lui seront interdits. Il fera donc halte sur un des terrains salins dénués de végétation, aux confins de Médine. Alors le meilleur des hommes* - ou *l'un des meilleurs hommes - de cette époque-là, se rendra vers lui et dira: j'atteste que tu es l'Antéchrist dont le Messager d'Allah (ﷺ) nous a conté le récit. L'Antéchrist dira alors: pensez-vous que si je le tue et que je le ressuscite, vous en douterez? - Ils répondront: non. Alors il le tuera et le ressuscitera. Puis le jeune homme dira: par Allah, je n'ai jamais eu plus de clairvoyance à ton sujet qu'aujourd'hui! Alors l'Antéchrist tentera de le tuer, mais il n'aura aucune emprise sur lui.»*[70]

Mouslim l'a également rapporté d'après Abou Sa'id El-Khroudri (ﷺ), mais avec les termes suivants: *«L'Antéchrist viendra. Puis un homme parmi les croyants se dirigera vers lui. Mais les sentinelles armées* - [celles de l'Antéchrist] - *lui feront face et lui diront: où te diriges-tu? - Il répondra: vers celui qui est venu. - Ils lui diront: ne crois-tu pas en notre seigneur? - Il répondra: ce qui concerne notre Seigneur nous est très clair. - Ils diront: tuez-le! - Mais certains diront aux autres: votre seigneur ne vous a-t-il pas interdit de tuer qui que ce soit sans sa permission? Ils s'en iront donc avec lui vers l'Antéchrist. Lorsque le croyant le verra, il dira: ô hommes! C'est l'Antéchrist que le Messager d'Allah (ﷺ) nous a cité!*

Alors l'Antéchrist ordonnera qu'il soit mis à plat ventre et dira: saisissez-le et blessez-le à la tête et au visage! Puis, son ventre et son

---

[70] *Sahih* de Boukhari, livre des discordes et des calamités - chapitre: l'Antéchrist n'entrera pas à Médine; *Fat'hou El-Bâri,* vol. 13, p. 101; *Sahih* de Mouslim, livre des discordes et des calamités - chapitre: la mention de l'Antéchrist, vol. 4, p. 2256, nº 2938. Les termes de ce Hadith sont ceux que Boukhari a rapportés.

dos seront roués de coups. Il dira: ne crois-tu pas en moi? - Le jeune homme répondra: tu es bien le Massih, le grand menteur! L'Antéchrist ordonnera qu'on le scie en deux à partir du sommet de la tête et qu'il soit séparé en deux parties. Puis l'Antéchrist marchera entre les deux parties et lui dira: lève-toi! C'est là que le jeune homme se mettra droit debout et que l'Antéchrist lui dira: ne crois-tu pas en moi? - Mais le jeune homme répondra: je n'ai que plus de clairvoyance à ton sujet. Puis il ajoutera: ô gens! Il ne fera plus cela à personne après moi! Alors l'Antéchrist le saisira afin de l'égorger, mais entre son cou et sa clavicule, il sera placé du cuivre: il n'aura aucun pouvoir sur lui. Il le saisira donc par ses mains et ses pieds et le jettera. Les gens croiront qu'il aura été jeté en Enfer, mais il aura tout simplement été jeté dans le Paradis.»

Ensuite le Messager d'Allah (ﷺ) a dit: *«Il sera le plus grand martyr auprès du Seigneur de l'Univers.»*[71]

§ 8 - L'endroit où il se manifestera

L'Antéchrist se manifestera en Orient, dans une contrée persane nommée Khorassane. Tirmidhi, Ibn Majah, El-Hâkim, Ahmed, et Ed-Dhiya' dans son livre *El-Moukhtara*, ont rapporté qu'Abou Bakr le véridique (رضي الله عنه) a dit: le Messager d'Allah (ﷺ) nous a conté que: *«L'Antéchrist se manifestera sur une terre en Orient, appelée Khorassane. Des gens aux visages comparables aux boucliers forgés le suivront.»*[72]

---

[71] *Sahih* de Mouslim, livre des discordes et des calamités - chapitre: les traits de l'Antéchrist, vol. 4, p. 2256, n° 2938.

[72] Voir *La Chaîne des Hadiths Authentiques,* vol. 4, p. 122, n° 1591. Le cheikh El-Albani a dit: El-Hâkim a authenfié la chaîne de transmission de ce Hadith et Dhahabi l'a approuvé. Ce Hadith est bien tel qu'ils l'ont affirmé.

Mais sa venue ne sera connue des musulmans que lorsqu'il parviendra à un endroit situé entre l'Irak et la Syrie. Dans le *Sahih* de Mouslim, il a été rapporté d'après En-Nawas Ibn Sem'ane (ﷺ), que le Prophète (ﷺ) a dit: *«Il se manifestera à un chemin situé entre la Syrie et l'Irak. Il sera le plus tenace à semer le trouble de partout. Ô serviteurs d'Allah! Soyez fermes!»*[73]

§ 9 - La durée de son séjour sur terre

Les Compagnons ont interrogé le Messager d'Allah (ﷺ) au sujet de la durée du séjour de l'Antéchrist sur terre, en disant: combien de temps demeurera-t-il sur terre? - Il a répondu: *«Quarante jours: un jour dont la durée sera d'une année, un jour dont la durée sera d'un mois, un jour dont la durée sera d'une semaine, et le reste de ses jours sera semblable à vos journées.»* - Nous avons demandé: ô Messager d'Allah! Suffira-t-il, au cours du jour équivalent à une année, d'accomplir les cinq prières d'un jour normal? Le Messager d'Allah (ﷺ) a répondu: *«Non, mais estimez le nombre de jours normaux dans ces jours spéciaux, puis, pour chaque jour normal estimé, accomplissez les cinq prières à intervalle de temps correspondant aux heures des prières des jours normaux.»*[74]

La réponse du Messager (ﷺ) à la question des Compagnons de savoir si l'accomplissement des cinq prières d'un jour normal leur suffit au cours des jours - dont l'un durera une année, puis un mois, puis une semaine - est une preuve que la durée de ces jours sera réellement un, d'une année, puis un, d'un mois, puis un, d'une semaine, et qu'il ne s'agit pas d'un sens figuré.

---

[73] *Sahih* de Mouslim: livre des discordes et des calamités - chapitre: la mention de l'Antéchrist, vol. 4, p. 2252, nº 2937.

[74] Ce Hadith a été rapporté par Mouslim, d'après Nawas Ibn Sem'ane, dans son *Sahih* (au livre des discordes et des calamités, vol. 4, p. 2252, nº 2937), et par Abou Daoud dans ses *Sunan* également d'après Nawas Ibn Sem'ane, voir *Jami'e El-Oussoul*, vol. 10, p. 345, nº 7839.

§ 10 - Les adeptes de l'Antéchrist

L'Antéchrist, le borgne, le très grand menteur, est le roi dont la venue est tant attendue par les juifs, afin qu'ils gouvernent le monde à son époque. Dans le *Musned* d'Ahmed, il a été rapporté d'après Othmane Ibn Abi Al-'As (ﷺ), que le Messager d'Allah (ﷺ) a dit: *«La majorité des adeptes de l'Antéchrist seront les juifs et les femmes.»*[75]

Dans le Hadith d'Anas Ibn Malik (ﷺ) rapporté par Mouslim dans son *Sahih,* il est cité que le Messager d'Allah (ﷺ) a dit: *«Soixante-dix mille juifs d'Ispahan suivront l'Antéchrist. Ils seront vêtus de* tayâlissa.*»*[76]

Abou Nu'eime a mentionné que l'un des villages, qui dépendait de la ville d'Ispahan, était surnommé La Juive, car il se spécifiait par la résidence de juifs. Il en a été ainsi jusqu'à l'époque d'Ayoub Ibn Ziyed l'émir d'Egypte, sous le règne d'El-Mahdi Ibn Mansour, l'Abasside. Puis, les musulmans l'ont habité, et une partie de ce village est restée aux juifs.[77]

Le nom de l'Antéchrist chez les juifs est le *Massih* fils de David. Ils prétendent qu'il viendra à la fin des temps, que son empire s'étendra au-delà des mers et des terres, et que les fleuves couleront sous ses ordres. Ils prétendent qu'il est un des signes d'Allah (ﷻ) avec lequel Il leur restituera le pouvoir.[78] Assurément, ce qu'ils prétendent est un mensonge. Il est plutôt le *Massih* de l'égarement, le très grand menteur. Quant à Jésus fils de Marie, le *Massih* de la guidée, il le tuera ainsi que ses adeptes parmi les juifs.

---

[75] *Musned* d'Ahmed, vol. 4, pp. 216-217.

[76] *Sahih* de Mouslim, livre des discordes et des calamités - chapitre: le restant des Hadiths concernant l'Antéchrist, vol. 4, p. 2266, nº 2944. Le *tayâlissa* est un mot perse qui a été arabisé. C'est un vêtement qui se porte sur les épaules et qui enveloppe le corps et ne comporte ni coupe ci couture. Le vêtement qui lui ressemble le plus est le châle.

[77] *Lawami'e El-Anwar El-Bahiya,* vol. 2, p. 107.

[78] Voir *Lawami'e El-Anwar El-Bahiya*, vol. 2, p. 112.

§ 11 - La protection de la Mecque et de Médine contre l'Antéchrist

L'Antéchrist se dirigera vers Médine l'Illuminée et ne pourra y accéder, car Allah (ﷻ) a protégé la Mecque et Médine contre l'Antéchrist, comme Il les a protégées de la peste. Il en a confié la protection à Ses Anges.

Dans le *Sahih* de Boukhari, il a été rapporté d'après Abou Houraïra (رضي الله عنه), que le Prophète (ﷺ) a dit: *«Des Anges se trouvent aux chemins et sentiers donnant accès à Médine: la peste et l'Antéchrist n'y entrent pas.»*[79]

Boukhari a aussi rapporté, dans son *Sahih*, d'après Anas Ibn Malik (رضي الله عنه), que le Prophète (ﷺ) a dit: *«L'effroi de l'Antéchrist n'entrera pas à Médine. A ce moment-là, elle aura sept portes où se trouveront deux Anges à chacune d'elles.»*[80]

Dans les *Sunan* de Tirmidhi et le *Musned* d'Ahmed, il a été rapporté d'après Abou Houraïra (رضي الله عنه), que le Prophète (ﷺ) a dit: *«L'Antéchrist viendra de l'Orient, et son objectif sera Médine. Lorsqu'il arrivera derrière la montagne Ouhoud, les Anges lui feront face et détourneront son visage en direction de la Syrie: c'est là-bas qu'il périra, c'est là-bas qu'il périra!»*[81]

Dans le *Sahih* de Boukhari et celui de Mouslim, il a été rapporté qu'Anas Ibn Malik (رضي الله عنه) a dit: le Messager d'Allah (ﷺ) a dit: *«Il n'y aura pas un pays dont l'Antéchrist ne foulera pas* [la terre], *à*

---

[79] *Sahih* de Boukhari, livre des discordes et des calamités - chapitre: l'Antéchrist n'entrera pas à Médine; *Fat'hou El-Bâri,* vol. 13, p. 101.

[80] *Sahih* de Bouhari, livre des discordes et des calamités - chapitre: la mention de l'Antéchrist; *Fat'hou El-Bâri,* vol. 13, p. 90.

[81] Voir *La Chaîne des Hadiths Authentiques*, vol. 4, p. 372, n° 1771. Le cheikh El-Albani a dit: sa chaîne de transmission est conforme aux conditions établies par Mouslim. Voir également son autre livre, *Sahih El-Jami'e,* Hadith n° 7995.

l'exception de la Mecque et de Médine. Il n'y a pas un chemin, ni un sentier donnant accès à Médine, sans qu'il y ait des Anges qui l'encerclent et la gardent. Il fera halte sur un terrain salin dénué de végétation. Puis Médine tremblera trois fois avec ses habitants: alors en sortiront, vers lui, tout mécréant et tout hypocrite.»[82]

Dans les *Sunan* d'Ibn Majah, le *Sahih* d'Ibn Khouzeima, et le *Moustadrak* d'El-Hâkim, il a été rapporté d'après Abou Oumama (ﷺ), que le Prophète (ﷺ) a dit: *«Il ne restera assurément rien de la terre sans qu'il le foule et ne s'y montre, excepté la Mecque et Médine. Dès qu'il viendra à l'un de leurs sentiers et chemins donnant accès à elles, des Anges lui font face avec des épées brandies. Lorsqu'il fera halte à la petite butte de terre rouge, au bout du terrain salin dénué de végétation, Médine tremblera trois fois avec ses habitants. Alors, il n'y restera pas un hypocrite homme et femme sans qu'ils sortent vers lui. Médine rejettera donc* [ce qui est] *mauvais, comme le soufflet* [du forgeron] *rejette les déchets du fer. L'on appellera ce jour-là: le jour de la délivrance.*[83]*» - On a demandé: où seront les Arabes à ce moment-là? - Il a répondu: «A ce moment-là, ils seront peu...»*[84]

§ 12 - Le moyen d'être préservé de son épreuve

Nous avons précédemment éclairci que les musulmans, peu avant la venue de l'Antéchrist, seront une grande puissance et s'engageront dans de terribles batailles desquelles ils sortiront vainqueurs. L'Antéchrist viendra pour mettre fin à la puissance des musulmans qui aura mis en déroute, à cette époque, la plus forte puissance qui sera l'empire byzantin. Les Musulmans se prépareront pour la conquête de Constantinople et la conquerront. Puis le diable

---

82 Voir *Sahih El-Jami'e,* vol. 5, p. 99, n° 5306.

83 Car Allah délivrera les croyants du mal des hypocrites. [*Trad.*]

84 Voir *Sahih El- Jami'e*, vol. 6, p. 275, n° 7752.

criera parmi eux que l'Antéchrist les a remplacés auprès de leurs progénitures. Ils délaisseront donc les butins et retourneront chez eux. C'est là que l'Antéchrist se manifestera. Les Musulmans ne déposeront donc pas leurs armes. C'est pour cela que lorsque Jésus descendra, il trouvera les musulmans en train de se préparer pour le combat, et de se mettre en rang pour la prière.[85]

Il n'y a aucun doute qu'il sera obligatoire pour tout musulman de cette époque de se rallier à la puissance des musulmans, porteuse de l'étendard du combat pour la cause d'Allah (ﷻ) et de rester fermes dans la vérité, bien que l'épreuve puisse empirer. C'est ce que notre Messager (ﷺ) nous a conseillé, lorsqu'il nous a conté ce Hadith au sujet de la venue de l'Antéchrist: *«Il se manifestera à un chemin situé entre la Syrie et l'Irak. Il sera le plus tenace à semer le trouble de partout. Ô serviteurs d'Allah! Soyez fermes!»*[86]

Il n'est pas permis au musulman de se diriger vers lui, même s'il a confiance en lui-même, car l'Antéchrist détiendra des suspicions qui ébranleront la foi. Dans les *Sunan* d'Abou Daoud, selon une chaîne de transmission authentique d'après 'Imrane Ibn Hussayn (رضي الله عنه), on a rapporté que le Messager d'Allah (ﷺ) a dit: *«Que celui qui entendra que l'Antéchrist* [est venu], *s'éloigne de lui. Par Allah! L'homme se rendra vers lui, pensant être croyant: c'est alors qu'il lui obéira, à cause des suspicions avec lesquelles il l'influencera* - ou *à l'égard des suspicions avec lesquelles il l'influencera.»*[87]

Il n'y a pas de mal, pour ceux qui ne pourront l'affronter, à ce qu'ils se sauvent de son chemin. C'est ce que beaucoup de gens, à cette époque, feront.

Dans le *Sahih* de Mouslim, il a été rapporté qu'Oum Charik (رضي الله عنها) a dit: j'ai entendu le Prophète (ﷺ) dire:

---

[85] *Sahih* de Mouslim, vol. 4, p. 2221, nº 2897.
[86] *Sahih* de Mouslim, vol. 4, p. 2252, nº 2937.
[87] Voir ce Hadith dans *Sahih Sunan Abi Daoud,* nº 3629.

«Les gens fuiront certainement l'Antéchrist en se dirigeant vers les montagnes.»[88]

Si le croyant est contraint à l'affronter, il devra lui faire face en exposant la vérité avec une bonne argumentation, comme cela est cité dans ce Hadith: *«S'il vient et que je suis parmi vous, je l'emporterai sur lui en argument, devant vous. Mais si je ne suis pas parmi vous lorsqu'il viendra, alors chaque individu devra, lui-même, l'emporter en argument. Et Allah est mon successeur auprès de tout musulman*[89]*.»*

Le Messager d'Allah (ﷺ) nous a laissé assez de science nous permettant d'être clairvoyant à son sujet. Il est un être visible, il mange, boit, tandis que l'on ne verra pas Allah (سبحانه وتعالى) dans la vie terrestre, et qu'Il n'a nul besoin de nourriture et de boisson. De plus l'Antéchrist a un défaut à l'œil, conformément au Hadith suivant: *«C'est un jeune homme, aux cheveux très crépus,* [la lumière] *de son œil est éteinte (...).»*[90]

La prétention d'être le Dieu et le Seigneur, est sans aucun doute un mensonge et une grande calomnie. Le Messager d'Allah (ﷺ) a ordonné à celui qui sera présent à son époque de réciter devant lui les premiers versets de la sourate *El-Kahf* (18, la Caverne): *«Que celui d'entre vous qui sera présent à son époque, récite devant lui les premiers versets de la sourate* El-Kahf.*»*[91]

Dans le Hadith d'Abou Oumama (رضي الله عنه), il est cité que le Prophète (ﷺ) a dit: *«Parmi ses épreuves, il aura avec lui un paradis et un*

---

[88] *Sahih* de Mouslim, livre des discordes et des calamités - chapitre: le restant des Hadiths concernant l'Antéchrist, vol. 4, p. 2266, nº 2944.

[89] C'est-à-dire: Allah est l'Allié et le Protecteur de tout musulman - Il l'aidera en repoussant le mal de l'Antéchrist. [*Trad.*]

[90] *Sahih* de Mouslim, livre des discordes et des calamités - chapitre: la mention de l'Antéchrist, vol. 4, p. 2252, nº 2937.

[91] *Ibid.*

enfer. Son enfer sera un paradis, et son paradis sera un enfer. Que celui qui sera éprouvé par son enfer, implore le secours d'Allah et récite les premiers versets de la sourate El-Kahf.»[92]

Dans d'autres Hadiths authentiques, il a été cité: *«Celui qui a appris par cœur dix versets de la sourate* El-Kahf *est préservé de l'épreuve de l'Antéchrist.»*[93]

Dans certaines variantes, il est cité: *«Les dix premiers versets de la sourate El-Kahf», et «les dix derniers versets de la sourate* El-Kahf.»

On peut s'interroger en disant: pourquoi la récitation des dix premiers versets ou des dix derniers de cette sourate est-elle une sécurité contre l'Antéchrist?

Certains ont dit: car Allah (ﷻ) a informé au début de cette sourate qu'Il avait mis en sécurité ces jeunes gens contre le tyran oppresseur qui voulait leur mort. Il sera donc convenable, pour celui qui récitera ces versets tandis que sa situation sera semblable à celle de ces jeunes gens, qu'Allah (ﷻ) le sauve de la même manière qu'Il les a sauvés.

D'autres ont dit: car au début de cette sourate, sont mentionnés des faits extraordinaires et des signes qui raffermissent le cœur de celui qui les récitera, de sorte qu'il ne sera pas éprouvé par l'Antéchrist. Les choses avec lesquelles il viendra ne le stupéfieront pas, ne le détourneront pas de la vérité, et ne l'influenceront pas.

Se réfugier dans l'un des deux Lieux Nobles et Sacrés - la Mecque et Médine - fait partie de la protection du musulman contre l'Antéchrist, car il a été interdit à l'Antéchrist d'y entrer. De plus, le

---

92 Rapporté par Ibn Majah, Tirmidhi et El-Hâkim selon une chaîne de transmission authentique. Voir *Sahih El-Jami'e,* vol. 6, p. 674, nº 7752.

93 Voir *Nihaya* d'Ibn Kathir, vol. 1, p. 154. voir aussi *Sahih El-Jami'e*, nº 620.

Messager d'Allah (ﷺ) nous a dit comment ce jeune homme pieux affrontera l'Antéchrist, lui exposera la vérité en face, et comment il sera dur dans la parole avec lui, comme cela a été mentionné dans les Hadiths qui dévoilent la réalité de ce que l'Antéchrist aura en sa possession comme ce qui ressemblera à un paradis et à un enfer.

Fait partie, aussi, de ce qui sauvera le serviteur de l'Antéchrist, se réfugier auprès d'Allah et de chercher protection auprès de Lui contre l'Antéchrist et son épreuve. On a rapporté des textes prophétiques ordonnant au musulman de chercher refuge auprès d'Allah (ﷻ) contre l'épreuve de l'Antéchrist.

Dans le *Sahih* de Boukhari, il a été rapporté que 'Aïcha (رضي الله عنها) a dit: «J'ai entendu le Messager d'Allah (ﷺ), durant sa prière, chercher refuge auprès d'Allah contre l'épreuve de l'Antéchrist.»[94]

Le Messager d'Allah (ﷺ) cherchait toujours refuge auprès d'Allah contre l'épreuve de l'Antéchrist, en disant après le *tachahoud: «Ô Allah! Nous cherchons refuge auprès de Toi contre le châtiment de l'Enfer, contre le châtiment de la tombe, contre les épreuves de la vie et de la mort, et contre l'épreuve de l'Antéchrist.»*[95]

§ 13 - Son anéantissement, la fin de son épreuve et l'anéantissement de ses adeptes parmi les juifs

Précédemment, nous avons exposé entièrement le Hadith rapporté par Mouslim, dans son *Sahih*, d'après Abou Houraïra (رضي الله عنه) où, à la fin, il est dit que Jésus fils de Marie anéantira de ses propres mains l'Antéchrist:

---

[94] *Sahih* de Boukhari, livre des discordes et des calamités - chapitre: la mention de l'Antéchrist, *Fat'hou El-Bâri,* vol. 13, p. 90.

[95] *Sahih* de Boukhari, livre des funérailles - chapitre: chercher refuge auprès d'Allah contre le châtiment de la tombe; *Sahih* de Mouslim, au chapitre: ce contre quoi l'on chercher refuge auprès d'Allah, durant la prière.

«Tandis qu'ils [les éléments des armées musulmanes] *se seront préparés pour le combat, puis qu'ils ajusteront les rangs* [pour la prière], *voilà que l'on annoncera la célébration de la prière et que Jésus fils de Marie (ﷺ) descendra, puis il les dirigera. Quand l'ennemi d'Allah [l'Antéchist] le verra, il fondra comme le sel dans l'eau. Si Jésus le laissait ainsi, il fondrait jusqu'à ce qu'il périsse, mais Allah fera que Jésus le tue de ses propres mains. Puis ce dernier leur montrera le sang de l'Antéchrist sur sa courte lance.»*[96]

Dans les *Sunan* d'Ibn Majah, le *Sahih* d'Ibn Khouzeima et le *Moustadrak* d'El-Hâkim, il a été rapporté d'après Abou Oumama (ﷺ) selon une chaîne de transmission authentique, que le Prophète (ﷺ) a dit: *«Leur imam* [des musulmans] *sera un homme pieux. Quand il s'avancera pour diriger la prière du* Sob'h *(aube), Jésus fils de Marie descendra auprès d'eux à ce moment-là. Cet imam se retirera à reculons* [de la place d'imam] *afin que Jésus s'avance* [à cette place]. *Mais Jésus posera sa main entre ses épaules et lui dira: c'est à ta vue que l'on a annoncé la célébration de la prière. Alors leur imam les dirigera en prière. Lorsque Jésus s'en ira,*[97] *il dira: ouvrez la porte. Ils l'ouvriront et l'Antéchrist sera derrière lui. Soixante-dix mille juifs seront en sa compagnie; ils auront tous des épées aux poignées ornementées et porteront des* tayâlessa *verts. Lorsque l'Antéchrist le regardera, il fondra, comme le sel dans l'eau. Alors il partira en fuyant... Jésus le rattrapera à la porte est de Lod*[98] *et le tuera. Puis Allah (ﷻ) mettra les juifs en déroute. Il ne restera pas une chose qu'Allah a créée, derrière laquelle les juifs se*

---

[96] Sahih de Mouslim, livre des discordes et des calamités - chapitre: la conquête de Constantinople, vol. 4, p. 2221, n° 2897.

[97] Le cheikh El-Albani a dit, dans ses commentaires de son livre *Sahih El-Jami'e,* vol. 6, p. 275: le texte a été abrégé. Ce manque, qui a été déterminé par d'autres Hadiths, est: *«Lorsqu'il ira à Jérusalem et que les musulmans seront encerclés, Jésus dira:...».*

[98] Lod est une ville de Palestine (nord-ouest de Jérusalem).

cacheront, qu'Allah ne fasse parler: que ce soit une pierre, un arbre, un mur ou une bête, excepté le gharqad car c'est un de leurs arbres: il ne parlera pas - et qui ne dise: ô musulman serviteur d'Allah! Voilà un juif, viens et tue-le!»[99]

D'après Abou Houraïra (﵁) on a rapporté que le Messager d'Allah (ﷺ) a dit: *«L'Heure ne se lèvera pas avant que les musulmans ne combattent les juifs. Les Musulmans les tueront, si bien que le juif se cachera derrière le rocher et derrière l'arbre. Alors le rocher ou l'arbre dira: ô musulman! Ô serviteur d'Allah! Un juif est caché derrière moi, viens et tue-le - excepté le* gharqad[100], *car il fait partie des arbres des juifs.»*[101]

§ 14 - La croyance des gens de la Sunna au sujet de l'Antéchrist

Nawawi a dit, dans son Explication du *Sahih* de Mouslim: *El-Qâdhi* a dit: ces Hadiths cités par Mouslim et d'autres au sujet de l'Antéchrist sont l'argument en faveur de l'opinion des partisans de la vérité, au sujet de sa réelle existence comme étant un individu avec lequel Allah (سبحانه وتعالى) éprouvera Ses serviteurs, à qui Il disposera certains faits de Son ressort comme ressusciter le mort qu'il tuera, faire apparaître les bienfaits du bas monde et la fertilité de la terre, son

---

[99] Voir ce Hadith dans *Sahih El-Jami'e*, vol. 6, p. 276, n° 7752.

[100] Nawawi a dit dans son Explication du *Sahih* de Mouslim, n° vol. 18, p. 45: le *gharqad* est un genre d'arbre épineux connu à Jérusalem - et c'est là que les juifs se feront tuer. Abou Hanifa Dinawari a dit: lorsque la plante épineuse grossit, elle devient un *gharqad*.

[101] Le Hadith citant que les musulmans combattront les juifs a été rapporté par Boukhari dans son *Sahih*, livre de la guerre sainte - chapitre le combat contre les juifs; *Fat'hou El-Bâri*, vol. 6, p. 103. Il a été également rapporté par Mouslim dans son *Sahih*: livre des livre des discordes et des calamités et des signes avant-coureurs de l'Heure, vol. 4, p. 2239, n° 2922. Ils l'ont tous deux rapportés d'après Abou Houraïra et Ibn Omar selon plus d'une voie. Les termes de ce Hadith sont ceux que Mouslim a rapportés.

paradis, son enfer, ses deux fleuves, son apparition accompagnée des trésors de la terre, son ordre au ciel de pleuvoir, puis il pleuvra, son ordre à la terre de faire pousser sa végétation, puis celle-ci la fera pousser... Tout cela se réalisera par la puissance d'Allah (ﷻ) et Sa volonté. Puis, après cela, Allah le réduira à l'impuissance: il ne pourra pas tuer de nouveau ce jeune homme-là, ni personne d'autre après lui. Allah réduira ses pouvoirs à néant, Jésus le tuera et Allah (ﷻ) raffermira les croyants.

Telle est l'opinion des gens de la Sunna et de l'ensemble des savants du Hadith, des jurisconsultes musulmans et des gens du *Kalam* ('parathéologie'), contrairement à ceux qui ont nié et réfuté l'Antéchrist parmi les Kharijites, les Jahmites - et qui reconnaissent son existence mais prétendent que ce que l'Antéchrist possédera ne sera que charlatanisme et hallucination n'ayant aucune réalité. Ils prétendent aussi que s'il s'agissait de faits réels, on ne se fierait plus aux miracles des Prophètes. Mais cela est une erreur de leur part, car il ne prétendra pas être un Prophète, étant donné que ce qu'il aura en sa possession sera comme une déclaration de sa véracité. Or, il prétendra incarner la divinité, mais sa prétention elle-même sera son démenti, étant donné son état, les preuves en lui qu'il est une créature, son imperfection physique, son incapacité à supprimer les défauts de ses yeux, et le signe de sa mécréance inscrit entre ses deux yeux. Seuls les sots parmi les gens se feront leurrer par ces preuves et d'autres, seulement parce qu'ils voudront combler leurs besoins et leur misère, désirant ne pas mourir de faim ou craignant le mal de l'Antéchrist, car son épreuve sera terrible. Elle jettera les raisons dans la stupéfaction et déconcertera les esprits, avec la rapidité de son déplacement sur terre: l'Antéchrist ne s'attardera pas afin que les faibles ne puissent pas méditer sur son état, sur les preuves en lui qu'il est une créature, et sur son imperfection: celui qui croira en lui, le déclarera donc véridique dans son état-ci, *conclut Nawawi.*[102]

---

[102] Explication du *Sahih* de Mouslim par Nawawi, vol. 18, p. 58.

§ 15 - Ibn Sayâd et l'Antéchrist

Ibn Sayâd était un juif de Médine: il s'appelait Saf. Il ressemblait à l'Antéchrist dans beaucoup de ses traits. Le Messager d'Allah (ﷺ) a été douteux à son sujet. Il a tenté plusieurs fois de dévoiler son cas et de connaître la vérité à son sujet. Cela nous montre que rien n'a été révélé au Prophète (ﷺ) à son sujet. Mouslim a rapporté dans son *Sahih*, d'après Abdallah Ibn Omar (رضي الله عنه), que son dans un groupe de trois à dix hommes vers Ibn Sayâd père, Omar Ibn El-Khattab (رضي الله عنه), était parti avec le Messager d'Allah. Ils l'ont trouvé en train de jouer avec des enfants près de la citadelle des Béni Maghala. Ibn Sayâd avait atteint à ce moment-là la puberté. Il ne s'est aperçu de rien jusqu'à ce que le Messager d'Allah (ﷺ) l'ait frappé au dos avec sa main. Le Messager d'Allah (ﷺ) a alors dit à Ibn Sayâd:

- *Attestes-tu que je suis le Messager d'Allah?*

- Ibn Sayâd l'a regardé et a dit: j'atteste que tu es le Messager des analphabètes *[les Arabes]*... Attestes-tu, toi, que je suis le Messager d'Allah?

- Le Messager d'Allah (ﷺ) l'a laissé avec son interrogation et a dit: «*Je crois en Allah et en Ses Messagers*[103] ... *Que vois-tu* [en ce moment]»*?*

- Ibn Sayâd a répondu: il me parvient des informations véridiques et mensongères.

- Le Messager d'Allah (ﷺ): «*Tu n'arrives pas à distinguer les choses... J'ai dissimulé, en mon for intérieur, un nom* [dont j'aimerais que tu m'informes]!»

- Ibn Sayâd: c'est la fumée!

---

[103] On peut se demander: Comment se fait-il qu'il prétend être un Prophète et que le Messager d'Allah le laisse? La réponse est: Car il y avait un pacte entre le Prophète (ﷺ) et les juifs, à cette époque-là.

- Le Messager d'Allah lui a dit: *«Que tu restes humilié! Tu n'atteindras même pas les capacités d'un devin!»*

Alors, Omar (ﷺ) dit: ô Messager d'Allah! Laisse-moi lui couper la tête! Mais le Messager d'Allah (ﷺ) répondit: *«S'il s'agit de l'Antéchrist, tu ne pourras pas le tuer, et si ce n'est pas lui, tu n'auras aucun bien à le tuer.»*[104]

Le Messager d'Allah (ﷺ) est allé vers lui une autre fois, comme l'a rapporté Mouslim d'après Salem Ibn Abdallah, dans son *Sahih*, après le Hadith précédent. Salem a dit: j'ai entendu Abdallah Ibn Omar (ﷺ) dire: le Messager d'Allah (ﷺ) est allé, après cela, en compagnie d'Oubay Ibn Ka'b El-Ansari (ﷺ), vers la palmeraie où se trouvait Ibn Sayâd. Lorsque le Messager d'Allah (ﷺ) est entré dans la palmeraie, il s'est mis à se cacher derrière les troncs de palmiers.

Il a tenté de profiter de l'inattention d'Ibn Sayâd, afin d'entendre quelque chose de lui, avant qu'Ibn Sayâd ne le voie. Le Messager d'Allah (ﷺ) l'a vu allongé sur un lit, dans un vêtement en velours. Un murmure émanait de lui. La mère d'Ibn Sayâd a vu le Messager d'Allah (ﷺ), qui se dissimulait derrière les troncs de palmiers. Alors elle a dit à Ibn Sayâd: ô Saf! Voilà Mohammed! Alors Ibn Sayâd a bondi et le Messager d'Allah (ﷺ) a dit: *«Si elle ne l'avait pas informé, son cas se serait éclairci!»*[105]

Dans son Explication du *Sahih* de Mouslim, Nawawi a dit au sujet d'Ibn Sayâd: les savants ont dit: son récit est ambigu, et son cas - à savoir s'il est ou non l'Antéchrist célèbre - est confus. Mais il n'y a pas de doute qu'il soit du nombre des imposteurs. Les savants ont dit: ce qui apparaît clairement, à travers les Hadiths, c'est qu'il n'a pas été révélé au Prophète (ﷺ) que ni Ibn Sayâd était l'Antéchrist, ni personne d'autre. Mais lui ont été seulement révélées les traits de

---

[104] *Sahih* de Mouslim, vol. 4, p. 2244, n° 2930.
[105] *Sahih* de Mouslim, vol. 4, p. 2244, n° 2931.

l'Antéchrist. Ibn Sayâd portait en lui des indices suspects, c'est pour cela que le Prophète (ﷺ) n'était pas absolument sûr qu'il serait l'Antéchrist, ni que quelqu'un d'autre le dirait. C'est aussi pour cela qu'il a dit à Omar (ﷺ): *«S'il s'agit de l'Antéchrist, tu ne pourras pas le tuer», conclut Nawawi.*[106]

Omar Ibn El-Khattab et son fils Abdallah Ibn Omar (ﷺ) étaient certains qu'Ibn Sayâd était l'Antéchrist. Abou Daoud a rapporté selon une chaîne de transmission authentique qu'Ibn Omar (ﷺ) disait: «Par Allah! Je n'ai aucun doute qu'Ibn Sayâd est l'Antéchrist.»[107]

Nawawi a rapporté qu'El-Beihaqi a dit: le Hadith de Jabir (ﷺ) ne contient pas davantage d'information que le silence du Prophète (ﷺ) face aux propos d'Omar (ﷺ) qui affirmait qu'Ibn Sayâd était l'Antéchrist. Il est possible que le Prophète (ﷺ) ait pris une position neutre à son sujet, jusqu'à ce que la preuve, qu'il s'agissait de quelqu'un d'autre qu'Ibn Sayâd, lui soit parvenue - comme ceci est explicite dans le Hadith de Tamim Ed-Dari (ﷺ).[108]

Ibn Sayâd a vécu longtemps après le Messager d'Allah (ﷺ). Il prétendait qu'il s'était converti à l'Islam, mais les gens n'avaient pas confiance en son islam. Ils sont restés douteux à son sujet. Parmi eux, il y avait Abdallah Ibn Omar (ﷺ), comme l'a rapporté Mouslim dans son *Sahih:* Abdallah Ibn Omar a rencontré Ibn Sayâd deux fois. Il a raconté à certains de ceux qui l'accompagnaient: «Vous dites qu'il s'agit de lui?» Quelqu'un a répondu: non, par Allah! Ibn Omar a dit: «Tu me démentirais? Par Allah, certains d'entre vous m'ont informé qu'il ne mourrait pas avant qu'il n'obtienne plus d'enfants et d'argent que vous: et aujourd'hui, il est tel qu'ils l'ont prétendu... *[Un jour]*, nous avons parlé ensemble, puis, je l'ai quitté.»

---

106 Explication du *Sahih* de Mouslim par Nawawi, vol. 18, p. 46.
107 *Ibid.*
108 Explication du *Sahih* de Mouslim par Nawawi, vol. 18, p. 48.

Puis Ibn Omar l'a rencontré une autre fois alors que l'œil d'Ibn Sayâd avait enflé. Il a dit: j'ai dit: «Quand est-ce que ton œil *[a enflé]* comme je le vois?» - Il m'a répondu: je ne sais pas! - J'ai dit: «Tu ne sais pas, alors que ton œil fait partie de ta tête?» - Il m'a dit: si Allah avait voulu, Il aurait créé mon œil sur ton bâton-là! Puis il a émis avec son nez un son répugnant, semblable au plus fort reniflement que j'ai entendu de l'âne. Mes compagnons ont prétendu que je l'avais frappé avec un bâton que je possédais, jusqu'à ce qu'il se brise. Quant à moi, par Allah, je n'ai pas eu la sensation de l'avoir frappé.»

Dans une autre variante rapportée dans le *Sahih* de Mouslim, il est cité qu'Ibn Omar (ﷺ) lui a lancé une parole qui l'a mis tellement en colère qu'il a enflé au point d'emplir tout le chemin, puis qu'Ibn Omar (ﷺ) s'est rendu chez Hafsa (ﷺ) et l'en a informée. Puis, cette dernière lui a dit: qu'Allah te fasse miséricorde! Qu'as-tu voulu d'Ibn Sayâd? N'as-tu pas appris que le Messager d'Allah (ﷺ) a dit: «[L'antéchrist] *se manifestera seulement à cause de quelque chose qui l'aura mis en colère.*»[109]

Mouslim a rapporté qu'Abou Sa'id El-Khoudri (ﷺ) a dit: «Nous sommes partis faire le Pèlerinage ou une *'Omra*. Ibn Sayâd se trouvait parmi nous. Nous avons fait halte dans un endroit et les gens se sont dispersés. Je suis resté seul avec lui. J'ai eu une grande répulsion à son égard à cause de ce qui se racontait sur lui. Il est venu avec ses bagages et les a posés à côté des miens. Je lui ai alors dit: il fait très chaud; si tu les mettais là-bas sous cet arbre! Il les a alors mis là-bas. Puis, on nous a servi une brebis *[à table]*. Il est parti, et il est revenu avec un grand gobelet. Il m'a dit: bois, Abou Sa'id. Je lui ai répondu: il fait très chaud et le lait est très chaud. En réalité, je craignais seulement de boire de ses mains - ou de prendre de ses mains. Puis il a dit: ô Abou Sa'id! J'ai songé à prendre une corde, à l'attacher à un arbre, puis à me pendre à cause de ce que les gens

---

[109] *Sahih* de Mouslim, vol. 4, p. 2247, nº 2932.

racontent sur moi. Ô Abou Sa'id! Les Hadiths du Messager d'Allah (ﷺ) peuvent être inconnus de quelqu'un, mais pas pour vous, ô groupe des *Ansar [Compagnons médinois]*! N'es-tu pas celui qui connaît le plus les Hadiths du Messager d'Allah (ﷺ)? Le Messager d'Allah (ﷺ) n'a-t-il pas dit:"*Il est mécréant*", quant à moi, je suis musulman? Le Messager d'Allah (ﷺ) n'a-t-il pas dit:"*Il est stérile et n'engendre pas*", tandis que j'ai laissé mon enfant à Médine. Le Messager d'Allah (ﷺ) n'a-t-il pas dit:"*Il n'entrera ni à Médine, ni à la Mecque*", quant à moi je viens de Médine et je me rends à la Mecque".»[110]

Les arguments qu'Ibn Sayâd a exposés ont ému Abou Sa'id, mais ont perdu leur effet sur lui, lorsque, ensuite, Ibn Sayâd a dit: par Allah, je sais où il se trouve en ce moment, et je connais son père et sa mère. Quelqu'un lui a dit: aimerais-tu être cet homme? - Il a répondu: si on me le proposait, je ne serais pas contre![111]

§ 16 - L'Antéchrist à travers le Hadith de Tamim Ed-Dari

Mouslim a rapporté, dans son *Sahih*, que Fatima Bint Qays (رضي الله عنها) et la sœur de Dhahak Ibn Qays (رضي الله عنه) a dit: j'ai entendu le crieur du Messager d'Allah (ﷺ) appeler au rassemblement pour accomplir une prière en groupe. Je me suis donc rendue à la mosquée. J'ai accompli la prière avec le Messager d'Allah (ﷺ), et je me trouvais dans le premier rang des femmes, juste derrière les hommes. Lorsque le Messager d'Allah (ﷺ) a achevé la prière, il s'est assis sur la chaire en souriant et a dit:

«Que chacun de vous garde sa place... Savez-vous pourquoi je vous ai réunis?»

- Les gens répondirent: Allah et Son Messager savent mieux!

---

110 *Sahih* de Mouslim, vol. 4, p. 2242, nº 2927.

111 *Ibid.*

- Le Messager d'Allah (ﷺ) a dit: «*Par Allah, je ne vous ai réunis ni pour un désir, ni pour une crainte. Mais je vous ai réunis, car Tamim Ed-Dari, qui était chrétien, est venu, m'a prêté serment d'allégeance, et s'est converti à l'Islam. Il m'a entretenu d'un récit conforme à celui que je vous ai conté au sujet de l'Antéchrist. Il m'a conté qu'il a embarqué, en mer, sur un navire, en compagnie de trente hommes* (...). *Les vagues les ont malmenés durant un mois au milieu de la mer. Ils se sont donc réfugiés dans une île, au moment où le soleil se couchait. Ils ont pris place dans les chaloupes du navire et ont fait leur entrée dans l'île. C'est alors qu'une bête extrêmement poilue s'est présentée à eux. Ils ne pouvaient même pas différencier la partie avant* [de son corps] *de sa partie arrière, en raison de l'abondance de ses poils.*

- Ils dirent: malheur à toi! Qui es-tu?

- Elle répondit: je suis al-jessessa.

- Ils dirent: et c'est quoi al-jessessa*?*

- Elle répondit: ô hommes! Dirigez-vous vers cet homme dans le cloître, il est très avide [d'entendre] vos informations.

Tamim a dit: lorsqu'elle nous a cité le nom de l'homme, nous avons eu peur qu'elle soit une 'diablesse'... Nous sommes partis rapidement jusqu'à ce que nous soyons entrés dans le cloître. Et voilà qu'il s'y trouvait le plus gigantesque être humain que nous n'avons jamais vu et le plus solidement enchaîné: de ses mains à son cou, et de ses genoux à ses chevilles, il était lié avec des chaînes en fer.

- Nous lui avons dit: malheur à toi! Tu es quoi?

- Il a répondu: vous avez eu la possibilité de prendre connaissance de mon existence [et d'arriver jusqu'à moi], *alors informez-moi: qui êtes-vous?*

- Nous avons répondu: nous sommes des hommes parmi les Arabes. Nous avons embarqué en mer sur un navire. Nous avons rencontré la mer déchaînée et les vagues nous ont malmenés durant un mois. C'est alors que nous avons pris refuge dans ton île-ci, en prenant place dans les chaloupes du navire, nous avons pénétré dans l'île. Puis, une bête extrêmement poilue a répondu: je suis al-jessessa.

- Nous lui avons dit: et c'est quoi al-jessessa?

- Elle nous a dit: dirigez-vous vers cet homme dans le cloître, il est très avide [d'entendre] *vos informations.*

Ensuite, nous nous sommes dirigés vers toi rapidement, et nous avons eu peur d'elle. Nous n'étions pas en sûreté: il se pourrait qu'elle soit une 'diablesse'.

- Il nous a interrogés: informez-moi sur les palmiers de Beissane.[112]

- Nous avons répliqué: que désires-tu savoir à leur sujet?

- Il a dit: je vous questionne au sujet de ses palmiers: produisent-ils des fruits?

- Nous avons répondu: oui.

- Il a dit: bientôt ils n'en produiront plus... Informez-moi sur le lac de Tibériade.[113]

- Nous avons dit: que désires-tu savoir à son sujet?

- Il a dit: contient-il de l'eau?

- Nous avons répondu: oui, il en contient abondamment.

- Il a dit: quant à son eau, bientôt elle disparaîtra... Informez-moi sur la source de Zukhar.[114]

---

[112] C'est une ville connue de Palestine au sud du fleuve Jaloute.

[113] C'est un lac d'eau douce en Palestine.

[114] C'est une ville située en bord de la mer Morte, au sud-est.

- Nous avons dit: que désires-tu savoir à son sujet?

- Il a dit: la source contient-elle de l'eau, et ses habitants: cultivent-ils avec l'eau de la source?

- Nous avons répondu: oui, elle contient de l'eau en abondance et ses habitants cultivent grâce à son eau.

- Il a demandé: informez-moi de ce que le Prophète des analphabètes a fait.

- Nous avons dit: il est parti de la Mecque et s'est dirigé à Médine.

- Il a demandé: les Arabes l'ont-il combattu?

-Nous avons répondu: oui.

-Il a demandé: comment a-t-il fait?

Nous l'avons donc informé qu'il a triomphé des Arabes qui lui étaient proches, et qu'ils lui avaient obéi. Il s'est informé si cela s'était vraiment produit, alors nous lui avons répondu: oui. Puis il a ajouté: il est préférable pour eux qu'ils lui obéissent... Je vais vous informer maintenant à mon sujet: je suis le Massih *(Messie). Bientôt, permission me sera donnée, alors je sortirai et je parcourrai la terre, sans épargner une région, pendant quarante jours, excepté la Mecque et Tayba (Médine), car elles me sont toutes deux défendues d'accès. A chaque fois que je voudrai pénétrer dans l'une,* - ou *dans l'une d'entre elles - un Ange au sabre dégainé me fera face et m'en repoussera, car il y a, à chacun de ses sentiers donnant accès à elle, des Anges qui la gardent.»*

Fatima, la fille de Qays (ﷺ) a dit: le Messager d'Allah (ﷺ), en donnant un coup de baguette sur la chaire, a dit: *«C'est* [vraiment] *Tayba! C'est* [vraiment] *Tayba! C'est* [vraiment] *Tayba!* - c'est-à-dire: Médine - *N'est-ce pas ce que je vous contais?»* - Les musulmans ont répondu: assurément!

Puis, le Messager d'Allah (ﷺ) a poursuivi, en disant:

«Le récit de Tamim m'a étonné dans sa concordance au Hadith que je vous contais à son [l'Antéchrist] *sujet et au sujet de Médine et de la Mecque. Se trouverait-il dans la mer de Syrie ou du Yémen? Non, il se trouve plutôt en Orient! Il se trouve en Orient! Il se trouve en Orient!» Et il a tendu la main en direction de l'Est.»*

Fatima (ﷺ) a dit: j'ai retenu cela du Messager d'Allah (ﷺ).[115]

Ce Hadith montre d'une manière claire qu'Ibn Sayâd n'est pas le grand Imposteur, mais que le grand Imposteur est retenu dans une des îles des mers. Il se peut, comme l'ont dit certains savants, qu'il s'agisse d'un diable parmi ceux que Salomon le prophète d'Allah a emprisonnés, car loin est la possibilité de trouver un être humain resté en vie toute cette longue période. Mais Allah (ﷻ) est le plus savant au sujet de la vérité.

SECTION 3

LA DESCENTE DU CIEL DE JESUS FILS DE MARIE

Allah (ﷻ) nous a informés que les juifs n'ont pas tué Son Messager Jésus fils de Marie, même s'ils le prétendent et que les chrétiens y croient. En vérité, Jésus n'a pas été tué, mais Allah (ﷻ) après avoir donné à quelqu'un sa ressemblance l'a élevé au ciel:

> ﴿Or, ils ne l'ont ni tué ni crucifié, mais ce n'était qu'un faux-semblant! Et ceux qui sont en divergence à son sujet sont vraiment dans l'incertitude: ils n'ont aucune connaissance, ils ne font que suivre des conjectures. Ils ne sont pas certains de l'avoir tué, mais Allah l'a élevé vers Lui. Et Allah est Puissant et Sage.﴾ *[Coran 4: 157-158]*

---

[115] Ce Hadith a été rapporté par Mouslim dans son *Sahih*: vol. 4, p. 2261, n° 2942.

Allah (ﷻ) a indiqué dans Son Livre que Jésus descendra à la fin des temps, et que sa descente du ciel sera un signe indiquant l'approche de l'Heure:

﴿Et Il sera un signe au sujet de l'Heure.﴾ *[Coran 43: 61]*

De même, Il nous a informés que les gens du Livre auront foi en lui, à ce moment-là:

﴿Il n'y aura personne, parmi les gens du Livre, qui n'aura pas foi en lui avant sa mort.﴾ *[Coran 4: 159]*

En effet, le développement de ces Textes a été mentionné dans la Sunna. Le Messager (ﷺ) nous a informés que lorsque l'épreuve de l'Antéchrist s'aggravera et qu'elle deviendra très pénible pour les croyants à cette époque, Allah (ﷻ) fera descendre du ciel Son serviteur et Messager Jésus. Ce dernier descendra auprès du minaret blanc à l'est de Damas. Tabarani a rapporté dans son *Mou'jame El-Kabir*, qu'Aws Ibn Aws (رضي الله عنه) a dit: le Messager d'Allah (ﷺ) a dit: *«Jésus fils de Marie descendra auprès du minaret blanc à l'est de Damas.»*[116]

Le Messager d'Allah (ﷺ) a décrit, pour nous, son état lorsqu'il descendra. Dans les *Sunan* d'Abou Daoud, il a été rapporté selon une chaîne de transmission authentique d'après Abou Houraïra (رضي الله عنه), que le Messager d'Allah (ﷺ) a dit:

«Il n'y a pas de Prophète entre Jésus et moi, et il descendra certainement. Lorsque vous le verrez, vous le reconnaîtrez: c'est un homme de taille moyenne, au teint très blanc et rougissant. Il descendra vêtu de deux habits teintés de jaune clair, comme si sa tête faisait goutter [de l'eau], *sans être mouillé.»*[117]

---

[116] *Sahih El-Jami'e*, vol. 6, p. 361, nº 8025. La chaîne de transmission de ce Hadith est authentique, comme l'a affirmé le cheikh El-Albani.

[117] *Sahih El-Jami'e*, vol. 5, p. 90, nº 5265.

§ 1er - Quand Jésus descendra-t-il du ciel?

Il descendra quand les groupes de combattants musulmans se mettront en rang pour accomplir la prière du *Fajr*, et que leur imam aura avancé pour les guider en prière. Cet imam reculera et demandera à Jésus de s'avancer à la place d'imam, mais Jésus refusera, comme cela a été cité précédemment: *«Leur imam* [le Mahdi] *sera un homme pieux. Quand il s'avancera pour diriger la prière du* Sob'h, *Jésus fils de Marie descendra auprès d'eux à ce moment-là. Cet imam se retirera à reculons* [de la place d'imam] *afin que Jésus s'avance* [vers cette place]. *Mais Jésus posera sa main entre ses épaules et lui dira: "C'est à ta vue que l'on a annoncé la célébration de la prière". Alors leur imam les dirigera en prière.»*[118]

Ceci se déroulera au moment où les musulmans se seront préparés pour entrer en guerre contre l'Antéchrist, comme cela est cité dans le Hadith d'Abou Houraïra (ﷺ) rapporté par Mouslim: *«Tandis qu'ils se seront préparés pour le combat, puis qu'ils ajusteront les rangs* [pour la prière], *voilà que l'on annoncera la célébration de la prière et que Jésus descendra, puis il les dirigera.»*

Au livre de la foi, Mouslim l'a rapporté dans les termes suivants: *«Comment serez-vous lorsque Jésus fils de Marie descendra parmi vous et que votre imam sera l'un de vous.»*[119]

Le sens de ce Hadith n'est pas que Jésus les dirigera pour la prière, car le premier Hadith montre que Jésus refusera de s'avancer à la place du *Mahdi* l'imam, à la vue de qui la célébration de la prière aura été annoncée.

---

[118] Ce Hadith a été rapporté par Ibn Majah, Ibn Khouzayma et El-Hâkim. La chaîne de transmission du Hadith est authentique: voir *Sahih El-Jami'e*, vol. 6, p. 277.

[119] *Sahih* de Mouslim, livre des discordes et des calamités - chapitre: la conquête de Constantinople, vol. 4, p. 2221, n° 2897, et livre de la foi - chapitre: la descente du ciel de Jésus fils de Marie, vol. 1, p. 136, n° 155.

C'est le même sens qui apparaît dans le Hadith d'Abou Houraïra rapporté par Boukhari et Mouslim, où est cité: *«Comment serez-vous lorsque Jésus fils de Marie descendra et que votre imam sera l'un de vous.»*[120]

Dans le *Sahih* de Mouslim, on a rapporté que Jabir Ibn Abdallah (ﷺ) a dit: j'ai entendu le Messager d'Allah (ﷺ) dire: *«Un groupe de ma communauté ne cessera d'être triomphant en combattant pour la vérité, jusqu'au Jour de la Résurrection.»* Puis il a dit: *«Jésus fils de Marie descendra, alors leur émir* [le Mahdi] *dira* [à Jésus]: "*Viens donc et dirige-nous en prière.*" *Mais il répondra:"Non, car le fait que vos émirs soient issus des vôtres est un honneur qu'Allah a octroyé à cette communauté".»*[121]

§ 2 - Selon quelles Lois Divines Jésus jugera-il quand il descendra?

Les Textes précédents ont éclairci que l'imam sera un membre de cette communauté et que Jésus ne les dirigera pas en prière, mais qu'il jugera entre eux sur la base du Livre d'Allah (ﷻ), c'est-à-dire qu'il les dirigera selon le Livre d'Allah (ﷻ).

Dans le Hadith d'Abou Houraïra (ﷺ) rapporté dans le *Sahih* de Mouslim, il est cité que le Messager d'Allah (ﷺ) a dit: *«Comment serez-vous lorsque Jésus fils de Marie descendra et que votre imam sera l'un de vous?»* Un des hommes de la chaîne de transmission du Hadith a dit à Walid Ibn Mouslim, qui entendait ledit Hadith: en connais-tu la signification? - Walid a répondu: informe-moi donc! -

---

[120] *Sahih* de Boukhari, livre des Hadiths concernant les Prophètes - chapitre: la descente du ciel de Jésus fils de Marie, *Fat'hou El-Bâri,* vol. 6, p. 491; *Sahih* de Mouslim, livre de la foi, vol. 1, p. 136, n° 155.

[121] *Sahih* de Mouslim, livre de la foi - chapitre la descente du ciel de Jésus fils de Marie, vol. 1, p. 137, n° 156.

Ibn Abi Dhib a dit: c'est-à-dire qu'il jugera selon le Livre de votre Seigneur et la Sunna de votre Prophète (ﷺ).[122]

La raison pour laquelle Jésus fils de Marie ne s'avancera pas pour diriger la prière est la preuve qu'il viendra en tant que disciple du Prophète Mohammed (ﷺ), qu'il jugera selon le Coran et non selon l'Evangile, car la loi du Coran abroge toutes les lois divines précédentes. Allah (ﷻ) a certes pris l'engagement et le pacte de l'ensemble des Prophètes, qu'ils croiraient en Mohammed (ﷺ) et qu'ils le suivraient s'il était envoyé de leur vivant:

> ﴾Et lorsque Allah prit l'engagement des Prophètes: quel que soit ce que Je vous ai donné comme Livre et comme Sagesse, et qu'ensuite un Messager vous viendra confirmer ce qui est avec vous, vous devrez croire en lui et lui porter secours. Il leur dit: consentez-vous et acceptez-vous Mon pacte à cette condition? - Ils répondirent: nous consentons. Allah dit: témoignez-en donc, et Me voici avec vous parmi les témoins. Quiconque tournera ensuite le dos... alors, ceux-là seront les pervers.﴿ *[Coran 3: 81-82]*

Jésus descendra donc en tant que disciple de notre Messager (ﷺ), jugeant selon les lois du Coran. C'est pour cela qu'il accomplira la prière derrière le *Mahdi* cet homme vertueux: ceci sera une gloire pour cette communauté, et quelle gloire!

Dans le Hadith authentique d'Abou Sa'id (رضي الله عنه) est rapporté que le Prophète (ﷺ) a dit: *«Il fait parti des nôtres celui derrière qui Jésus fils de Marie accomplira la prière.»*[123]

Dans sa réfutation des propos de ceux qui démentent la descente de Jésus en affirmant que s'il descend vraiment, cela serait

---

[122] *Ibid.*

[123] Ce Hadith a été rapporté par Abou Nu'eime au livre concernant le *Mahdi*, voir *Sahih El-Jami'e*, vol. 5, p. 219, n° 5796.

contradictoire à la parole du Prophète (ﷺ): *«Pas de prophète après moi»*, et que cela abrogerait ainsi les Lois divines données à Mohammed (ﷺ), Nawawi a dit: cette argumentation est fausse, car la descente de Jésus fils de Marie ne signifie pas qu'il descendra en tant que Prophète envoyé avec une loi divine abrogeant la nôtre. Cette signification ne figure ni dans ces Hadiths, ni dans d'autres... Il a plutôt été confirmé qu'il descendra en tant que juge juste... jugeant selon nos Lois Divines, et qu'il remettra en place certaines de nos lois que les gens auront délaissées, *conclut Nawawi.*

§ 3 - Jésus achèvera l'Antéchrist:

La première tâche dont se chargera Jésus sera d'affronter l'Antéchrist. Après sa descente du ciel, Jésus se dirigera à Jérusalem où se trouvera l'Antéchrist encerclant un groupe de Musulmans, et Jésus leur ordonnera d'ouvrir la porte de la sainte mosquée.

Dans les *Sunan* d'Ibn Majah, dans le *Sahih* d'Ibn Khouzeima et dans le *Moustadrak* d'El-Hâkim, on a rapporté qu'Abou Oumama (ﷺ) a dit que Le Messager d'Allah (ﷺ) a dit: *«Lorsque Jésus ira* [à Jérusalem], *il dira:"Ouvrez la porte". Ils l'ouvriront et l'Antéchrist sera derrière lui. Soixante-dix mille juifs seront en sa compagnie: ils auront tous des épées aux poignées ornementées et porteront des* tayâlessa *verts. Lorsque l'Antéchrist le regardera, il fondra comme le sel dans l'eau. Alors il partira en fuyant... Jésus le rattrapera à la porte orientale de Lod et le tuera. Puis, Allah (ﷻ) mettra les juifs en déroute...»*

Dans le *Sahih* de Mouslim, il a été rapporté d'après Abou Houraïra (ﷺ) que le Messager d'Allah (ﷺ) a informé de la descente de Jésus et de sa prière en compagnie des croyants avant de dire: *«Quand l'ennemi d'Allah* [l'Antéchrist] *le verra, il fondra comme le sel dans l'eau. Si Jésus le laissait ainsi, il fondrait jusqu'à ce qu'il périsse, mais Allah fera que Jésus le tue de ses propres mains. Puis ce dernier leur montrera le sang de l'Antéchrist sur sa courte lance.»*[124]

La raison pour laquelle l'Antéchrist fondra, c'est qu'Allah (ﷻ) a donné à l'haleine de Jésus une odeur particulière qui, lorsque le mécréant la sentira, il en mourra. Dans le *Sahih* de Mouslim, on a rapporté d'après En-Nawas Ibn Sem'ane (رضي الله عنه) que, dans un long Hadith, le Prophète (ﷺ) a dit:

«Tandis que l'Antéchrist sera ainsi, Allah enverra Al-Massih *fils de Marie. Celui-ci descendra auprès du minaret blanc à l'est de Damas. Il sera vêtu de deux habits teintés de rouge et de safran. Ses mains seront posées sur les ailes de deux Anges. Lorsqu'il baissera la tête, elle gouttera. Lorsqu'il la relèvera, la sueur perlera de lui. Il n'y a pas un mécréant qui ne pourra sentir l'odeur de son haleine sans mourir. Son haleine se répandra jusqu'à la portée de sa vue. Il poursuivra l'Antéchrist jusqu'à ce qu'il le rattrape à la porte de Lod. Alors, il le tuera. Puis, Jésus fils de Marie se rendra vers des gens qu'Allah aura préservés de l'épreuve de l'Antéchrist, et il passera sa main sur leurs visages et les informera de leurs degrés au Paradis.»*[125]

La raison pour laquelle Jésus ne laissera pas l'Antéchrist périr sous l'effet de son haleine est le souci de mettre fin à l'allégation mensongère de cette créature et à son épreuve. Lorsque les gens verront la façon dont il mourra, ils auront la certitude que ce n'était qu'un serviteur faible réduit à l'impuissance, et que sa prétention était une fausseté et un mensonge.

§ 4 - La mission de Jésus après l'exécution de l'Antéchrist et

---

[124] *Sahih* de Mouslim, livre des discordes et des calamités - chapitre: la conquête de Constantinople, vol. 4, p. 2221, nº 2897.

[125] *Sahih* de Mouslim, livre des discordes et des calamités - chapitre: la mention de l'Antéchrist, vol. 4, p. 2253, nº 2937.

***l'anéantissement de Gog et Magog* (Yâjoûj *et* Mâjoûj):**

Lorsque Jésus mettra fin à l'Antéchrist et à son épreuve, Gog et Magog sortiront à son époque, comme nous l'éclaircirons plus loin. Ils sèmeront violemment le désordre sur terre, alors Jésus invoquera son Seigneur qui exaucera sa demande, puis ils mourront tous: parmi eux, pas âme qui survive. Ce n'est qu'à ce moment que Jésus pourra se consacrer à la grande mission pour laquelle il sera descendu: juger selon les lois divines de l'Islam, abolir les principes erronés et les religions altérées. Dans le *Sahih* de Boukhari et dans celui de Mouslim, on a rapporté d'après Abou Houraïra (ﷺ) que le Messager d'Allah (ﷺ) a dit: *«Par Celui qui tient mon âme en Sa Main, le fils de Marie descendra très prochainement parmi vous, en tant que juge juste. Il détruira la croix, il abattra le porc, il n'acceptera plus le tribut. L'argent sera si abondant que personne ne l'acceptera de telle sorte qu'une seule prosternation sera préférable au bas monde et son contenu*[126]*.»*[127]

Dans la variante rapportée par Mouslim d'après Abou Houraïra (ﷺ), il est cité: *«Par Allah! Le fils de Marie descendra assurément en tant que juge juste. Il détruira certes la croix, il abattra certes le porc, et il n'acceptera certainement plus le tribut. Les jeunes chamelles seront certes délaissées: personne ne s'empressera d'en faire acquisition. L'inimitié, la haine et la jalousie mutuelles*

---

[126] La prosternation leur sera plus préférable que la vie terrestre, seulement en raison de leur grand désir d'accomplir le bien, causé par la certitude qui s'installera dans leurs cœurs à leur vue de Jésus et des signes précédents, et par leur certitude que l'Heure est proche.

[127] Voir *Sahih* de Boukhari, livre des Hadiths concernant les Prophètes - chapitre: la descente de Jésus fils de Marie, *Fat'hou El-Bâri,* vol. 6, p. 460, ainsi qu''au livre des préjudices - chapitre: la destruction de la croix, *Fat'hou El-Bâri,* vol. 5, p. 121 et au livre des ventes - chapitre: l'abattage du porc, *Fat'hou El-Bâri,* vol. 4, p. 414; Voir également *Sahih* de Mouslim: livre de la foi - chapitre: la descente de Jésus, vol. 1, p. 135, n° 155.

disparaîtront certes. L'argent sera proposé, mais personne n'en voudra.»[128]

Dans le *Sahih* de Mouslim, au livre des discordes et des calamités, a été rapporté le long Hadith d'En-Nawas Ibn Sem'ane (ﷺ) où sont cités le récit de l'Antéchrist, la descente du ciel de Jésus fils de Marie et la sortie de Gog et Magog. Puis, à la fin de ce Hadith, le Messager d'Allah (ﷺ) a mentionné que Jésus invoquera son Seigneur lorsque leur situation empirera et qu'Allah (ﷻ) exaucera son invocation. Alors Allah (ﷻ) anéantira Gog et Magog *(Yâjoûj* et *Mâjoûj).* Puis le Prophète (ﷺ) a dit:

«Puis, Jésus le prophète d'Allah et ses compagnons descendront [du mont At-Tôr]. *Ils ne trouveront pas, sur le sol, la distance d'un empan sans que Gog et Magog l'aient remplie de leur souillure et de leur puanteur. Alors, Jésus le prophète d'Allah et ses compagnons imploreront et invoqueront Allah, qui leur enverra des oiseaux aux cous longs comme ceux des chameaux. Ils les transporteront et les déposeront là où Allah le voudra. Ensuite Allah enverra une pluie; aucune maison construite d'argile, aucune tente n'empêchera l'eau de pénétrer* [dans le sol]. *Cette pluie lavera la terre au point de la laisser comme un miroir*[129]*. Puis on dira à la terre: "Fais pousser tes fruits et restitue ta grâce". A cette époque, un groupe de gens se nourrira d'une grenade et s'abritera sous son écorce. Le lait sera tellement béni qu'une chamelle laitière suffira pour une foule de gens, qu'une vache laitière suffira pour une tribu, et qu'une brebis laitière suffira pour une famille de proches.»*[130]

---

[128] Voir *Sahih* de Mouslim, livre de la foi - chapitre: la descente de Jésus, vol. 1, p. 135, nº 155.

[129] C'est-à-dire que la terre sera semblable à un miroir dans sa pureté et sa propreté.

[130] *Sahih* de Mouslim, livre des discordes et des calamités - chapitre: la mention de l'Antéchrist, vol. 4, p. 2254, nº 2937.

§ 5 - Ce que l'on retire des Textes rapportés au sujet de Jésus

1 - Jésus descendra inéluctablement à la fin des temps:

Les Hadiths du Messager (ﷺ) à ce sujet sont *mutawâtir (à chaîne de transmission massive).* Réfuter sa descente du ciel c'est démentir les informations du Messager (ﷺ), qui sont certainement dénuées de mensonge.[131] De plus le saint Coran a indiqué la descente de Jésus fils de Marie à plusieurs passages, comme la Parole du Très-Haut:

﴿Il n'y aura personne, parmi les gens du Livre, qui n'aura pas foi en lui avant sa mort.﴾ *[Coran 4: 159]*

C'est pour cela que lorsque Abou Houraïra (ﷺ) a évoqué le Hadith de la descente de Jésus en tant que juge juste selon les lois de l'Islam[132], il a dit, à la fin: *«Lisez, si vous le souhaitez:*

﴿Il n'y aura personne, parmi les gens du Livre, qui n'aura pas foi en lui avant sa mort﴾»[133] *[Coran 4: 159]*

2- Jésus viendra pour juger selon les lois divines du Coran:

Nous avons précédemment éclairci ce point, avec les preuves s'y rapportant.

3- Il mettra fin à l'ensemble des religions et n'en acceptera de personne aucune autre que l'Islam.

---

[131] Le Messager d'Allah a chargé ceux qui seront contemporains, au moment où Jésus descendra, de lui adresser son salut. Il a été rapporté, dans les *Sunan* de Nassaï selon une chaîne de transmission authentique d'après Abou Houraïra, que le Messager d'Allah a dit: *«Que celui d'entre vous qui sera contemporain au moment où Jésus descendra, lui trasmette mon salut.»* [*Sahih El-Jami'e,* nº 5877].

[132] Ce Hadith a été cité précédemment. Il a été rapporté par Boukhari et Mouslim, chacun dans son *Sahih.*

[133] Voir cette variante dans *Sahih El-Jami'e,* vol. 5, p. 226, nº 5877.

C'est pour cela qu'il détruira la croix le symbole du christianisme falsifié et abattra le porc dont l'Islam a rendu la consommation illicite. Il lèvera le tribut: il n'en acceptera plus le versement de la part des juifs, ni des chrétiens, mais acceptera d'eux seulement l'Islam.

Dans le Hadith d'Abou Houraïra (ﷺ) rapporté par Abou Daoud selon une chaîne de transmission authentique, il est cité que le Prophète (ﷺ) a dit: *«Il combattra les gens pour l'Islam, il brisera la croix, il égorgera le porc, il lèvera le tribut, et Allah réduira à néant toutes les religions, à son époque, excepté l'Islam.»*[134]

Le refus du tribut n'est pas considéré comme une abrogation, car le Messager d'Allah (ﷺ) a informé que le tribut devra être accepté jusqu'à ce que Jésus descende, et qu'ensuite il sera refusé. Nawawi a dit: *«Il lèvera le tribut»* a pour véritable signification qu'il le refusera et acceptera des mécréants uniquement l'Islam. Celui d'entre eux qui l'aura versé ne sera pas préservé pour autant. Seul l'Islam sera accepté ou il sera tué.» C'est ce qu'ont affirmé des savants, dont l'imam Abou Souleiman El-Khattabi.

Il se peut que, après cela, qu'on dise: ceci va à l'encontre du verdict de la *Chari'a*, aujourd'hui, car si le juif ou le chrétien paie le tribut, il est obligatoire de l'accepter de lui et il est interdit de le tuer ou de le contraindre à l'Islam.

La réponse est: ce verdict ne sera pas permanent jusqu'au Jour de la Résurrection, mais il sera restreint jusqu'à la période précédant la descente de Jésus. Le Prophète (ﷺ) nous a informés de l'abrogation du tribut dans ces Hadiths authentiques, mais ce n'est pas Jésus qui l'abrogera, c'est plutôt notre Prophète qui indique qu'il sera abrogé, étant donné que Jésus jugera selon nos Lois Divines.[135]

---

[134] *Sahih El-Jami'e,* vol. 5, p. 90, n° 5265.

[135] Voir Explication du *Sahih* de Mouslim par Nawawi, vol. 2, p. 190.

4- La généralité de la prospérité, la suprématie de l'Islam et la sécurité à cette époque-là:

Les Textes que nous avons cités nous ont informés de l'immense bénédiction qui sera présente en ce temps, de la sécurité avec laquelle Allah (ﷻ) honorera Ses serviteurs durant ces jours, de la manière dont seront ôtées l'inimitié et la haine des cœurs des gens, et comment l'Humanité se regroupera autour de la Parole d'Allah (ﷻ). Parmi ces Textes qui évoquent ces faits, il y a le Hadith qu'Ibn Majah, Ibn Khouzeima et El-Hâkim ont rapporté selon une chaîne de transmission authentique d'après Abou Oumama (رضي الله عنه), où est cité que Messager d'Allah (ﷺ) a dit:

«Jésus fils de Marie sera, au sein de ma communauté, un juge juste et un imam équitable. Il brisera la croix, il égorgera le porc, il lèvera le tribut. On renoncera à recevoir la Zakate*: ni mouton, ni chameau ne seront convoités. L'inimitié et la haine mutuelles seront ôtées. Le poison de tout animal venimeux sera retiré, au point que le petit garçon introduira sa main dans* [la bouche] *de la vipère sans qu'elle lui cause de mal, et que la fillette nuira au lion sans qu'il s'en prenne à elle. Le loup se tiendra au milieu des moutons comme leur chien de garde. La terre se remplira de paix, comme le récipient se remplit d'eau La religion sera unique: seul Allah sera adoré. La guerre prendra fin. Le califat n'appartiendra plus aux Qoraych. La terre sera semblable à une table en argent, sa végétation poussera comme à l'époque d'Adam au point qu'un groupe de gens inférieur à dix réunis se nourriront d'une grappe de raisin qui suffira à les rassasier, et que le groupe de gens inférieur à dix réunis pour se nourrir d'une grenade en seront rassasiés. Le bœuf vaudra tant et tant d'argent, et le cheval vaudra quelques petits dirhams...»*[136]

[136] *Sahih El-Jami'e,* vol. 6, p. 276, n° 7752.

§ 6 - La vie sera agréable après **El-Massih,** *fils de Marie:*

La situation décrite par les Textes, au sujet de la vie durant cette époque, sera une situation unique dans l'Histoire de l'Humanité, dès lors que les gens vivront dans le bien, la sécurité, la paix et l'aisance.

Ils seront enviés à l'égard des bienfaits dont ils jouiront, comme cela est décrit dans le Hadith suivant: *«Félicité pour la vie après* El-Massih *fils de Marie. Il sera ordonné au ciel de laisser tomber sa pluie, et à la terre de laisser pousser sa végétation, au point qu'une graine semée sur un rocher, poussera. Et lorsque l'individu passera auprès d'un lion, celui-ci ne lui fera pas de mal, et il marchera sur la vipère sans qu'elle lui nuise. Il n'y aura ni inimitié, ni jalousie ni haine mutuelles.»*[137]

§ 7 - Le séjour de Jésus sur terre:

Le séjour de Jésus sur terre sera d'une quarantaine d'années, comme l'a confirmé le Hadith authentique, rapporté dans les *Sunan* d'Abou Daoud d'après Abou Houraïra (ﷺ), dans lequel il est cité que le Prophète (ﷺ) a dit: *«Il demeurera sur terre quarante années. Puis Allah le fera mourir, et les musulmans prieront sur lui.»*[138]

Il appliquera la loi de l'Islam au cours de ces années, priant vers la direction de la *Qibla* des musulmans. Nous avons cité les Hadiths clairs évoquant sa prière en compagnie du *Mahdi* cet homme vertueux, lorsqu'il descendra du ciel. Il a été aussi confirmé qu'il accomplira le Pèlerinage à la Mecque, à la Maison Antique.

Dans le *Sahih* de Mouslim et le *Musned* d'Ahmed, il a été rapporté d'après Abou Houraïra (ﷺ) que le Messager d'Allah (ﷺ) a

---

[137] Ce Hadith est authentique. Il a été rapporté par Abou Bakr El-Anbari, Daylami, et Ed- Diya' d'après Abou Houraïra, voir *La Chaîne des Hadiths Authentiques*, vol. 4, p. 559, n° 1926.

[138] *Sahih El-Jami'e,* vol. 5, p. 90, n° 5265.

dit: «*Par Celui qui tient mon âme en Sa Main, le fils de Marie se mettra en état de sacralisation à Faj er-Rawha pour accomplir le Pèlerinage* - ou *la* 'Omra - *ou le Pèlerinage de la façon* Qirane[139].»[140]

Faj Er-Rawha est un endroit situé entre Médine et Wadi-Safra, sur la route de la Mecque. C'est un endroit situé à une distance d'environ 67, 60 ou 50 km de Médine.[141]

§ 8 - Le mérite de ceux qui seront les compagnons de Jésus

Dans le *Musned* d'Ahmed et les *Sunan* de Nassaï, on a rapporté d'après Thawbane (ﷺ) que le Prophète (ﷺ) a dit: «*Allah préservera du Feu deux groupes de ma communauté: un groupe qui conquerra l'Inde et un groupe qui sera avec Jésus fils de Marie (ﷺ).*»[142]

SECTION 4

LA SORTIE DE GOG ET MAGOG

Allah (ﷻ) a évoqué dans la sourate *El-Kahf* (18) que Dhou El-Qarneyne, le Bicornu, au cours de ses déplacements sur la terre, a atteint un endroit situé entre deux montagnes (les Deux Barrières), derrière lesquelles il a trouvé un peuple qui ne comprenait presque aucun langage. Ces gens se sont plaints à lui du mal que leur causaient *Yâjoûj* et *Mâjoûj*. Ils lui ont donc demandé de construire entre eux et ces derniers une barrière qui les protégerait de leur désordre. Alors, Dhou El-Qarneyne a répondu à leur requête:

---

[139] Le Pèlerinage accompli de la manière *Qirane*, c'est effectuer d'abord une *'Omra*, puis le Pélerinage, en étant drapé des vêtements rituels du pèlerin, sans procéder à une désacralisation entre cette Omra et le Pèlerinage. La désacralisation n'a lieu que le jour de l'immolation du sacrifice. [*Trad.*]

[140] *Sahih El-Jami'e,* vol. 6, p. 100, n° 6955.

[141] *Lawami'e El-Anwar El-Bahiya,* vol. 2, p. 113.

[142] *Sahih El-Jami'e,* vol. 4, p. 35, n° 3900.

﴾Et quand il eut atteint un endroit situé entre les Deux Barrières, il trouva derrière elles une peuplade qui ne comprenait presque aucun langage. Ils dirent: ô Dha-l-Qarneyne! *Yâjoûj* et *Mâjoûj* sèment la corruption sur terre. Est-ce que tu accepterais de nous un salaire pour construire une barrière entre nous et eux? Il dit: ce que mon Seigneur m'a conféré vaut mieux. Aidez-moi donc avec votre force, et je ferai entre vous et eux un remblai. Apportez-moi des masses de fer. Puis, lorsqu'il eut comblé l'espace entre les deux montagnes, il dit: soufflez. Puis, lorsqu'il l'eut rendu un brasier, il dit: apportez-moi du cuivre fondu que je déverse dessus. Ainsi, ils ne purent guère l'escalader, ni l'ébrécher non plus. Il dit: c'est une miséricorde de la part de mon Seigneur. Mais lorsque la promesse de mon Seigneur viendra, Il le nivellera. Et la promesse de mon Seigneur est véridique. Nous les laisserons, ce jour-là, déferler comme les flots les uns sur les autres. Et on soufflera dans la Trompe et Nous les rassemblerons tous.﴿ *[Coran 18: 93-99]*

Yâjoûj et *Mâjoûj* sont deux communautés nombreuses qui sont de la descendance d'Adam. Il a été confirmé dans le *Sahih* de Boukhari et le *Sahih* de Mouslim, que le Prophète (ﷺ) a dit:

«[Au Jour de la Résurrection], *Allah dira: "Ô Adam!" Adam répondra: me voilà à Ton service! Allah dira: "Envoie en Enfer, un nombre de ta progéniture". Adam demandera: quel est ce nombre à aller en Enfer? Allah dira: "Sur chaque* [nombre de] *mille, 999 en Enfer et un seul au Paradis." Alors, à ce moment, l'enfant deviendra comme le vieillard aux cheveux blancs et toute femelle enceinte avortera de ce qu'elle porte.»* Puis, il a dit: *«Il y a parmi la descendance d'Adam deux communautés qui sont plus nombreuses que n'importe quelle autre qui se trouve à leurs côtés: il s'agit de Gog et Magog* (Yâjoûj *et* Mâjoûj).»

Ibn Kathir, après avoir cité ce Hadith, a dit: Nawawi a fait mention, dans son Explication du *Sahih* de Mouslim, que certaines personnes affirment que les *Yâjoûj* et les *Mâjoûj* ont été créés à partir de sperme, provenant d'Adam et s'étant mélangé à la terre: ils seraient donc créés à partir d'Adam et non d'Eve.

Puis, Ibn Kathir a réfuté et désapprouvé ces propos en disant: ces propos sont très étranges. De plus, il n'existe pas de preuves à ce sujet - ni à caractère rationnel, ni tirée du Coran et de la Sunna. Il est donc interdit, ici, de s'appuyer sur ce que racontent certaines personnes parmi les Gens du Livre, étant donné les Hadiths falsifiés qu'ils ont en leur possession.[143]

Allah (ﷻ) a indiqué que la barrière que Dhou El-Qarneyne a construite les empêchait de sortir:

﴾Ainsi, ils [*Yâjoûj* et *Mâjoûj*] ne purent guère l'escalader, ni l'ébrécher non plus.﴿ *[Coran 18: 97]*

Puis Allah (ﷻ) nous a informés que cette barrière persistera jusqu'à la fin des temps, au moment où viendra Sa promesse: lorsqu'Il leur permettra de sortir, à ce moment-là la barrière sera nivelée, et *Yâjoûj* et *Mâjoûj* sortiront vers les gens:

﴾Mais lorsque la promesse de mon Seigneur viendra, Il le nivellera. Et la promesse de mon Seigneur est véridique.﴿ *[Coran 18: 98]*

Là, ils sortiront, alors, par foules, comme déferlent les vagues de la mer:

﴾Nous les laisserons, ce jour-là, déferler comme les flots, les uns sur les autres.﴿ *[Coran 18: 99]*

Cela se réalisera à l'approche de l'Heure et du Souffle dans la Trompe:

---

143 Voir *Tafsir* d'Ibn Kathir, vol. 4, p. 423.

﴾Et l'on soufflera dans la Trompe et Nous les rassemblerons tous.﴿ *[Coran 18: 99]*

A un autre passage du Coran, Allah (ﷻ) nous a informés de l'ébrèchement de la barrière et de leur sortie:

﴾Jusqu'à ce que soient relâchés *Yâjoûj* et *Mâjoûj* et qu'ils se précipiteront de chaque monticule. C'est alors que la vraie promesse s'approchera, tandis que les regards de ceux qui ont mécru se figent: malheur à nous!﴿ *[Coran 21: 96-97]*

Ceci se déroulera à la fin des temps. Quant à Sa Parole:

﴾qu'ils se précipiteront de chaque monticule﴿, *[Coran 21: 96]*

elle signifie que *Yâjoûj* et *Mâjoûj* s'empresseront à semer le désordre sur terre. Telle sera leur description au moment où ils sortiront.

Le Messager (ﷺ) nous a informés qu'une partie du remblai de *Yâjoûj* et *Mâjoûj*, semblable à un cercle formé avec le pouce et l'index, s'est ébréchée à son époque.

Dans son *Sahih*, Boukhari a rapporté d'après Zeineb bint Jahch (رضي الله عنها), qu'un jour le Messager d'Allah (ﷺ) est entré chez elle, effrayé, en disant: *«Il n'y a de divinité qu'Allah! Malheur aux Arabes à cause d'une discorde extrêmement proche! Aujourd'hui, une partie du remblai de Yâjoûj et Mâjoûj, semblable à cela, a été ébréchée.»* Puis il a formé un cercle avec son pouce et son index. Zeineb a dit: ô Messager d'Allah! Allons-nous périr alors que, parmi nous, se trouvent des gens vertueux? - Il a répondu: *«Oui, lorsque la perversité se propagera abondamment!»*[144]

Ils sortiront après que Jésus fils de Marie sera descendu du ciel et qu'il aura mis l'Antéchrist en déroute.

---

[144] *Sahih* de Boukhari, livre des discordes et des calamités - chapitre: *Yajouj* et *Majouj* (*Fat'hou El-Bâri,* vol. 13, p. 106).

Dans le *Sahih* de Mouslim, il est rapporté, dans le long Hadith d'En-Nawas Ibn Sem'ane (رضي الله عنه), que le Messager d'Allah (ﷺ) a dit:

«Puis, Jésus fils de Marie se rendra vers des gens qu'Allah aura préservés de l'épreuve de l'Antéchrist, et il passera sa main sur leurs visages et les informera de leurs degrés au Paradis.

Tandis qu'il sera ainsi, Allah révélera à Jésus: "J'ai relâché des serviteurs à Moi que nul ne sera en mesure de combattre. Gagne donc le Mont Tor avec Mes serviteurs afin de les mettre en sécurité". Alors Allah relâchera Yâjoûj *et* Mâjoûj *qui se précipiteront de chaque monticule. Les premiers d'entre eux passeront auprès du lac Tibériade et boiront son contenu. Puis leurs derniers passeront et diront: jadis, il y avait de l'eau ici.*

Jésus le prophète d'Allah et ses compagnons seront tellement dans la gêne, que la tête d'un bœuf pour l'un d'entre eux sera meilleur que cent dinars pour l'un d'entre vous aujourd'hui. Jésus le prophète d'Allah et ses compagnons imploreront et invoqueront Allah [afin qu'Il dissipe l'adversité]. *C'est alors qu'Allah enverra à Yâjoûj et Mâjoûj des varrons*[145]*, sur leurs nuques: ils mourront tous, comme s'il s'agissait d'une seule personne.*

Puis, Jésus le prophète d'Allah et ses compagnons descendront [du mont At-Tôr]. *Ils ne trouveront pas, sur le sol, la distance d'un empan sans que* Yâjoûj *et* Mâjoûj l'aient remplie de leur *souillure et de leur puanteur. Alors, Jésus le prophète d'Allah et ses compagnons imploreront et invoqueront Allah, qui leur enverra des oiseaux aux cous longs comme ceux des chameaux. Ils les transporteront et les déposeront là où Allah le voudra. Ensuite Allah enverra une pluie: pas une maison construite d'argile, ni une tente n'empêchera l'eau*

---

[145] Ce sont les vers que l'on trouve dans les narines des chameaux et des moutons.

de pénétrer [dans le sol]. *Cette pluie lavera la terre au point de la laisser comme un miroir.»*[146]

Mouslim a également cité, après avoir cité le texte du Hadith précédent, une variante rapportée par la voie de ‘Ali Es-Sa‘di, un homme de la chaîne de transmission, contenant les mêmes propos que ceux du Hadith précédent sauf que, après la parole du Prophète (ﷺ): *«Jadis, il y avait de l'eau ici»*, il est cité:

«Puis, Yâjoûj *et* Mâjoûj *partiront jusqu'à ce qu'ils arrivent à la montagne de Jérusalem, et ils diront: "Nous avons tué tous les habitants de la terre. Allons tuer les habitants du ciel". Ils lanceront donc leurs flèches en direction du ciel, c'est alors qu'Allah leur renverra leurs flèches souillées de sang.»*[147]

Personne ne pourra leur faire face, à cause de leur très grand nombre. La preuve qu'ils sont extrêmement nombreux, c'est qu'après leur anéantissement, les musulmans nourriront les feux qu'ils allumeront avec les armes de *Yâjoûj* et *Mâjoûj* pendant sept années.

Dans ses *Sunan*, Tirmidhi a rapporté, selon la même chaîne de transmission par laquelle Mouslim a rapporté la variante précédente, que le Prophète (ﷺ) a dit: *«Les Musulmans nourriront les feux qu'ils allumeront avec les arcs, les flèches, les armes et les boucliers des* Yâjoûj *et* Mâjoûj, *pendant sept années.»*[148]

Ces Hadiths et d'autres Hadiths semblables sont nombreux à indiquer que la formidable civilisation actuelle, qui a inventé cette puissante force que sont les bombes et les missiles, sera anéantie. Il

---

[146] *Sahih* de Mouslim, livre des discordes et des calamités - chapitre: la mention de l'Antéchrist, vol. 4, p. 2254, n° 2937.

[147] *Sahih* de Mouslim: livre des discordes et des calamités - chapitre: la mention de l'Antéchrist, vol. 4, p. 2255, n° 2937.

[148] Ce Hadith a été également rapporté par Ibn Majah dans ses *Sunan*; voir *La Chaîne des Hadiths Authentiques*: vol. 4, p. 579, n° 1940.

est fort probable qu'elle s'autodétruira, puis que l'Humanité reviendra de nouveau, à combattre sur les chevaux et à faire usage des lances, des arcs et des autres armes dans ce genre. Mais Allah (ﷻ) est le plus Savant.

Dans les *Sunan* de Tirmidhi, dans celui d'Ibn Majah, dans le *Sahih* d'Ibn Hibbane, dans le *Moustadrak* d'El-Hâkim et dans le *Musned* d'Ahmed, il a été rapporté d'après Abou Houraïra (ﷺ) que le Messager d'Allah (ﷺ) a dit: «Yâjoûj *et* Mâjoûj *creusent, certes, tous les jours jusqu'à ce que, lorsqu'ils sont sur le point de voir les rayons du soleil, leur chef leur dise: partons! Nous creuserons demain! Mais Allah leur rend la barrière encore plus solide qu'elle ne l'était. Puis, lorsqu'ils arriveront à leur délai décrété et qu'Allah aura décidé de les envoyer aux gens, ils creuseront jusqu'à ce que, lorsqu'ils sont sur le point de voir les rayons du soleil, leur chef leur dise: partons! Nous creuserons demain si Allah le veut. Comme ils auront dit: si Allah le veut, ils y reviendront et la trouveront dans le même état que le jour où ils l'avaient laissée. Ils creuseront donc la barrière et sortiront vers les gens, puis ils boiront toute l'eau. Les gens se retrancheront dans leurs citadelles.* Yâjoûj *et* Mâjoûj *lanceront leurs flèches en direction du ciel, puis celles-ci leur reviendront totalement entachées de sang. Ils diront: nous avons vaincu les habitants de la terre et les habitants du ciel! C'est alors qu'Allah enverra à eux des varrons, sur leurs nuques, qui les tueront.»*

Puis le Messager d'Allah (ﷺ) a dit: *«Par Celui qui tient mon âme en Sa Main, les bêtes de la terre,* [en se nourrissant] *de leur chair, grossiront et rempliront leurs pis de lait.»*[149]

---

[149] La chaîne de transmission de ce Hadith est authentique. El-Hâkim a dit: elle est authentique selon les conditions établies par Boukhari et Mouslim. Dhahabi l'a approuvé. Le cheikh El-Albani a dit: ce Hadith est tel qu'ils l'ont affirmé. Voir *La Chaîne des Hadiths Authentiques,* vol. 4, p. 313, nº 1735.

Dans les *Sunan* d'Ibn Majah, dans le *Sahih* d'Ibn Hibbane, dans le *Moustadrak* d'El-Hâkim, et dans le *Musned* d'Ahmed, il a été rapporté que Abou Sa'id El-Khoudri (ﷺ) a entendu le Messager d'Allah (ﷺ) dire:

*«*Yâjoûj *et* Mâjoûj *seront relâchés et sortiront vers les gens, comme l'a affirmé Allah (ﷻ):*

﴾Et qu'ils se précipiteront de chaque monticule﴿

[Coran 21: 96]

Ils se répandront sur la terre, alors les musulmans se réfugieront dans leurs cités et citadelles, en joignant à eux leur bétail. Yâjoûj *et* Mâjoûj *boiront les eaux de la terre: lorsque certains d'entre eux passeront auprès d'un fleuve, ils boiront son contenu le laissant à sec, au point que celui qui passera après eux, auprès de ce fleuve, dira: jadis, il y avait de l'eau ici.*

Lorsqu'il ne restera plus personne en dehors des citadelles et des cités, un des leurs dira: voilà, nous en avons terminé avec les habitants de la terre. Il reste ceux du ciel! C'est alors que l'un d'eux lancera sa courte lance en direction du ciel. Puis elle reviendra souillée de sang, pour l'adversité et le malheur: tandis qu'ils seront ainsi, Allah enverra à leurs cous des vers semblables aux varrons, et ils mourront comme des sauterelles. Ces vers les saisiront aux cous, et ils mourront tous. Aucun son provenant d'eux ne sera audible.

Les Musulmans diront: n'y a-t-il pas quelqu'un qui veuille vendre son âme, en allant voir ce que ces ennemis ont fait? L'un d'eux se détachera d'eux, s'attendant à être tué. Or, il descendra, et les trouvera morts, les uns sur les autres. Il s'écriera alors: ô groupe de musulmans! Réjouissez-vous, car Allah vous a préservés de vos ennemis! Ils sortiront donc de leurs cités et citadelles, laissant paître leur bétail qui n'aura pour pâturage que leurs chairs, grâce à quoi ils grossiront et empliront leurs pis de lait, bien mieux que s'ils s'étaient nourris des meilleurs herbages qu'ils n'avaient jamais mangés.»[150]

Ces Textes indiquent donc le nombre très élevé de *Yâjoûj* et *Mâjoûj,* si bien que nul ne pourra leur faire face.

SECTION 5

L'AFFAIBLISSEMENT ET LA DISPARITION DE L'ISLAM, LA LEVEE DU CORAN...

Après cette importante expansion de l'Islam qui se sera répandue de l'Est à l'Ouest, l'Islam faiblira de nouveau, et le mal se développera. Cette merveilleuse religion sera retirée, ainsi que le Coran, et la science disparaîtra. Allah (ﷻ) prendra toute âme qui aura en elle un reste de foi. Ensuite, il ne restera plus que les mauvaises créatures sur qui l'Heure se lèvera. Ibn Majah et El-Hâkim ont rapporté que Houdhayfa Ibn El-Yémêne (رضي الله عنه) a dit que le Messager d'Allah (ﷺ) a dit: *«L'Islam faiblira et disparaîtra comme s'effacent les motifs du vêtement, au point que l'on ne saura plus ce que sont le jeûne, la prière, le Pèlerinage et la* Zakate. *Le Livre d'Allah disparaîtra en une nuit, alors il n'en restera pas un verset. Il restera des groupes de gens - le vieil homme et la vieille femme qui diront: nous avons trouvé nos pères prononcer* il n'y a de divinité qu'Allah, *alors nous la prononçons également.»*[151]

---

[150] Voir ce Hadith dans *La Chaîne des Hadiths Authentiques,* vol. 4, p. 402, n° 1793. Le cheikh El-Albani a mentionné qu'El-Hâkim a dit que ce Hadith est authentique selon les conditions de Mouslim, et que Dhahabi l'a approuvé. Sauf que le cheikh El-Albani n'admet pas cela *(...).* Ce Hadith est donc seulement bon.

[151] El-Hâkim a dit: ce Hadith est authentique selon les conditions établies par Mouslim. Dhahabi l'a approuvé. Voir *La Chaîne des Hadiths Authentiques*, Hadith n° 87.

Ce reste de personnes qui subsistera et qui ne connaîtra de l'Islam que la parole d'Unicité s'éteindra.

Dans le *Sahih* de Mouslim, on a rapporté d'après Abdallah Ibn Massoud (ﷺ), que le Messager d'Allah (ﷺ) a dit: *«L'Heure ne se lèvera que sur les plus mauvais de toute la Création.»*[152]

Dans un autre Hadith, le Messager (ﷺ) nous a éclairci la manière dont les derniers Hommes vertueux disparaîtront à la fin des temps. Dans le *Sahih* de Mouslim, on a rapporté d'après Abou Houraïra (ﷺ), que le Prophète (ﷺ) a dit: *«Allah enverra un vent provenant du Yémen, plus doux que la soie, qui prendra l'âme de toute personne ayant dans le cœur le poids d'un atome de foi.»* Dans une autre variante, il est seulement cité: *«... Le poids d'un atome.»*[153]

D'après Anas (ﷺ), le Messager d'Allah (ﷺ) a dit: *«L'Heure ne se lèvera pas avant que ne soit plus prononcé* il n'y a de divinité qu'Allah, il n'y a de divinité qu'Allah.»[154]

Dans le long Hadith d'En-Nawas Ibn Sem'ane (ﷺ) rapporté par Mouslim dans son *Sahih*, il est cité que le Prophète (ﷺ) a dit: «... *Tandis qu'ils seront ainsi, Allah enverra un vent agréable qui les prendra de sous leurs aisselles et prendra l'âme de tout croyant et de tout musulman. Alors il restera les plus mauvais de tous les gens qui couchent avec les femmes, comme* [des] *ânes qui s'accouplent. Et c'est sur eux que l'Heure se lèvera.»*[155]

---

[152] *Sahih* de Mouslim, livre des discordes et des calamités - chapitre: l'approche de l'Heure, vol. 4, p. 2268, nº 2949.

[153] Rapporté par Mouslim. Voir également *Jami'e El-Oussoul*, vol. 10, p. 410, nº 7915.

[154] Rapporté par Mouslim dans son *Sahih*. Voir également *Michkatou El-Massabih:* vol. 3, p. 50 -? 5516.

[155] *Sahih* de Mouslim, livre des discordes et des calamités - chapitre: la mention de l'Antéchrist, Hadith nº 2937. L'expression"*comme* [des] *ânes qui s'accouplent*'' signifie que les hommes auront des rapports sexuels avec les femmes en public, sans se soucier de la présence des gens. Voir=

Boukhari a rapporté, selon une chaîne de transmission remontant jusqu'à Merdas El-Aslami (ﷺ), que le Prophète (ﷺ) a dit: *«Les âmes des* [gens] *vertueux seront enlevées successivement. Alors il ne restera que les déchets, comme les résidus d'orge* [après tamisage] *ou les noyaux de dattes. Allah ne leur assignera aucune importance.»*[156]

Est prise en compte dans l'affaiblissement et la disparition de l'Islam, à cette époque, la cessation de l'accomplissement du Pèlerinage: il n'y aura ni *'Omra*, ni Pèlerinage.

Dans le *Musned* d'Abou Ya'la et dans le *Moustadrak* d'El-Hâkim, on a rapporté selon une chaîne de transmission authentique d'après Abou Sa'id (ﷺ), que le Messager d'Allah (ﷺ) a dit: *«L'Heure ne se lèvera pas avant que l'on n'accomplisse plus le Pèlerinage à la Maison Sacrée.»*[157]

Il n'y a aucun doute que ceci se produira après l'envoi du vent agréable et l'enlèvement des âmes des personnes vertueuses. Quant à la période précédant cet événement, le Pèlerinage et la 'Omra seront accomplis continuellement.

Dans le *Sahih* de Boukhari, on a rapporté d'après Abou Sa'id (ﷺ) que le Messager d'Allah (ﷺ) a dit: *«Le Pèlerinage et la 'Omra à la Maison Sacrée seront assurément accomplis, après la sortie de* Yâjoûj *et* Mâjoûj.*»*[158]

=l'Explication du *Sahih* de Mouslim par Nawawi, vol.18, p. 70.
Je dis: telle est la situation des gens, actuellement, dans bons nombres de sociétés occidentales: ils ont des rapports sexuels semblablement aux ânes, dans leurs clubs libertins, aux bords des plages, dans les bois et les jardins.

156 Rapporté par Boukhari dans son *Sahih*. Voir *Nihaya* d'Ibn Kathir, vol. 1, p. 186.

157 *Sahih El-Jami'e,* vol. 6, p. 174, n° 7296.

158 Rapporté par Boukhari dans son *Sahih*, mais voir aussi *Nihaya* d'Ibn Kathir, vol. 1, p. 186.

SECTION 6

LA REGRESSION DE L'HUMANITE VERS LA *JAHILIYA* ET LE PAGANISME

Lorsque l'Islam faiblira et disparaîtra, que le Coran sera retiré, et que le vent saisira l'âme de toute personne ayant dans le cœur le poids d'un atome de foi, l'Humanité régressera à l'état préislamique ou pire encore: elle obéira aux idoles et les adorera. Le Messager (ﷺ) nous a conté ce qui se passera après la mort de Jésus fils de Marie, à la fin des temps.

Mouslim a rapporté qu'Abdallah Ibn 'Amr (رضي الله عنه) a dit: le Prophète (ﷺ) a dit: *«Ensuite, Allah enverra un vent frais provenant de Syrie. Alors il ne restera plus, à la surface de la terre, un individu ayant dans le cœur le poids d'un atome de bien ou de foi, sans qu'il enlève son âme. Même si l'un de vous entrait à l'intérieur d'une montagne, le vent y pénétrerait et enlèverait son âme.»* Puis Abdallah a dit: j'ai entendu cela du Messager d'Allah (ﷺ). Puis, il a dit: *«Il restera alors les plus mauvais de tous les gens dont la rapidité* [à assouvir les désirs] *sera semblable à celle des oiseaux. Leur comportement ressemblera à celui des bêtes féroces. Ils n'ordonneront pas le bien, et ne réprimeront pas le mal.*

Le diable se présentera à eux et leur dira: pourquoi ne répondriez-vous pas à mon appel? - Ils diront: que nous ordonnes-tu? Il leur ordonnera donc d'adorer les idoles. Puis ils seront, en ce temps, en permanence et abondamment nourris, et ils mèneront une vie agréable. C'est alors que l'on soufflera dans la Trompe...»[159]

Parmi les idoles qui seront de nouveau adorées, il y aura: Dhou El-Khalassa - qui était jadis adorée par la tribu Daws - Lâte et 'Ouzza.

---

[159] *Sahih* de Mouslim, livre des discordes et des calamités - chapitre: la venue de l'Antéchrist, vol. 4, p. 2258, n° 2940.

Dans le *Sahih* de Boukhari et celui de Mouslim, on a rapporté d'après Abou Houraïra (رضي الله عنه) que le Prophète (ﷺ) a dit: *«L'Heure ne se lèvera pas avant que les* [parties] *arrière* [des corps] *des femmes de la tribu Daws ne se bousculent, en tournant autour de Dhou El-Khalassa.»*[160]

Dans le *Sahih* de Mouslim, on a rapporté que Aïcha (رضي الله عنها) a entendu le Messager d'Allah (ﷺ) dire: *«Les jours et les nuits ne cesseront pas d'exister avant que Al-Lâte et Al-'Ouzza ne soient de nouveau adorées.»* - Aïcha a dit: ô Messager d'Allah! Lorsque Allah a descendu ce verset:

> ﴾C'est Lui qui a envoyé Son messager avec la bonne direction et la religion de la Vérité, afin qu'elle triomphe de toute autre religion, n'en déplaise aux polythéistes﴿
>
> *[Coran 9: 33],*

je pensais que ce triomphe s'était parachevé? - Il a répondu: *«Ceci se produira quand Allah le voudra, puis Il enverra un vent agréable qui enlèvera l'âme de tout être ayant dans le cœur le poids d'un grain de moutarde de foi. Alors il restera ceux en qui il n'y a aucun bien, et ils retourneront à la religion de leurs pères.»*[161]

Le niveau des mœurs se dégradera terriblement.

Dans le *Musned* d'El-Bazzar et le *Sahih* d'Ibn Hibbane, on a rapporté que Abdallah Ibn 'Amr (رضي الله عنه) a dit: le Messager d'Allah (ﷺ) a dit: *«L'Heure ne se lèvera pas avant que les gens ne commettent la*

---

[160] *Sahih* de Boukhari, livre des discordes et des calamités - chapitre: le changement des époques jusqu'à ce que les idoles soient de nouveau adorées (*Fat'hou El-Bâri,* vol. 13, p. 76); *Sahih* de Mouslim, livre des discordes et des calamités - chapitre: l'Heure ne se lèvera pas avant que la tribu Daws adore de nouveau Dhou El-Khalassa, vol. 4, p. 2230, nº 2906.

[161] *Sahih* de Mouslim, livre des discordes et des calamités - chapitre: l'Heure ne se lèvera pas avant que la tribu Daws adore de nouveau Dhou El-Khalassa, vol. 4, p. 2230, nº 2906.

fornication dans la rue, à l'instar [d]*'ânes s'accouplant.»* - J'ai dit: cela se passera-t-il vraiment? - Il a répondu: *«Oui, cela se passera assurément!»*

Ce Hadith est corroboré par un Hadith confirmatif rapporté par El-Hâkim d'après Abou Houraïra (ﷺ), où il est cité que le Prophète (ﷺ) a dit: *«Par Celui qui tient mon âme en Sa Main, cette communauté ne disparaîtra pas avant que l'homme ne se dirige vers la femme et ne commette la fornication avec elle dans la rue. Les meilleurs d'entre eux, à ce moment-là, diront: pourquoi ne te cacherais-tu pas avec elle derrière ce mur?»*[162]

Il est également corroboré par le long Hadith d'En-Nawas Ibn Sem'ane (ﷺ) concernant le récit de l'Antéchrist et de *Yâjoûj* et *Mâjoûj*, à la fin duquel est cité que le Prophète (ﷺ) a dit:

«... Tandis qu'ils seront ainsi, Allah enverra un vent agréable qui les prendra de sous leurs aisselles et enlèvera l'âme de tout croyant et de tout musulman. Alors il restera les plus mauvais de tous les gens qui commettent la fornication avec les femmes, comme [des] *ânes qui s'accouplent. Et c'est sur eux que l'Heure se lèvera.»* Ce Hadith a été rapporté par Mouslim, Ahmed et El-Hâkim.

SECTION 7

LA DEMOLITION DE LA KA'BA

Il est probable que cette époque sera celle au cours de laquelle Dhou Es-Souwayqateyne démolira la Ka'ba. Dans le Hadith rapporté par Ahmed, dans son *Musned*, d'après Abou Houraïra (ﷺ), il est cité que le Messager d'Allah (ﷺ) a dit:

---

[162] Voir *La Chaîne des Hadiths Authentiques*, vol. 1, p. 245.

«On prêtera serment d'allégeance à un homme entre la Pierre Noire et le lieu où Abraham se tint debout. Seuls les Arabes violeront[163] *l'Enceinte Sacrée de la Mecque. Lorsqu'ils la violeront, alors l'on ne s'interrogera pas sur l'anéantissement des Arabes. Puis les Ethiopiens viendront la démolir, si bien qu'elle ne sera plus jamais peuplée, et ils sont ceux qui extrairont ses trésors.»*[164]

L'imam Ahmed a également rapporté dans son *Musned* qu'Abdallah Ibn Omar (ﷺ) a entendu le Messager d'Allah (ﷺ) dire:

«Dhou Es-Souwayqateyne d'Ethiopie démolira la Ka'ba, puis il la dépouillera de ses bijoux et la dénudera de son vêtement.[165] *C'est comme si j'étais en train de le voir: un homme à la petite tête dégarnie sur le devant et aux pieds distordus, démolissant la Ka'ba à coups de pelle et de pioche.»*[166]

Dans le *Sahih* de Boukhari et le *Musned* d'Ahmed, on a rapporté d'après Ibn Abbas (ﷺ) que le Prophète (ﷺ) a dit:

«C'est comme si j'étais en train de le voir: il est noir aux jambes arquées, et il la démolit pierre par pierre...»[167]

Dans le *Sahih* de Mouslim, on a rapporté d'après Abou Houraïra (ﷺ), que le Messager d'Allah (ﷺ) a dit:

«Dhou Es-Souwayqateyne d'Ethiopie démolira la Ka'ba.»[168]

---

[163] C'est-à-dire en rendant licite l'accomplissement d'actes qui sont illicites à commettre dans l'Enceinte Sacrée, comme chasser le gibier, etc. [*Trad.*]

[164] La Chaîne des Hadiths Authentiques, vol. 1, p. 245.

[165] C'est-à-dire: la pièce d'étoffe qui la recouvre. [*Trad.*]

[166] La Chaîne des Hadiths Authentiques, Hadith nº 579

[167] Voir *Nihaya* d'Ibn Kathir, vol. 1, p. 187, où il a cité que la chaîne de transmission de ce Hadith est solide.

[168] *Sahih* de Mouslim, livre des discordes et des calamités, vol. 4, p. 2232, nº 2909. Voir Explication du *Sahih* de Mouslim par Nawawi, vol. 18, p. 35.

Dhou Es-Souwayqateyne signifie littéralement celui qui a de fines jambes. C'est à cause de la petite taille de ses jambes, en rapport à leur finesse, qu'il a été nommé ainsi.

Il se peut que l'on dise: comment pourra-t-il démolir la Ka'ba, alors qu'Allah (ﷻ) a fait de la Mecque un endroit sacré et sûr?

La réponse est: cela signifie qu'elle sera un endroit sûr jusqu'à l'approche du Jour de la Résurrection et de la destruction du bas monde.

Tels sont les propos que Nawawi affirme.[169] Ces propos sont authentiques si la démolition de la Ka'ba a lieu à ce moment-là. Autrement, sa démolition sera un décret divin qu'Allah (ﷻ) a enjoint à Ses serviteurs, car lorsqu'un révolté désobéit en violant l'état sacré des Lieux Saints, Allah peut l'en empêcher comme Il l'a fait avec *Abraha*, puis Il peut ne pas l'en empêcher en raison d'une sagesse dont Lui Seul a connaissance, comme Il a laissé les Qarmates envahir les Lieux Sacrés où ils ont commis des atrocités, et comme le fera ce pervers de Dhou Es-Souwayqateyne.

SECTION 8

LE LEVER DU SOLEIL DE SON COUCHANT

Parmi les signes clairs indiquant l'imminence de l'Heure: le lever du soleil de son couchant.

Dans le *Sahih* de Boukhari et celui de Mouslim, on a rapporté d'après Abou Houraira (ﷺ) que le Messager d'Allah (ﷺ) a dit:

«L'Heure ne se lèvera pas avant que le soleil ne se lève de son couchant: quand il se lèvera, les gens le verront, ils auront tous la

---

[169] Ibid.

foi, mais à ce moment, la foi ne sera profitable à aucune âme qui n'aurait pas cru auparavant ou qui n'aurait acquis aucun mérite de sa croyance.»[170]

SECTION 9

LA SORTIE DE LA BETE

Cette bête est un des signes d'Allah (ﷻ) qui sortira à la fin des temps, lorsque le mal aura augmenté, que la perversité se sera répandue, et que le bien sera raréfié. Cette bête est celle qu'Allah (ﷻ) a citée dans Sa Parole:

﴿Et quand ils auront mérité la sentence, Nous leur ferons sortir de terre une bête qui leur parlera; les gens n'étaient nullement convaincus de la vérité de Nos Signes.﴾

[Coran 27: 82]

Il n'y a aucun doute que cette bête sera différente des bêtes connues par les êtres humains, car entre autres, elle s'adressera à eux et leur parlera. Nous avons cité un ensemble de Hadiths dans lesquels le Messager (ﷺ) a cité la sortie de la Bête parmi les grands signes avant-coureurs de l'Heure.

L'imam Ahmed dans son *Musned*, Boukhari dans son livre *At-Tarikh El-Kabir*, Abou Nu'eime dans son livre *Akhbar Asbahan*, et d'autres encore ont rapporté selon une chaîne de transmission authentique, le Hadith d'Abou Oumama (رضي الله عنه), où est cité que le Prophète (ﷺ) a dit: *«La Bête sortira de terre et marquera les mécréants aux nez. Puis ils vivront parmi vous, jusqu'à ce qu'un*

---

[170] Voir *Sahih* de Boukhari, livre *Riqaq* (*Fat'hou El-Bâri,* vol. 11, p. 352); et *Sahih* de Mouslim: livre de la foi - chapitre: le moment où Allah n'acceptera plus la foi, vol. 1, p. 137, n° 157.

homme achète un chameau puis, lorsqu'on lui demande: à qui l'as-tu acheté? Il répondra: je l'ai acheté à l'un de ceux qui sont marqués au nez.»[171]

SECTION 10

LE FEU QUI CHASSERA ET RASSEMBLERA LES GENS

Le dernier des signes qui se produiront avant l'arrivée de l'Heure, sera un feu qui jaillira du fin fond de la contrée d'Aden qui poussera les gens vers leur lieu de rassemblement.

Nous avons précédemment cité les Hadiths dans lesquels le Messager (ﷺ) a énuméré les signes avant-coureurs de l'Heure, en indiquant qu'ils étaient au nombre de dix, puis il a dit: *«Quant au dernier de ces signes, il s'agit d'un feu qui jaillira du Yémen et forcera les gens à se rendre vers leur lieu de rassemblement.»*[172]

Dans le *Sahih* de Boukhari, on a rapporté d'après Anas (رضي الله عنه), que Abdallah Ibn Salem (رضي الله عنه) a été informé de l'émigration du Prophète (ﷺ) à Médine. Il s'est donc dirigé vers lui (ﷺ) afin de le questionner au sujet de certains points, en disant: je voudrais te questionner au sujet de trois points: quel est le premier signe avant-coureur de l'Heure? - Le Messager d'Allah (ﷺ) a répondu: *«Quant au premier signe avant-coureur de l'Heure, c'est un feu qui chassera les gens de l'Est et les rassemblera vers l'Ouest* (...).*»*[173]

---

[171] Voir *La Chaîne des Hadiths Authentiques*, Hadith nº 322.

[172] *Sahih* de Mouslim, livre des discordes et des calamités - chapitre: les signes qui se produiront avant l'arrivée de l'Heure, vol. 4, p. 2225, nº 2901.

[173] *Sahih* de Boukhari, livre des vertus des *Ansar* (Compagnons médinois), *Fat'hou El-Bâri,* vol.7, p. 272.

Dans les *Sunan* de Tirmidhi, on a rapporté que Abdallah Ibn Omar (رضي الله عنه) a dit: le Messager d'Allah (ﷺ) a dit: *«Un feu qui chassera et rassemblera les gens, jaillira de Hadramawte avant la Résurrection.»* - Ils dirent: ô Messager d'Allah! Que nous ordonnes-tu de faire? - Il a répondu: *«Allez en Syrie et demeurez-y!»*[174]

Le Messager d'Allah (ﷺ) nous a conté comment ce feu chassera et rassemblera les gens.

Dans le *Sahih* de Boukhari, on a rapporté d'après Abou Houraïra (رضي الله عنه) que le Prophète (ﷺ) a dit: *«Les gens seront rassemblés en trois catégories: ceux désirant* [la miséricorde d'Allah] *et redoutant* [la conséquence de leurs péchés]; *ceux qui seront deux, trois, quatre et dix à dos de chameaux; quant au restant des gens, ils seront rassemblés par le feu. Il sera là où ils feront la sieste, là où ils passeront la nuit, là où ils se trouveront au matin, et là où ils se trouveront au soir.»*[175]

Ahmed a rapporté dans son *Musned*, ainsi que Tirmidhi dans ses *Sunan* et El-Hâkim dans son *Moustadrak*, selon une chaîne de transmission authentique d'après Mou'awiya Ibn Heida (رضي الله عنه), que le Messager d'Allah (ﷺ) a dit: *«Vous serez certes chassés et rassemblés à pied, à dos de monture, et vous serez traînés sur vos visages vers là-bas.»* Puis il a orienté sa main en direction de la Syrie.[176]

Les dernières personnes que le feu chassera seront deux bergers de Muzeina. Boukhari, Mouslim et Ahmed ont rapporté qu'Abou Houraïra (رضي الله عنه) a entendu le Messager d'Allah (ﷺ) dire: *«Les gens abandonneront Médine dans un état meilleur qu'elle ne l'était*

---

[174] Tirmidhi a dit: ce Hadith est bon et authentique. Voir *Jami'e El-Oussoul,* vol. 10, p. 368, nº 7888 et *Sahih El-Jami'e,* vol. 11, p. 203, nº 3603.

[175] Voir *Sahih* de Boukhari, livre *Riqaq* - chapitre: le rassemblement, *Fat'hou El-Bâri,* vol. 3, p.377.

[176] *Sahih El-Jami'e,* vol. 2, p. 272, nº 2298.

auparavant. Ne la peupleront que les bêtes féroces et les oiseaux. Les derniers qui seront chassés [par le feu] *seront deux bergers de Muzeina qui stimuleront leurs moutons par des cris* [afin de les diriger vers un bon pâturage]. *Puis, lorsqu'ils parviendront à Médine, ils la trouveront inhabitée. Ensuite, quand ils parviendront à Thaniyyati El-Wadâ'e*[177] *ils tomberont morts sur leurs visages.»*[178]

La terre vers laquelle le feu chassera et rassemblera les gens est la Syrie. Dans le livre *Fadha'il Ech-Châm* composé par Raba'i, il a été rapporté d'après Abou Dherr (ﷺ), selon une chaîne de transmission authentique, que le Messager d'Allah (ﷺ) a dit: *«La Syrie est la terre du rassemblement et de la Résurrection.»* Ce Hadith a été rapporté par Ahmed dans son *Musned*, et par Ibn Majah dans ses *Sunan*. Raba'i, lui, l'a aussi rapporté d'après Meimouna, la fille de Sa'd (ﷺ).[179]

Certains savants pensent que ce rassemblement aura lieu dans l'Au-delà. Qortobi a attribué cet avis à El-Halimi et Abou Hamid El-Ghazali.[180]

El-Khatabi, Teibi, *El-Qâdhi* 'Iyadh, Qortobi, Ibn Kathir et Ibn Hajar pensent que ce rassemblement aura lieu à la fin du monde, lorsque jaillira le feu du fin fond de la contrée d'Aden, chassant et rassemblant les gens vers la Syrie.[181]

Ibn Kathir a dit, au sujet de ces Hadiths: ces citations de Hadiths indiquent que ce rassemblement sera celui des personnes vivantes à la fin des temps, qui se déroulera en Syrie. Ces personnes se divisent en trois catégories:

---

[177] C'est une hauteur à Médine, située au nord en direction de la Syrie. [*Trad.*]

[178] Voir *La Chaîne des Hadiths Authentiques*, vol. 2, p. 302, nº 683.

[179] Voir *Sahih El-Jami'e,* vol. 3, p. 232, nº 3620.

[180] Voir *Tadhkiratou* de Qortobi, pp. 198-199 et *Fat'hou El-Bâri,* vol. 11, p. 379.

[181] *Fat'hou El-Bâri,* vol. 11, pp. 379-380, et *Tadhkiratou,* p. 200.

- Une catégorie de personnes qui seront rassemblées nourries, vêtues, à dos de monture.

- Une catégorie de gens qui parfois marcheront et parfois seront à dos de monture: ces derniers monteront à tour de rôle un chameau, comme cela a été présenté dans le *Sahih* de Boukhari et dans le *Sahih* de Mouslim: *«Deux, trois, et dix à dos de chameau»*, c'est-à-dire qu'ils le monteront à tour de rôle en raison du faible nombre de montures, comme cela a été précédemment cité et explicité dans l'autre Hadith.

- Quant au reste d'entre eux, ils seront chassés par le feu qui aura jailli du fin fond de la contrée d'Aden: il encerclera les gens de derrière et les poussera de tous côtés vers la terre du rassemblement, et celui d'entre eux qui s'attardera, en périra.

Tout ce que nous venons de citer indique que ce rassemblement aura lieu à la fin du bas monde, dès lors qu'il y aura présence de boisson, de nourriture, que les gens monteront à dos de monture, et que celui qui s'attardera, périra par le feu.

Si ce rassemblement avait lieu après le Souffle dans la Trompe indiquant la Résurrection, il n'y aurait ni mort, ni monture se déplaçant, ni nourriture, ni boisson, ni vêtement dans les Arènes de la Résurrection. Ce qui est très étonnant, c'est que *El-Hâfidh* Abou Bakr El-Beihaqi, après avoir cité la plupart des variantes de ces Hadiths, considère que ce déplacement à dos de monture aura lieu au Jour de la Résurrection. Il a authentifié son avis et affaiblit ce que nous avons affirmé, en s'argumentant de la Parole du Très-Haut:

﴾Le Jour où Nous rassemblerons les *[gens]* pieux, en délégation, sur des montures vers le Tout-Miséricordieux, et Nous conduirons les criminels en Enfer à l'abreuvoir...﴿

[Coran 19: 85-86]

Comment peut-il être authentique ce qu'il a prétendu dans son interprétation du verset par le Hadith, alors qu'il y est cité: *«Parmi eux, certains seront deux et dix à dos de chameau»* et que ce fait a été explicité par le faible nombre de montures. Cette situation ne s'adapte certainement pas à la situation citée dans le verset - mais Allah (ﷻ) est le plus Savant - car, dans le verset, il s'agit de montures du Paradis parmi les meilleures races que les croyants monteront des Arènes de la Résurrection vers le Paradis, sous une autre apparence que celle décrite dans le Hadith *(...), conclut Ibn Kathir.*[182]

[182] Voir *Nihaya* d'Ibn Kathir, vol. 1, p. 259.

GLOSSAIRE[1]

Ahad **أَحَد**: Dans le langage, ce mot signifie *unique*, ce qui est transmis par une seule personne.

Conventionnellement: c'est le Hadith qui ne regroupe pas les conditions du Hadith *mutawâtir*. [*Nouzhat en-Nadhar,* p. 13]

Ahl es-Sunna wa El-Jama'a **أَهْل السُّنَّةُ وَ الجَمَاعَة**: Cette expression désigne: les Compagnons (ﷺ), leurs successeurs - les *Tabi'ine* - et ceux de la génération les succédant, ainsi que ceux qui ont adopté leur chemin en suivant leur voie, parmi les imams de la guidée[2] et ceux qui les suivent parmi le restant des savants. De cette expression, l'on exclut toutes les sectes et groupes innovateurs, et les gens qui suivent leurs passions. Ici, le terme Sunna se met en opposition à l'innovation, et *Jama'a* (union) se met en opposition à la désunion.

Athar **أَثَر**: Dans le langage, cela désigne l'information, l'indice, la trace. [*Lissanou El-'Arab,* vol. 4, p. 6]

---

1 Ce livre a été entièrement revu, corrigé et retraduit par le traducteur. Et les recherches scientifiques de ce glossaire sont celles auxquelles il a procédé.

2 Comme *cheikh El-Islam* Ibn Taymiya, son élève Ibn El-Qayim, l'imam Dhahabi, l'imam Tabari, Ibn Kathir, et encore bien d'autres grands savants...

Conventionnellement: Quant aux savants du Hadith, ils utilisent le terme *athar* pour désigner ce que l'on rapporte du Prophète (ﷺ) et des Compagnons. [*Tadrib er-Rawi,* p. 183]

Quant aux jurisconsultes, ils utilisent le terme *athar* uniquement pour désigner ce que l'on rapporte des Compagnons en paroles, en actes et en approbation de leur part face aux actes accomplis par les *Tabi'i*, en leur présence. [*Taqyid El-Idah,* p. 51]

[Un *Tabi'i*: c'est un homme parmi la génération de ceux qui ont rencontré un compagnon du Prophète (ﷺ) et qui sont morts musulmans.]

Chahid شَاهِد (témoin): Se dit d'un Hadith émanant d'un Compagnon, selon une certaine chaîne de transmission, qui est en accord, par le sens et l'expression, ou par le sens seulement, avec un autre Hadith émanant d'un autre Compagnon selon une autre chaîne de transmission. [Tiré de *Tayssir Moustalah El-Hadith,* p. 140]

Dha'if ضَعِيف: Dans le langage ce mot signifie: faible.

Conventionnellement: C'est le Hadith qui ne possède pas les caractéristiques du Hadith *hassen* (bon), en raison de l'absence d'une des conditions du Hadith *hassen*. [*Tadrib er-Rawi,* vol. 1, p. 179 et *El-Ba'ith,* p. 44]

Hassen حَسَن: Dans le langage ce mot signifie bon, convenable.

Conventionnellement: c'est le Hadith dont la chaîne de transmission est continue, c'est-à-dire que chaque homme de la chaîne de transmission a entendu le Hadith de la bouche de celui qui le lui a conté. Il est un Hadith transmis par des hommes décrits par la piété, l'évitement des actes mauvais, un bon code de comportement, dont la fermeté de mémoire et la finesse de compréhension sont plus faibles que celles des autres transmetteurs. Cependant, la chaîne de transmission ne doit comporter ni irrégularité, ni défaillance. [*Tadrib er-Rawi,* vol. 1-153 et *El-Ba'ith,* p. 37]

Hassen-li-ghayrihi حَسَن لِغَيْرِه: C'est le Hadith *dha'if* (faible) rapporté selon plusieurs voies, sans que les hommes des chaînes de transmission soient accusés de mensonge ou de perversité. [*Mou'jame 'Ouloume El-Hadith,* p. 96]

El-Kachf الكَشْف: Dans le langage ce mot signifie dévoilement, décèlement, révélation.

Certains chefs soufis se réclament du pouvoir de posséder le *Kachf*, grâce à quoi ils prétendent prendre connaissance de tout ce qu'ils ignorent en matière de religion ou sur la vie terrestre... Ils prétendent que cette connaissance leur provient du Prophète (ﷺ), de Khadir, ou des Anges, qu'ils voient ou entendent. [*Massadir At-Talaqi 'inda Es-Soufia*, p. 207]

Kalam كَلَام: Dans le langage ce mot signifie discours, langage, parler...

Les gens du *Kalam* sont ceux qui établissent les points de croyance ou, pour certains d'entre eux, par le biais des preuves rationnelles, sans se référer aux Textes du Coran et de la Sunna: c'est-à-dire qu'ils mettent en avant leur raison par rapport au Coran et à la Sunna. Les gens du *Kalam* englobent cinq sectes: les Jahmites, les Mu'tazilites, les Matouridites, les Kalabites...

Mawdou' مَوْضُوع: Dans le langage ce mot signifie: inventé, apocryphe.

Dans la convention: c'est le Hadith forgé mensongèrement et inventé que l'on attribue au Messager d'Allah (ﷺ), que ce soit de manière intentionnelle ou par erreur. [*El-Wad'ou fi El-Hadith,* vol. 1, p. 100]

Mawqouf مَوْقُوف: Dans le langage ce mot signifie: arrêté.

Dans la convention du Hadith: c'est ce qui a été rapporté des Compagnons comme paroles, actes, et approbations, sans que la chaîne de transmission remonte jusqu'au Prophète (ﷺ). [*Tadrib er-Rawi,* vol. 1, p. 183 et *El-Ba'ith El-Hathith,* p. 45]

Moutabe' مُتَابِع (coïncidant): Se dit d'un Hadith rapporté par un certain rapporteur selon une chaîne de trans-mission, correspondant par le sens et les expressions, ou par le sens seulement, à un autre Hadith rapporté par un rapporteur différent, d'après le même Compagnon, selon la même chaîne de transmission. Ces rapporteurs se situent au même niveau de cette chaîne de transmission. [Tiré de *Tayssir Moustalah,* p. 140]

Moutawatir مُتَوَاتِر: Dans le langage, ce terme exprime la succession et l'enchaînement.

Conventionnellement, ce terme s'utilise pour un Hadith regroupant les quatre conditions suivantes:

- Un très grand nombre de personnes relatant la même information. Etant donné que l'usage empêche de penser qu'un très grand nombre de gens, s'étant concerté ou non, puisse mentir.

- Ils rapportent cette information d'après une autre multitude de personnes, et ce, à chaque niveau de la chaîne de transmission, du début à la fin.

- L'information qu'ils relatent se base sur un des cinq sens, c'est-à-dire la vue, l'ouïe, l'odorat...

- On annexe à cela que leur information communique un savoir.

[Explications tirées de *Noukat 'ala Nouzhat en-Nadhar fi Tawdih Noukhba El-Fikr* du cheikh 'Ali Hassen El-Halabi, p. 56]

Riqaq رِقَاق: Ce qui adoucit le cœur.

Sahih صَحِيح: Dans le langage ce mot signifie: authentique.

Dans la convention: c'est le Hadith, dont la chaîne de transmission est continue (c'est-à-dire que chaque homme de la chaîne de transmission a entendu le Hadith de la bouche de celui qui le lui a conté) et ne contient aucune irrégularité, ni défaillance. C'est un Hadith transmis par des hommes décrits par la piété, l'évitement des actes mauvais, un bon code de comportement, dont la fermeté de mémoire et la finesse de compréhension sont excellentes: du premier homme de la chaîne de transmission jusqu'au dernier. [*Tadrib er-Rawi,* vol. 1, p. 62 et *El-Ba'ith El-Hathith*, p. 21]

Sahih li-ghayrihi صَحِيح لِغَيْرِهِ: C'est le Hadith *hassen* (bon), rapporté selon plusieurs voies, dont l'authenticité ne provient pas de la chaîne de transmission elle-même, mais du ralliement des autres chaînes de transmission. [*Mou'jame 'Ouloume El-Hadith,* p. 136].

TABLE DES MATIERES

CHAPITRE 2

CHAPITRE 5